통일의 길 위에 선 평화

한반도 문제의 구조적 이해

김학성·고상두 편

고봉준·고유환·김영호·김재한
설인효·양문수·이승현·이우영

박영사

목 차

목 차

목 차

서장 한반도 문제의 구조적 이해

김학성(충남대학교)

① 통일의 당면과제로서 평화

냉전 종식으로 한반도 분단상황에 변화가 발생했다. 그러나 탈냉전의 세계적 충격이 한반도에 미친 영향은 외형적으로 그리 크지 않아 보인다. 한반도는 여전히 냉전의 유산을 떨치지 못하고 있으며, 동북아 안보질서는 미국과 중국의 경쟁을 비롯하여 북한의 핵개발로 인해 혼란을 거듭하고 있다. 그러한 만큼 한반도의 평화 통일은 한층 요원해 보인다. 더욱이 북한의 비핵화를 둘러싸고 상이한 견해들이 대립하고 이에 따라 대북 및 대외정책적 갈등이 고조되는 현실은 한반도 평화에 대한 비전마저 혼란스럽게 만들기도 한다.

특히 우리의 젊은 세대에게 한반도 평화 통일은 너무 요원해서 현실로 받아들이기 어렵게 보이는 경향이 없지 않다. 그러나 통일과 달리 한반도 평화 문제는 선택의 대상이 될 수 없다. 당장 일상의 삶만 두고 보더라도 젊은 세대에게 안보 불안은 병역의무의 짐을 더욱 무겁게 만들 뿐만 아니라 국가 경제에 불필요한 위험을 가중시켜 일자리 창출과 복지 증대에 걸림돌이 되고 있다. 통일이 민족공동체 가치를 강조하는 과제라면, 평화는 보다 넓은 의미에서 인류보편적 가치를 담고 있을 뿐만 아니라 개개인의 이익과 가치실현에 더욱 직접적인 영향을 미치는 것이다. 그렇기 때문에 한반도에서 화해를 바탕으로 대화와 협력이 가능한 환경을 만들어 가는 것, 즉 한반도에서 평화를 만들고 확대시켜 나가는 것은 한반도 주민들이 당면한 현실과제일 수밖에 없다. 물론 이러한 과제를 풀어나가는 과정은 간단하지 않다. 국내외 정세가 복잡하기 때문이지만, 그 이면에 한반도 평화에 관한 서로 다른 생각들이 문제해결을 어렵게 만들고 있기 때문이다. 한반도 평화에 대한 더욱 진지한 고민과 성찰이 필요한 것은 당연하다.

② 어떠한 평화?

분단과 전쟁을 경험한 우리에게 평화에 대한 염원은 대단하다. 다만 어떠한 평화를 원하는지에 대해서는 크게 고민하지 않는 듯하다. 6·25전쟁을 겪은 한반도 주민의 내면에 전쟁 트라우마(trauma)가 숨어 있다는 것은 비밀이 아니다. 이러한 탓에 대다수 사람들의 머릿속에 평화는 곧 '전쟁 없는 상태'라는 등식이 견고히 자리 잡고 있다. 물론 전쟁을 원하는 사람은 없다. 그렇지만 평화를 '전쟁 없는 상태'로만 이해한다면, 우리가 원하는 평화의 모습을 온전히 대변할 수 있을지 의문이 생긴다.

6·25전쟁 이후 대규모 무력충돌이 없었던 대부분의 시간 동안 과연 한반도에서 평화가 지속되어왔는가? 실제로 한반도 분단역사에서 무력충돌의 시간보다 그렇지 않은 시간이 훨씬 더 길었지만, 무력충돌이 없는 시기에도 평화로웠다고 자신 있게 말할 수 있는 사람은 얼마나 될까? 남북한 사이의 팽팽한 군사적 긴장상태는 오히려 평화에 대한 갈망을 더욱 크게 만들기도 했다. 요컨대 우리가 원하는 평화는 단순히 '전쟁 없는 상태'에 머무는 '소극적인' 것이 아니라 갈퉁(J. Galtung)이 말하듯 '구조적 폭력'이 없는 상태인 '적극적 평화'와 비슷하다.

이렇듯 확장된 평화 개념은 비핵화의 문제에도 적용될 수 있다. 우리는 북미 비핵화 협상이 성공적인 결실을 맺는다면 한반도 평화가 당연히 정착될 수 있을 것이라고 막연하게 믿고 있다. 그럴 경우, 한반도에서 전쟁 위협이 현저히 줄어들 것은 분명하지만 우리가 원하는 평화가 저절로 다가올 것이라는 보장은 어디서도 찾을 수 없다. 한반도 내외에 축적되었던 적대감과 불신은 하루아침에 사라질 수 있는 것이 아니라는 점에서 더욱 그러하다. 대화와 협력을 통해 적대감이 완화되고 신뢰가 축적되는 과정이 지속되지 않는다면, 안보 문제를 둘러싼 국가 간의 합의는 실질적인 성과를 낳을 수 없다. 그렇다면 북한 비핵화는 한반도 평화의 필요조건이지만 충분조건은 아니다.

더구나 북미 비핵화 협상이 지지부진하고 성과를 거두지 못한 채 정체상태로 머문다면, 한반도에서 평화는 결코 기대할 수 없는지에 대한 질문도 제기될 수 있다. 혹 비핵화가 평화의 전제조건이기만 한 것이 아니라 역으로 될 가능성, 즉 한반도 평화가 북한 비핵화를 촉진할 수는 없을까? 군사적 문제해결에만 매달리기보다 일단 안보적 역량을 갖춘 상황에서 정치적 대화의 지속, 사회문화적

교류와 경제적 협력을 확대하면서 상호 신뢰를 다질 수 있다면, 군사적 안보 현안 역시 해결될 가능성이 높아질 것이라는 전망은 결코 터무니없지 않다.

　　이처럼 평화가 만들어지는 과정에는 현실적으로 군사적 이슈를 넘어 다양한 이슈가 포함되어 있으며, 또한 이 이슈들은 국내와 국제환경, 그리고 국가 사이의 차원에서 개별적으로나 상호 연계적으로 작용한다. 이는 한반도 문제의 구조를 이해한다면 더욱 분명하게 확인될 수 있다.

③ 한반도 문제의 구조

　　한반도 분단은 매우 다양하고 복잡한 문제를 낳아 왔다. 비단 남북한 사이의 군사적 긴장뿐만 아니라 남북한 내부의 상호 적대감을 유발하는 가운데 국내정치적으로 악용되거나 남북관계를 악화시키는 원인이 되기도 한다. 나아가 한반도 분단은 동북아 국제질서의 변화와도 매우 밀접한 관계를 맺고 있다. 이렇듯 한반도 분단으로 인해 발생하는 많은 문제들은 통칭 '한반도 문제'라고 불린다. 이 맥락에서 한반도 문제는 구체적인 이슈와 적용 공간의 측면에서 매우 넓은 범위를 가지고 시간적으로 누적되어 왔으며, 구조적으로 복합적인 성격을 띠고 있다. 구조적 복합성은 <그림 1−1>에서 간략하게 제시되듯이 분단 이래로 국제환경, 남북관계, 그리고 남북한의 국내환경의 세 차원이 긴밀하게 연계되는 모습으로 드러난다.

그림 1−1 한반도 문제의 복합적 연계구조

탈냉전과 지구화시대에도 그러한 기본구조는 변하지 않았지만, 각 차원에서 발생하는 변화로 인해 한반도 문제의 질적 변화가 초래되고 있다. 무엇보다 냉전시대에 형성되었던 한반도 분단질서가 변화하는 가운데 남북관계는 더 이상 단순한 냉전논리에 의해서가 아니라 북한의 생존 전략에 의해 결정되는 경향을 보인다. 특히 탈냉전과 지구화에 따른 세계질서의 변화가 동북아 지역질서에 커다란 영향을 미치는 탓에 한반도 문제의 국제화가 두드러지고 있는 현상은 질적 변화의 모습을 잘 보여준다. 그러나 이 변화는 희망과 달리 한반도 문제를 구성하는 모든 차원에서 문제해결을 위한 과정상의 복합성을 증대시키고 있다.

한반도 문제의 복합적 연계구조를 이해하기에 앞서 먼저 각 차원에서 나타나는 현상을 요약적으로 정리하면, 다음과 같다. 국내정치적 차원에서 남한은 남남갈등의 분출과 더불어 한반도 문제해결을 위한 정책, 즉 통일 및 평화정책에 대한 국민적 합의 기반의 취약성을 노정하고 있는 한편, 북한은 공산권의 몰락에 따라 김일성 가문의 정권 및 체제 유지에 급급한 실정이다. 이 맥락에서 북한 정권의 대내외정책이 냉전 종식이래 체제생존이라는 일관된 목표를 향해 추진되고 있는 현실을 감안하면, 북한의 국내환경은 변수라기보다 상수에 가깝다고 해도 과언이 아닐 것이다.

남북관계의 차원에서는 김대중 정부의 햇볕정책 이후 정치적·경제적 관계 개선이 이루어졌으나, 이후 정권교체에 따라 질적·양적으로 남북관계의 급격한 변동을 경험하고 있다. 더욱이 군사적 반목은 여전하며 북한의 핵·미사일개발은 국제제재를 촉발함으로써 남북관계 개선에도 주요 걸림돌이 되고 있다. 북한 정권의 체제생존 전략에 따라 추진되어온 핵·미사일개발은 한반도를 넘어 동북아와 세계질서의 안정에 위협요인으로 등장했다.

1990년대 초반부터 본격화되어 2017년 북한 정권이 핵무력 완성을 선언하기까지 북한의 핵·미사일개발 과정에는 미국과 중국의 경쟁 내지 갈등이 빚어낸 국제정세가 적지 않은 기여를 했다. 미중관계의 갈등 수준이 높을수록 북한은 자신의 전략적 가치를 높일 수 있었고, 이를 바탕으로 핵개발에 대한 미국의 압력을 분산시키고자 했다. 물론 국제 사회의 대북제재와 북한의 핵·경제 병진 정책이 북미 비핵화 협상을 가능케 했지만, 미중 간의 현재적·잠재적 갈등은 북미 비핵화 협상에 큰 영향을 주고 있다. 뿐만 아니라 비핵화 협상이 성과를 거두게 될 경우에 반드시 수반하게 되는 한반도 평화체제 확립 과정은 동북아 안보질서의 변화와 불가분의 관계를 가지게 될 것이다. 특히 최근 미국의 고립주의적 대외정책 경향이 일본의 보통국가화 의지를 자극함으로써 동북아 안보질서의 새판 짜기가 가속화되고 있는 현실을 감안하면, 한반도 평화정착을 위한 국제환경의 중요성은 더욱 두드러진다.

이렇듯 각 차원에서 나타나는 현상의 원인과 결과는 개별 차원에만 국한되지는 않는다. 대개, 세 차원 사이의 복합적 연계성이 작용하기 때문에 한반도 문제에 대한 정확한 이해를 위해서는 구조적이고 비판적인 인식태도가 요구된다. 세 차원의 복합적 연계성에 대한 구조적·비판적 인식의 필요성은 다음의 두 가지 구체적인 사례를 통해 확인될 수 있다. 여기서는 2006년 북한의 제1차 핵실험 이후 지속된 핵·미사일실험을 막지 못했던 배경을 악순환적 연계성, 그리고 2018년 북미 비핵화 협상의 시작 및 전개 과정을 선순환적 연계성과 대비하여 살펴보고자 한다. 악순환과 선순환이라는 양극단의 사례를 대비시키는 이유는 이를 통해 한반도 문제를 구성하는 각 차원 사이의 복합적 연계구조가 더욱 명확하게 확인될 수 있기 때문만이 아니라, 한반도 평화 정착을 위해 어떠한 방식의 연계가 추구되어야 하는지 판단하는 데 도움을 주기 때문이다.

④ 두 가지 사례: 악순환과 선순환

2006년도 1차 북핵실험 및 이후 전개된 한반도 문제의 현실과 2018년 초반 북미 비핵화 협상 시작 이후의 상황은 큰 차이를 보였지만, 한 가지 공통점을 지닌다. 두 사례는 한반도의 평화와 번영을 강조했던 노무현 정부와 문재인 정부에서 시작된 것이라는 점이다. 남한의 두 정부가 모두 한반도 평화를 강조하고 이를 위한 정책적 노력을 경주했음에도 불구하고 다른 결과가 나온 이유를 따져보면, 한반도 문제의 복합적 연계구조가 잘 드러난다.

먼저 2006년도로 되돌아 가 보자. 김대중 정부에 이어 노무현 정부가 출범함으로써 남한은 분단현실에 대해 적극적이고 진보적인 정책, 특히 당장 이루어지기 힘든 통일보다 먼저 평화를 만들어 가려는 정책을 추진했고, 덕분에 남북관계는 과거 어느 때보다 질적·양적으로 개선되었다. 남한 사회에는 반공주의가 여전히 중요한 가치로 자리 잡고 있었지만, 이에 못지않게 남북관계 개선에 따른 한반도 평화를 기대하고 햇볕정책을 지지하는 시민들이 특히 젊은 세대를 중심으로 점점 늘었다. 남한 내부의 점진적 변화와 달리, 경제 및 식량난을 겪는 북한은 경제적 어려움을 조금이나마 벗어나기 위해 남북관계 개선에 응하기는 했으나, 근본적으로 체제생존의 문제를 해결하지 못했기 때문에 기존의 핵·미사일개발을 지속했다.

북한의 핵·미사일개발에 대해 미국은 정치적·군사적·경제적 압박을 지속했고, 이는 남북관계 확대를 원하는 남한 정부의 노력을 약화시키는 효과를 초래했다. 비핵화와 관련하여 북한은 미국과 양자 간 담판을 원했으나, 미국의 거부로 6자회담이 개최되었다. 6자회담은 '9·19 공동성명' 등 나름대로 비핵화를 향한 좁은 문을 여는 성과를 내었으나, 미국의 대북불신 탓에 한편에서는 합의가, 다른 한편에서는 북한의 외환흐름을 차단시킨 소위 'BDA제재'를 도입하는 상반된 행태로 인해 난항을 겪었다. 특히 부시 미 행정부의 네오콘세력은 대북 강압정책을 선호했기 때문에 6자회담의 성공을 기대하기는 쉽지 않았다.

6자회담이 소기의 성과를 거두지 못하는 동안 노무현 정부는 진보 정부가 그간 이룩했던 남북관계 개선이 되돌려질 수 없게 하겠다는 의도에서 임기 말에 제2차 남북정상회담을 개최했다. 그러나 곧 남한에 보수 정부가 들어서고, 6자 회담의 중단상태에서 북한의 계속되는 핵·미사일실험과 이에 대한 국제 사회의 대북제재 강도가 높아지면서 남북관계는 다시 과거로 되돌아가기 시작했다. 남북관계 개선의 상징이던 금강산관광과 개성공단도 마침내 중단되었다. 현실적으로 미국과 국제적 제재에 대해 핵·미사일실험의 강도를 높이는 방식으로 대응하는 북한에 대해 남한의 보수 정치지도자가 전향적 태도를 보이기는 어려웠다. 특히 보수층의 지지를 받은 남한 정부가 국제제재 분위기와 여전히 주적으로 인식되는 북한 정권을 대화와 협력의 상대로 적극적으로 수용하기는 거의 불가능했다.

결국 2006년부터 시작된 북한의 핵실험은 국내환경, 국제환경, 그리고 남북관계 차원이 악순환의 방식으로 연계되면서 한반도의 긴장을 고조시키는 결과를 낳았다. 남한 정부가 평화를 목표로 대북 및 대외정책을 추진하고 남한 주민의 지지를 얻더라도, 북한의 체제생존 전략이 지속됨에 따라 핵위기가 고조되는 것은 물론이고 남북관계의 개선에도 불구하고 한반도 평화에 대한 체감도가 그리 높아지지 않는 상황에서는 국내외의 양 면에서 정책적 효과를 거두기 어려웠다. 오히려 남한 주민들에게는 북한의 변화에 대한 기대감이 실망으로 바뀌면서 다시 남북관계의 정체 내지 단절이 정상적인 것으로 받아들여지는 경향이 나타났다. 미국은 중국과의 경쟁이 심화되는 가운데 '아시아로의 회귀'와 '재균형'을 강조했고, 이 정책의 추진 과정에서 미국은 북한의 핵·미사일이 관리될 수 있는 수준에 머문다면 대외 전략상 유용성도 없지 않다고 판단했을 개연성이 있었다. 이는 오바마 정부의 대북정책에서 추론될 수 있다. 즉 오바마 정부가 출범하면서 적극적인 미국의 대북 관여정책이 기대되었지만, 미국 정부는 '전략적 인내'라는 이름으로 관망자적 역할을 했다. 더욱이 남한의 보수 정부가 북한과 관계 개선에 흥미를 느끼지 않는 상황에서 미국이 구태여 동맹국을 앞질러 갈 생각도 없었을 것이다.

두 번째 사례는 앞의 사례와 여러모로 대비된다. 박근혜 대통령의 탄핵을 이끈 촛불시위를 기반으로 2017년 5월 출범한 문재인 정부는 과거 어느 때보다 진보적 정책을 추진하기에 좋은 국내환경을 가졌다. 이에 따라 노무현 정부의 연장선상에서 제시된 한반도 평화와 번영에 대한 목표는 일부 극우세력의 격렬한 저항에도 불구하고 대체로 남한 주민의 지지를 얻었다. 이러한 지지는 2017년도 북미 간의 긴장이 고조되면서 평화의 중요성이 강하게 부각되었기 때문이기도 했다. 실제로 2017년 초 트럼프 미 행정부의 출범으로 북미 정상 사이에 험한 말이 오가며 6·25전쟁 이후 한반도 전쟁 가능성이 최고로 높아지는 등 국제환경은 매우 험악했다. 그러나 북한 정권이 핵무력 완성을 선언하고 경제 발전을 강조하고 있던 상황을 간파한 문재인 정부는 평화번영을 내세워 남북대화의 복원을 시도했고, 북한을 대화의 장으로 끌어내기 위해 미 행정부를 설득하는 노력을 기울였다. 2018년 2월 평창동계올림픽을 계기로 남한 정부는 남북관계를 재개할 수 있는 길을 열었음은 물론이고, 이를 기반으로 북미 비핵화 협상을 위한 중재자 또는 촉진자의 역할을 할 수 있는 기회를 확보했다. 여기서 한반도 문제를 구성하는 각 차원 간의 선순환적 연계가 분명하게 발견된다.

물론 이러한 성과가 오로지 남한 정부 자체 역량 덕분이라고 말할 수는 없다. 미국과 북한은 2017년 고조된 긴장을 누그러뜨리고 대화를 통해 핵 문제와 제재 문제를 해결해야 할 필요성에 직면해 있었기 때문이다. 문제는 북미 비핵화 협상이 매우 험난한 과정을 겪을 수밖에 없는 현실이다. 일차적으로는 북미 사이에 불신이 너무 깊기 때문이다. 특히 미국은 북한의 비핵화 의지를, 북한은 미국의 체제안전보장에 대한 약속 이행 의지를 각각 신뢰하지 않는다. 실제로 2018년 싱가폴정상회담을 필두로 북미 정상이 총 세 차례 회동했으나, 실질적인 성과를 내놓지 못했다.

북미 협상의 지지부진한 전개는 남한 정부의 입장을 곤혹스럽게 만들었다. 북미 간 신경전 하에서 북한과 미국은 각자 남한을 협상 카드로 활용할 여지가 있었다. 더욱이 북한은 중국을 대미 협상에 활용하면서 남한의 중재자 내지 촉진자 역할이 축소될 수 있었다. 북미 협상이 진전되지 못하는 상황은 국제 사회의 대북제재가 지속되는 것을 의미하기 때문에 남북관계의 실질적 개선도 어려웠다. 이렇듯 북미 협상이 지지부진하게 전개되면서 2018년의 반전을 이끌었던 문재인 정부의 평화정책에 대한 남한 주민들의 기대감이 약화되고 극우세력의 반대 목소리가 커지는 경향이 있었다. 다행히 2019년 6월 말 판문점 북미 정상의 회동은 남한 정부의 촉진자 역할이 부각되었고 북미 협상에 새로운 전기가 마련됨으로써 선순환의 흐름이 다시 움직이기 시작했다. 그렇지만, 선순환의 흐름이 향후 속도를 더할지, 아니면 다시 느려지거나 정체될지는 누구도 확실하게 전망하기는 어렵다. 아마도 적지 않은 굴곡은 피하기 어려우리라 생각하는 것이 현명할 듯하다.

어쨌든 두 사례를 통해서 북미 협상과 남북관계 개선의 상관성, 그리고 한반도 평화에 대한 남한 주민들의 열정적 지지는 서로 긴밀하게 영향을 주고받는다는 점을 확인할 수 있었다. 따라서 어느 차원에서 정체 또는 지체가 발생하거나 세 차원이 얽히고설켰을 때, 다른 차원을 통해 이를 뚫거나 풀어낼 수 있는 능력과 방책을 확보하는 것이 중요하다. 이러한 능력과 방책은 단기적으로 관련국(특히 강대국)의 정부 몫으로 보이지만, 신뢰가 부족하고 경쟁하는 동북아 지역질서에서는 국가이익 추구행위가 오히려 문제를 어렵게 만들 가능성이 있다. 미국과 중국의 본격적인 경쟁이 시작되면서 그 가능성은 더욱 커지고 있다. 그렇다면 개별 국가의 행위에만 초점을 맞추기보다 한반도 문제의 구조에 주목한다면, 일단 당장 적합한 해법은 찾지 못하더라도 문제의 원인을 정확하게 진단함으로써 문제해결의 처방을 발견하는 데 도움을 얻을 수 있을 것이다.

⑤ 구조적 이해와 비판적 판단

한반도 평화는 한반도 문제해결의 매우 중요한 하나의 목표로서 인정받고 있다. 따라서 관련 국가의 정치가 및 전문가들은 물론이고 국민들도 많은 관심을 보이고 있다. 문제는 그러한 관심이 관련국의 의도와 전략에 집중하는 경향이 있다는 점이다. 과연 어떤 국가든 국가이익을 달성하기 위한 전략을 추진하더라도 대체로 원하는 결과를 온전히 얻을 수 있을까? 합리적 선택이라는 이름 하에 전략행위를 설명하는 게임이론은 상대가 있는 게임에서 행위자가 가장 바라는 목표의 달성 가능성은 거의 없다고 말한다. 실제로 한반도 문제를 구성하는 각 차원에는 국가 이외의 다양한 행위자들이 존재하며 이들의 행위 기준, 즉 규범이나 이념 내지 정치·사회문화는 서로 다르다. 뿐만 아니라 동북아 지역질서를 규정하는 제도적·문화적 응집력도 생각해볼 필요가 있다. 지역질서를 유지하는 동맹이나 경제·사회·환경 등의 이슈별로 여러 국제레짐이 있지만, 상호의존성이나 역사적 경험에 유래하는 친소관계 내지 반목의 감정이 국가정체성의 형태로 상호작용하고 있는 탓에 오로지 합리적이고 전략적이기만 하는 국제관계란 현실적으로 불가능하다.

따라서 한반도 평화를 정착시키는 과정을 특정 국가의 전략에만 기대기보다 한반도 문제의 구조적 측면을 잘 헤아려서 이익과 이념의 작동방식을 이해함으로써 해결책을 모색하는 노력이 필요하다. 앞의 두 사례와 관련지어보면, 남한 정부의 평화정착 정책이 역사적으로 한반도에 어떠한 의미가 있으며, 현재와 미래의 국가이익에 어떻게 작용할 수 있는지를 두고 비판적으로 판단하는 것은 매우 중요하다. 비판적 판단은 한반도 문제의 구조에 관한 지식을 기반으로 도출될 필요가 있다. 만약 한반도 평화와 관련하여 국내, 국제, 또는 남북관계에서 어떤 중대한 사건이 발생했다면, 이것의 의미와 파장에 대한 설명 내지 해석은 한반도 문제의 구조에 대한 지식 유무나 정도에 따라 달라질 것이다. 만약 정치·사회세력들이 그러한 지식보다 자신의 이데올로기적인 판단만을 고집한다면, 남남갈등의 구덩이에 빠져 어떠한 대북 및 대외정책도 소기의 성과를 거두기 어려울 것이다.

나아가 앞의 사례에서 발견할 수 있는 중요한 사실은 복합적인 연계구조에 남한의 정부나 사회가 직접 개입하여 소기의 성과를 낼 수 있는 공간이 그리 넓지 않다는 점이다. 남한 정부가 북한이나 미국 정부가 추구하는 각자의 국가이익을 단기적으로 변경하도록 하는 것은 불가능하다. 다만 사회 수준에서 오랜 기간 상호 소통을 한다면, 장기적으로 국가이익 구성에 유사성이 나타날 수는 있을 것이다. 요컨대 복합적 연계구조에 대해 우리가 현실적으로 잘 할 수 있는 것, 그럭저럭 할 수 있는 것, 도모하기 어려운 것을 구분하여 접근할 필요가 있다. 이 경우에도 단기와 중·장기의 목표를 구분해야 할 것이며, 모든 노력을 단기적 목표에만 쏟아붓는 어리석음은 경계해야 한다. 오히려 중·장기적인 목표가 정책 비전으로써 뚜렷하게 제시되는 것이 더욱 중요할 수 있기 때문이다. 경우에 따라서는 당장의 역량이 부족하면, 그러한 역량을 먼저 충족하는 노력을 기울임으로써 중·장기적 목표 달성에 주안점을 두는 소위 '개구리의 도약'과 같은 접근태도가 필요하다. 물론 단기적인 목표도 당연히 중요하다. 비록 대외정책이나 국제환경 차원에서는 우리가 주도할 수 없는 사안들이 적지 않지만, 경우에 따라 타국들 사이의 이익 충돌 상황에서 나타나는 변화의 모멘텀을 재빨리 파악하고 선제적으로 문제해결의 대안을 제시할 수 있다면, 단기적으로도 선순환 과정에 크게 기여할 수 있다. 이러한 태도를 뭉뚱그리면 실용주의적 접근태도라고 부를 수 있지 않을까?

마지막으로 매우 중요한 것이 남아있다. 정치사회적 민주화와 사회경제적 부와 복지의 수준을 한층 높임으로써 한반도 평화와 언젠가는 평화 통일을 성취하는 데 기여하게 될 내적 역량을 쌓아 가는 것이다. 이 과제는 우리가 잘해야 하고, 잘 할 수 있는 것이며, 한반도 문제의 복합적 연계구조에서 차지하는 비중도 단기적으로나 중·장기적으로도 결코 작지 않다. 특히 국민들에게 한반도 문제의 구조적 이해에 관한 지식과 비판적 판단을 확산시키는 기반으로서 민주적 시민교육에 대한 중요성은 아무리 강조되어도 과하지 않다. 정치·사회문화에 관한 교육적 효과가 대체로 중·장기적으로 나타난다는 점을 염두에 둔다면, 그러한 교육은 중·장기적 비전 아래 단기적 정책과제로서 적극적으로 추진되어야 할 것이다. 그렇지 못하면, 점점 치열해져 가는 남남갈등은 한반도 평화정착 과정에 커다란 걸림돌로 계속 영향력을 미칠 것이다.

이상과 같은 문제의식 아래 우리의 젊은이들이 한반도 문제의 구조에 대한 지식을 얻을 수 있는 기회를 제공하려는 의도에서 본 교과서를 집필했다. 목차는 한반도 문제를 구성하는 세 차원을 중심으로 짜여졌다. 그리고 각 차원별로 복합적 연계구조를 만들어 왔고, 현재와 미래를 만들어 가는 데 기여하는 사건이나 문제를 주제로 삼았다. 각 장은 비록 특정 차원에 속한 중요한 주제를 다루고 있지만, 분야별 전문가로 구성된 집필진은 한반도 문제의 복합적 연계성을 염두에 두고 서술하고자 노력했다. 독자들도 각 장의 내용으로부터 여러 지식을 얻는 과정에서 항상 복합적 연계성을 염두에 둔다면, 더욱 유용한 지식과 비판적 판단능력을 얻을 수 있을 것이다.

제2장 미·소 냉전과 한반도 분단질서의 생성

이승현(국회입법조사처)

① 머리말

한반도 분단질서는 미·소 냉전 대결의 산물이었다. 냉전 형성의 세계적 충격이 한반도 분단질서 생성의 가장 큰 변수라 할 만했다. 한반도 분단질서의 생성·확대 과정은 세계적 수준의 변수인 미국과 소련의 냉전 격화의 결과물이 축적되는 과정이었다.

다만, 미국과 소련이라는 세계 수준의 변수 이외에도 동아시아 수준 그리고 한반도 수준의 변수도 일부 작동하며 부수적인 영향을 끼친 바 있다. 동아시아 수준에서 중국의 공산화와 제2차 세계대전의 패전국 일본의 활동도 일정하게 영향을 끼치지 않을 수 없었음을 역사적으로 확인한 바 있다.

또한, 한반도 내부적으로 모스크바 3상회의에 대한 좌·우익의 상이한 대응과 남북한의 독립적인 정부 수립 등 한민족의 내부 분열도 분단질서 형성에 일정하게 영향을 끼친 것이다.

일반적으로 한반도 분단질서는 미·소의 분할 점령, 남북한 각각의 정부 수립 그리고 한국전쟁을 거치면서 고착된 것으로 이해되고 있다. 이와 같은 과정을 거치며 고착된 분단질서의 극복 즉 한반도의 통일, 특히 평화 통일에 대하여 우리 젊은 세대는 상당히 부정적이고 비현실적인 과제로 이해하는 경향을 보여주고 있다.

이 글에서 한반도 분단질서의 형성 과정을 돌이켜 분석해 보는 이유는 크게 세 가지이다.

첫째, 분단질서의 형성으로부터 유래한 문제들이 현재까지 지속되고 있기

제2장_미·소 냉전과 한반도 분단질서의 생성 13

때문이다. 일견해 보면, 남북한 각각 별개의 이질적인 정치체제 수립과 지속, 외국 군대의 주둔, 전쟁 이후 정전(휴전)체제의 지속, 그리고 한·미동맹 등이 여전히 우리의 삶에 영향을 끼치고 있다.

둘째, 세계적 냉전과 함께 분단질서가 형성되었던 과정을 탐구해 봄으로써 세계적 탈냉전과 함께 통합질서를 형성해 가는 창의적인 경로를 모색해 보기 위한 것이다. 한반도를 둘러싸고 신냉전질서의 형성 가능성을 분석하는 최근의 연구 동향을 바탕으로 살펴보면, 제2차 세계대전 이후 형성된 한반도에서의 냉전질서는 여전히 우리의 삶에 영향을 끼치는 지배적인 질서임을 쉽게 이해할 수 있다. 한반도를 둘러싸고 탈냉전의 통합질서가 형성될 경우 우리는 한반도 내부의 통합질서를 어떻게 창의적으로 형성해 갈 것인가 고민해 보는 좋은 기회가 될 것이다.

셋째, 분단질서를 극복하고 새로운 평화질서를 구축하는 과정에서 주도적인 역할을 해야 할 주체가 누구인가 고민해 보기 위한 것이다. 이는 우리의 미래 세대가 감당할 부담을 줄여주면서 현세대가 응당 할 수 있는 역할을 찾아보고 한반도 평화질서를 구축하는 노력의 출발점이라 할 것이다.

사실 미·소 냉전체제 하에서 진행된 한반도 분단질서 형성 과정은 국제환경 차원에 속한 것이기 때문에 1차적으로 국제환경의 측면에 주력하여 분석하는 것이 타당할 것이다. 다만 이를 단순히 국제관계상의 상호작용이라는 정치적 설명에만 국한하지 않고, 분단질서 형성 과정과 이후 지금까지 남북관계와 국내환경과 어떻게 상호작용했는지를 입체적으로 분석하고 조망해 보려는 것이다.

② 제2차 세계대전 이후 한반도를 둘러싼 국제정치의 동학

일본제국의 패망과 대한민국 정부 수립 사이에 왜 3년의 간극이 발생하였는가? 한민족은 1945년 일본의 패망을 목도하면서 바로 그해에 일제로부터 해방되었으나 주권을 구현한 정부 수립에 이르지 못한 이유는 무엇인가? 제국주의 일본의 한반도 강점이 종식되었으나 무려 3년의 세월이 흐른 후에야 비로소 정부를 수립할 수 있었다는 역사적 사실은 많은 것을 함축하고 있다.

그 이유는 첫째, 한반도의 분단 자체가 강대국 간의 협상의 결과물이었다는 점에서 찾을 수 있다. 카이로선언, 얄타회담, 그리고 포츠담선언에 이르기까지 우리는 회담의 당사자로 참가한 것이 아니고 미·영·중·소 등 강대국만이 회담에 참여하였다. 우리는 국권 상실기에 만국평화회의에 참석조차 하지 못하는 서러움을 겪은 바 있는데, 제2차 세계대전 전후 처리 과정에서도 유사한 처지에서 지켜볼 수밖에 없었다. 강대국의 국가이익에 따라 우리의 운명이 좌우되는 상황이었던 것이다.

---

box 1. 제2차 세계대전 종전과 국제 협상: 한반도의 해방과 분단을 가져온 회담들

- 카이로선언, 얄타회담, 포츠담선언 등은 제2차 세계대전을 마무리하기 위해 연합국들이 전개해 나간 국제 협상의 결과물이었다. 이 일련의 협상을 통해 한반도의 독립이 구체화 되어나갔다는 점에서 긍정적인 측면이 있는 반면, 이 회담을 통해서 한반도의 분단이 결정되었다는 점에서 부정적인 측면이 있다.
- 우리의 미래 운명을 결정하는 데 주체적으로 참여할 수 없었던 이와 같은 협상 과정은 한반도의 분단과 남북한 정부 수립의 과정이 제2차 세계대전 이후 새로운 국제질서의 형성 과정 속에서 수동적으로 진행된 측면이 있음을 보여준다.
- 이러한 구조적인 환경 속에서 남북한의 정치가들이 선택했던 노선이 초래했던 결과들을 재음미하면서 현재적 관점에서 우리의 고민이 무엇인지 생각해 볼 필요가 있다.
- 작금의 국제질서 유지와 변경 흐름이 우리의 미래에 어떠한 영향을 미치게 될지 지대한 관심을 갖게 만드는 역사적 경험이라 하겠다.

둘째, 세계적 수준에서 미국과 소련의 대립과 갈등이 시작되었다는 점에서 또 다른 이유를 찾을 수 있다. 제2차 세계대전의 승전국이었던 미·소 간의 합의는 한반도 통일국가 수립의 전제조건이었다. 미·소가 공감대를 형성하면 한민족은 하나의 국가를 순조롭게 건설할 수 있는 환경을 갖는 것이었다. 그러나 미·소가 동아시아와 한반도에서 대립적인 국가이익을 표출하게 되면 한반도상의 국가건설은 그들의 의사가 반영된 정치지도에 따라 진행될 상황이었다.

미·소 공동위원회 진행 과정에서도 극명하게 드러났듯이 미국과 소련은 한반도에 통일국가를 수립하려는 공감대 형성에 실패하였다. 오히려 미국은 미국의 국가이익을 관철하려 하였으며 소련은 소련의 국가이익을 관철하려 하였다. 결국 한반도에 통일국가를 건설하기 위하여 열렸던 미·소 공동위원회는 아무런 성과를 거두지 못하고 결렬되고 말았다.

미·소 간의 국가이익이 상충하면서 누구도 한반도 전체를 통합하는 우호국가를 수립하는 데 실패함으로써 한반도의 절반에라도 각기 미·소에 우호적인 분단국가를 수립해 나가는 과정에 3년의 세월이 소모된 것이다.

---

box 2. 모스크바 3상회의가 국내정치에 미친 영향

• 모스크바 3상회의의 주요 결정 중에 하나가 "신탁통치"였으며 이에 대하여 남북한의 제 정치세력들은 찬성 혹은 반대의 입장을 표출하며 단번에 한반도 정국을 소용돌이치게 만들었다. 많은 우여곡절을 겪지만 결국 우익은 반탁=반공=반소의 큰 흐름을 만들고 좌익은 찬탁=친공=반미의 입장으로 정리됨으로써 한반도 분단의 국내정치적 흐름을 만들어냈다.
• 이 와중에 통합적 입장에서 한반도 분단보다는 한반도 통일국가의 기치를 내걸었던 김구·김규식 등의 정치세력들은 단정의 정국 속에서 힘을 잃어가게 되었다.
• 모스크바 3상회의 결정들은 한반도에 임시적인 통일 정부를 수립하고 하나의 국가를 수립하도록 하는 내용들이었지만 이 회의 결정을 둘러싼 정치세력 간 반목과 갈등은 결과적으로 한반도 분단을 가속화시키는 역할을 하게 되었다.

셋째, 이 3년은 동아시아 수준의 정치지형이 공산진영과 자유진영으로 나뉘는 변화의 흐름[1]과 동일한 맥락 속에서 진행되는 한반도 분단의 출발점이었다. 당시, 소련의 영향 아래 마오쩌둥과 같은 공산주의자들이 중국대륙에서 자유진영의 장개석과 주도권을 놓고 쟁탈전을 벌이고 있었다.

소련－중공－북한의 북방 3각동맹과 미국－일본－남한의 남방 3각 군사협력의 대결구도로 귀결되어 가는 과정에서 한반도의 남북 분단이 진행된 측면이 있는데 1945년~1948년의 3년간의 시간은 그 출발점이라 할 수 있다. 즉, 1953년 한반도 정전 협정으로 한반도 분단이 고착화 되기까지 몇 차례의 중요한 사건들이 전개되며 동아시아 분단질서를 형성해 나갔다.

1945년 제2차 세계대전의 종식, 1948년 남북한의 분단 정부 수립, 1949년 중국대륙의 공산화, 1950년 한국전쟁, 1951년의 샌프란시스코 강화조약, 그리고 1953년 한반도 정전 협정의 과정을 거치며 한반도의 분단질서와 동아시아의 대결구도가 마무리된 것이다.

---

1 이 흐름은 일본에 대한 미국의 정책 전환을 갖고 왔다. 예컨대, 일본을 점령한 미군정은 전쟁을 일으킨 일본의 공업국가 성장 가능성을 제거하고 "평화로운 농업국가"로 만들려 하였으나 중국의 공산화와 한국전쟁을 거치면서 일본의 공산화를 막기 위한 산업화 정책으로 급격히 전환하였다. 좀더 자세한 내용은 야마모토 요시타카, 서의동(역), 『일본과학기술 총력전』(서울: 에이케이커뮤니케이션즈, 2018) 참조.

넷째, 한반도 차원에서 김일성 중심의 공산주의세력과 이승만 중심의 자유민주주의세력 간의 주도권 쟁탈전이 이루어졌으며, 각기 남쪽과 북쪽 지역에 개별적인 정치 주권을 형성하면서 남북 분단 과정을 진행해 나갔다.

김일성은 박헌영 등 유력한 공산주의 운동가들과 협력하였고 조만식 등의 우익 민족주의자들을 제거하면서 조선민주주의인민공화국 정부를 수립하였다.

이승만은 여운형, 김구, 김규식 등 민족주의 지도자들과의 경쟁에서 최후의 승자로 대한민국 정부를 수립하였다.

미국과 소련이라는 외세의 직접적인 혹은 간접적인 지지와 지원을 받는 세력들이 한반도에 각기 상이한 정치제제를 형성하면서 국내적인 수준에서 분단질서를 형성해 나갔던 것이다.

세계 수준에서의 미·소 간 대립이 진행되었고, 지역 수준인 동아시아에서 중화인민공화국의 부상과 일본의 재부상이 맞물리면서 공산진영과 자유진영의 대립이 진행되고, 한반도 수준에서 남북 간의 단정 수립이 진행되면서 남북한의 분단질서가 형성되기에 이른 것이다. 이러한 일련의 과정이 정리되어가는 혼돈의 시간으로 3년간의 세월을 보냈던 것이다.

③ 제2차 세계대전 종전 이후 분할 점령

제2차 세계대전이 끝나면서 승자인 연합국들은 패전국가들을 분할함으로써 이들 국가들이 다시 전쟁을 일으키지 못하도록 할 필요가 있었다. 이에 따라 주요 패전국가인 독일과 일본이 분할 대상 국가로 논의되었고 이러한 구상들을 관철하기 위하여 미·영·소 혹은 미·영·중·소의 수뇌들이 모여서 협의를 진행하였다. 우리가 익히 들어서 알고 있는 포츠담선언, 카이로회담, 그리고 얄타회담 등이 이러한 협의의 대표적 사례라 하겠다.

독일을 분할하는 문제는 유럽전장에서 전쟁을 수행했던 미국, 영국, 프랑스 그리고 소련이 협의하여 결정하였으며 그 결과 동독과 서독 지역으로 분할되어 동서독 분단국가 성립으로 이어졌다.

아시아에서 패전국인 일본을 분할하는 임무는 아시아·태평양전쟁을 수행했던 미국, 영국, 중국, 그리고 소련에 의해 진행될 예정이었다. 이러한 계획들은 "종전 이후 일본 점령을 위한 국가별 군대 구성"(1945.8.13)이라는 비망록을 통해 밝혀진 바 있으며, 그 자료에 따라서 살펴보면 지도상 일본을 분할하는 개략적인 내용은 다음 <그림 2-1>과 같다.

그림 2-1 일본에 대한 연합국 관리 및 점령군 계획 개략도

소련 점령 예정구역
미국 점령 예정구역
영국 점령 예정구역
중국 점령 예정구역

출처: National Composition of Forces to Occupy Japan, SWNCC 70/5; 일본에 대한 연합국 관리 및 점령군 계획(JWPC385/1).

미국이 관동 지역, 오사카, 관서 지역을 분할 점령하고, 소련이 홋카이도와 도쿄 북쪽 지역, 영국은 규슈와 긴키 그리고 중국이 시코쿠 지역을 점령하는 계획이 수립되었다.

그러나, 미국의 국가이익 추구와 일본의 반대 그리고 영국의 동조로 인하여 일본 분할안이 폐기되었다. 오히려 패전국이 아니었던 그저 "패전국인 일본 영토에서 분리될 국가"인 한반도를 분할하는 것으로 결론지어졌으며 그 결과 <그림 2-2>와 같이 38°선을 기준으로 남한과 북한 지역으로 분할되기에 이르렀다. 38°선은 남북한의 분단선일뿐만 아니라 이념을 달리하는 국제적 진영 대립의 최전선[2]으로써 국제적 냉전질서가 한반도 분단질서에 투영된 상징적이면서

---

2 김창희, 『남북관계와 한반도 평화』 (고양: 삼우사, 2019), p.34.

도 현실적인 경계선이 된 것이다.

그림 2-2 한반도 분할 점령 개략도

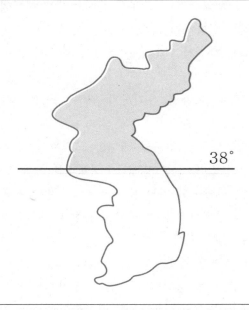

38°

　동아시아에서의 전후 처리 일환으로 진행된 패전국 일본의 분할 구상이 일본 본토의 분할이 아니라 한반도의 분할로 귀결된 이유는 무엇일까? 특히 그 분할로 인해 현재까지도 분단상태 속에서 많은 어려움과 고통을 겪어 오고 있는 한민족의 입장에서는 이 점을 고민해 보지 않을 수 없는 것이다.

　첫째, 미국의 국가이익이 관철된 결과이다. 미국은 아시아 태평양 지역에서 소련의 군사적 영향력이 일본에 미치고 일본의 일부를 소련의 영향력 하에 두는 것을 원치 않았다. 미국은 소련이 요구할지도 모르는 일본 분할안을 차단하기 위해 한반도의 분할로 대응했다는 비난을 받기도 했다.[3] 소련의 군사력이 태평양에 바로 투사되는 것을 미국이 원하지 않았을 것이다. 태평양을 미국의 "내해"와 유사한 형태로 유지하고 싶었을 것이라는 추론이 가능하며, 이러한 이유로 인해서 미국이 한반도의 분할을 제안하고 소련이 받아들임으로써 남북 분단이 진행된 것으로 추정해 볼 수 있다.

---

　3 신복룡, 『한반도분단사 연구: 1943-1953』 (서울: 한울, 2001), pp.99-100.

둘째, 패전국 일본의 저항이다. 원자폭탄 투하로 전격적인 항복을 선언한 것 이외에 일본의 국력이 모두 소진된 것은 아니라 할 수 있다. 당시 가장 첨단 무기라고 할 수 있는 원자폭탄에 무릎을 꿇기는 했으나 그간 전쟁을 수행해온 제국주의 일본의 정치적 외교능력과 잠재적 군사능력이 하루아침에 소멸되었을 것이라고 생각하는 것은 합당하지 않다. 일본은 미국에 항복하기는 하였으나 여전히 일정한 외교능력을 유지하고 있었을 것이며, 이 능력을 두 가지 측면에 투사했을 것으로 추론할 수 있다.

첫째는 국내적으로 천황제를 유지하기 위해 미국을 향해 설득하는 것이었다.

둘째는 대외적으로 일본의 영토를 최대한 보전하기 위해 연합국을 상대로 로비를 벌였을 가능성이 있다. 일본이 제국주의정책을 통해서 확장해 나갔던 영토는 대만, 간도, 만주, 한반도 등이었다. 패전국으로써 제국주의 시절에 확보했던 영토에 대한 포기 과정에서 일본의 저항이 일정한 변수로 작동했을 가능성이 있다. 요시다 시게루는 당시 외상의 자격으로써 맥아더 장군 등 미국 측에 일본의 강한 반대 의사를 피력한 것으로 알려져 있다.

그리고, 일본은 한반도를 강점했던 식민 모국으로써 최대한 영향력을 유지하고 권리를 주장하려 했을 가능성이 있다. 패전국이었지만 순순히 물러나지 않으려 하였을 것이고 사실 그러한 일본의 정책 의지가 일정하게 작동하였을 것이다. 이러한 일본의 입장은 지금도 여전히 견지되고 있지 않은가 하는 판단이다.

④ 남북 분단고착화 과정과 한민족의 내부갈등

한민족이 제2차 세계대전 이후 정치적으로 단합되고 이념적으로 통일된 관점을 유지하면서 대한제국과 3·1 운동의 정통성을 이으며 제국에서 민국으로의 전환을 꾀할 수 없었을까?

해방 직후 북쪽 지역은 북쪽 지역대로 좌·우의 이념적 대립을 겪으면서 김일성 중심의 좌익세력이 조만식 중심의 우익세력을 제거하고 정치적 주도권을 장악해 나갔다.

남쪽 지역은 남쪽 지역대로 이념적 대립과 정치적 갈등을 겪으면서 이승만 중심의 우익세력이 정치적 주도권을 장악해 나갔다. 비록 대한민국과 조선민주주의인민공화국이라는 별개의 정치체제를 갖게 되었지만, 당시까지 한반도의 분단은 한국전쟁 이후의 남북한 대립·분단상태와 비교하여 상대적인 관점에서 보면 잠정적 분단이라 할 수 있다.

예컨대, 한국전쟁 이전에는 조금 불편하고 불법 내지 위법이기는 했지만, 남북한의 주민들은 38°선을 위아래로 교통하기도 하였으며 상호 간의 왕래가 완전히 차단된 것은 아니었다. 그리고 선전·선동 차원이기는 했지만, 남북한은 모두 통일에 대한 명분을 내세우며 포기하지 않고 있던 시기이기도 했다. 북한은 국토완정론을 주장하고 남한은 북진통일론을 주장하며 상호 경쟁적으로 통일의 기치를 내세운 것이다.

명분으로 존재하던 통일 노력과 시도가 실제적인 무력 충돌로 발전하게 된 한국전쟁은 김일성이 주도하게 되었다. 그는 소련과 중공을 설득하여 한국전쟁을 도발하였으며, 이후 남북한 간에 물리력·군사력경쟁이 진행되면서 각자의 입장에서 통일정책을 추구한 것이다. 북한은 한국전쟁 기간 동안 낙동강 전선까지 밀고 내려왔고 통일을 코앞에 두었다고 생각했을 수 있다. 또한 남한은 백두산까지 진격하며 통일을 코앞에 두었다고 생각했을 수 있다.

그러나 참혹한 전쟁의 과정을 겪었지만 한반도는 물리력을 통해 통일되지 않았으며, 그 이후 군사분계선을 중심으로 한 분단은 반영구적인 상태로 고착되기에 이르렀다. 물리적인 38°선의 분단에 더하여 한민족 내부의 감정적 분단이라는 정서적인 상처를 덧낸 것이다.

⑤ 냉전의 한반도화: 6·25 한국전쟁과 정전체제

미국을 중심으로 하는 자유진영과 소련을 중심으로 하는 공산진영 간의 전투 없는 극도의 정치·군사적 대결상태를 냉전(cold war)이라 부른다. 제2차 세계대전 이후 1990년대 소련의 해체에 이르는 기간 동안 국제 사회는 이 냉전질서를 중심으로 양 진영 간의 긴장관계를 유지하였다. 열전이 없는 차가운 냉전 속에 역설적으로 오랜 평화가 유지되기도 하였지만 양 진영에 속한 각각의 국가들은 미국과 소련을 중심으로 이념적·정치적·군사적 대결을 지속해야 했다.

이러한 세계 냉전질서가 한반도에서는 한국전쟁이라는 봉인 과정을 거쳐 냉전적 분단질서를 형성하였다. 한국전쟁을 통한 참화를 경험한 남북한의 주민들은 서로를 적대적으로 간주하며 현재에 이르고 있다.

한국전쟁을 겪으며 한반도 분단질서를 정치적·법적으로 고착화하는 양상은 세 가지 국면으로 전개되었다.

첫째, 대한민국은 미국과의 상호방위조약을 통해 미국과 양자동맹을 맺으며 냉전의 최첨병 역할을 맡게 되었다. 후에 조선민주주의인민공화국은 소련 및 중국과 유사한 조약을 통해 조·중동맹 및 조·소동맹을 맺으며 역시 남한과 유사한 냉전의 최첨병 역할을 맡게 되었다.

둘째, 한국전쟁을 마무리 짓는 정전 협정은 이후 한반도의 분단질서를 국제법적으로 규정짓는 장치가 되었다. 즉 한국전쟁 이후 38°선을 대체하며 그어진 군사분계선은 남북한 간의 경계가 되었을 뿐만 아니라 자유진영과 공산진영의 경계가 된 것이다. 국제 냉전의 대결과 대립이 한반도 분단질서를 규정하게 되었으며 이후 남북한이 합의한다고 하더라도 분단질서를 극복하고 통합질서를 형성할 수 없는 이중적 잠금장치가 채워진 것이다. 이와 같은 정전 협정이 한반도의 정전체제를 약 70여 년간 유지해온 국제법적 근거가 된 것이다.

셋째, 남북한 각각의 정치권력이 이승만과 김일성을 중심으로 재편되었으며 이는 세계 냉전질서라는 외압의 영향 아래 형성된 국내 냉전질서라 할 것이다. 즉, 남북한 각각의 정부수립 이후 내부적 분단질서가 냉전질서의 영향 아래 현실적으로 구조화된 것이다.

이승만은 전쟁 중에 발췌개헌과 사사오입 개헌을 통해 권력을 강화하였으며, 자유당을 중심으로 정적을 제압하고 장기집권의 길을 열어나갈 수 있었다.

김일성은 한국전쟁 실패의 책임을 박헌영과 이승엽 등 남로당 계열에게 전가하면서 제거하였고, 아울러 소련파와 연안파도 제거할 수 있었다. 이후 김일성 유일체제를 수립하게 되는 실마리를 마련한 것이다.

- 한국전쟁은 정치·경제·사회·문화적으로 한반도 분단질서를 고착화한 사건이었다. 한국전쟁을 경험하면서 이승만은 "반공" "반북" 이념을 더욱 강조하면서 정치적으로 활용할 수 있게 되었다. 미국과의 동맹관계를 형성하면서 자유진영의 일원으로 반공전선의 선봉에 서게 되는 것이다. 국제 사회에서 반공의 선봉 역할을 함으로써 자유진영의 지지와 협력을 얻을 수 있었다. 이 점은 후에 우리의 경제를 수출 지향적 산업정책으로 전환하면서 비교적 순조롭게 국제경제 분업질서에 안착시키는 데 도움을 준 측면도 있다.
- 한국전쟁을 경험하면서 김일성은 "반미" 이념을 자신의 통치에 효율적으로 활용할 수 있게 되었다. 전쟁의 참화 속에서 북한 전체 주민들이 미국에 대해서 갖게 된 공포와 적대감을 정권강화의 기제 속으로 포섭해 낸 것이다. 북한이 이념적 자산으로 갖고 있던 항일무장투쟁이라는 "반일" 이념에 더하여 "반미" 이념까지 덧붙이면서 반 외세적인 성향을 더욱 강화하게 된 것이다.
- 남북한이 각각 한국전쟁을 경험한 이후 미·소 냉전의 최전선에 서서 갈등하고 대립하는 적대적 관계가 한반도 분단질서의 기초를 형성하기 시작한 것이다.
- 이러한 분단질서는 정치·군사 영역뿐만 아니라 경제 영역에서도 나타났으며, 남북한은 분단된 질서 속에서 각기 "자기 완결적인 경제" 단위를 구축해야만 했다. 우리 정부의 공식적인 통일정책 중의 하나인 한민족 경제공동체 구상이나 한반도 신경제지도 구상은 이와 같은 경제 분단질서를 해소하겠다는 정책의지의 표현이다.

⑥ 냉전질서의 확대·심화

한국전쟁과 정전체제를 통해 미·소의 냉전질서는 한반도에 그대로 투영되었다. 그 이후 한반도에서는 냉전질서가 다양한 영역으로 확대되었으며 심화되어 갔다.

전쟁이라는 물리적 수단을 통해 상대편을 제압하려 했던 남북한은 그 어느 쪽도 압도적인 승리를 거두지 못한 채 군사분계선을 경계로 냉전질서의 최첨병 역할을 하게 되었다.

남북한은 냉전질서 속에서 60년대 — 80년대에 이르기까지 한국전쟁과 같은 정치·군사 영역의 충돌이 아닌 경제적인 영역에서의 경쟁을 지속했다. 남북 간의 경제발전경쟁은 비군사적인 영역에서 남북한의 냉전질서가 확대되었던 대표적인 사례라 할 수 있다. 남한은 미국 중심의 자본주의 경제질서에 편입되어 수출지향적인 발전 전략을 채택하였고, 1988년 서울 올림픽을 계기로 남북 간의 경제 발전경쟁에서 승리를 확인할 때까지 지속하였다.

북한은 자신들이 남북관계에서 우위를 차지하고 있다고 판단되었을 때, 남북 간의 경제교류와 협력을 주장하기도 하였지만, 본질적으로는 소련 중심의 사회주의 경제진영에 합류하였으며 자력갱생의 발전 전략을 채택하였다. 결국 1980년대 말까지 이러한 기조를 유지하였다.

냉전질서가 한반도에 확대되는 과정에서 군사 영역에서 직접적인 대규모 충돌이 발생했던 것은 아니었지만 남북 간의 군비경쟁은 지속되었다. 북한은 4대 군사노선을 채택하여 남한에 대항하는 재래식 군비를 증강하는 데 모든 국력을 투여하였으며, 중공업 우선의 군수 산업에 치중하였다. 경공업 농업 동시 발전 전략을 함께 강조하기도 하였지만, 기본적으로는 중공업 우선의 발전 전략을 고수한 것이다. 중공업 우선의 경공업·농업의 동시 발전이라는 병진 전략은 김정은시대에 들어와서도 여전히 핵-경제 병진 전략이라는 형태로 계승된 바 있다.

남한은 한미동맹의 강화와 자주국방을 통해 북한과의 군비경쟁 및 안보 태세 확립에 주력하였다. 한미동맹을 통한 안보정책은 키신저가 등장하기 전까지 일관되게 유지되었다. 특히, 남한은 베트남 파병을 통해서 미국과의 동맹을 더욱 굳건하게 하는 등 냉전질서 아래 자유진영에 확실하게 참여하고 있었다.

남북 간 냉전질서가 갈등의 양상을 보이는 최정점은 1960년대 말에 도달하였다. 특히, 북한은 다양한 군사도발을 통해 한반도의 군사적 긴장을 고조시켰다. 예컨대, 미국의 푸에블로호를 나포하거나 EC 121기를 격추하거나 혹은 청와대를 기습공격하기도 하였다.

냉전질서 하의 한반도에서 진행된 남북 간의 경쟁은 한반도 밖에서도 진행되었다. 국제 외교무대에서의 체제경쟁은 남북 간 냉전질서의 또 다른 확대 과정이라 할 수 있겠다.

남북 간 냉전질서 확대의 과정에서 전환점이 된 것은 닉슨 행정부의 "괌 독트린"이었다. 닉슨 행정부의 독트린에 의하여 국제 냉전질서에 "데탕트"가 진행되었으며, 이는 한반도의 냉전질서에도 영향을 끼치게 되었다. 키신저에 의해 소련에 대항하는 카드로서 미국과 중국의 협력이 추진되었으며, 동아시아에서 "한반도 문제의 한반도화"라는 모토 아래 냉전질서의 이완이 시작되었다.

한반도의 냉전질서도 부분적인 영향을 받았으며, 그 결과 남북 간의 대화를 개시하게 되었다. 남한과 북한은 각기 체제를 상호인정 하지는 않았지만, 남북 대화를 진행하여 역사적인 "7·4 남북공동성명"을 도출하기에 이르렀다.

소련과 미국과의 냉전경쟁에서 승패는 레이건 행정부를 통과하면서 결정되었다. 미국과 소련이 군비경쟁에서 소련이 압도되었으며 미국을 중심으로한 진영이 승리하였다. 마침내 소련이 해체되면서 기존의 냉전질서는 1990년대 이래로 탈냉전의 시대로 접어들게 되었다. 이후 미국 중심의 단일 패권질서가 지속되었으며, 중국이 부상함으로써 도전받기 시작했다. 중국의 도전은 때때로 강성으로 진행되었으며, 이럴 경우 세계질서는 신냉전질서의 조짐을 보인다고 평가되기도 했다.

⑦ 탈냉전 이후에도 여전히 남은 냉전질서의 유산들

세계적인 냉전질서가 생성되면서 그 영향 아래 두 개의 정치체제가 한반도 상에 수립되었고 대결과 반목 그리고 갈등의 적대적 관계를 유지해 왔다. 1988년 7·7 선언을 계기로 남북관계는 적대적 관계와 비적대적 관계가 공존하는 복합적인 시기로 들어섰다.

남북한 정부는 주변 국가와의 관계 정상화 속도에도 차이를 보여주었다. 교차 승인 개념으로 설명되는 이 과정에서 대한민국 정부는 중화인민공화국과 구소련으로부터 국가승인을 완료하였으나 조선민주주의인민공화국 정부는 미국과 일본으로부터 국가승인을 완료하지 못하였다. 탈냉전 시기를 거치면서 한반도를 둘러싼 주변 4강과의 승인외교경쟁의 결과 기울어진 운동장이 생성되었으며 북한은 체제 안보와 관련한 외교에서 구조적인 불안정에 놓이게 되었다.

가. 냉전과 미소 양군의 주둔

냉전기 분단질서가 형성되면서 외국군대의 한반도 주둔 문제가 제기된 바 있다. 외형상 구소련 군대는 한국전쟁 직전 모두 두만강 넘어 자국 영토로 철수하였으며, 남한에 주둔하였던 미군도 일본 본토나 오키나와 지역으로 철수하였다. 다만, 한국전쟁 발발 이후 한미동맹을 체결하게 되었고, 한국전쟁에 참전한 미군은 주한미군 형태로 현재까지 한반도에 주둔하게 되었다. 냉전은 끝났지만, 한미동맹을 법률적 근거로 하면서 주한미군이 이 지역의 균형자로서 역할을 수행하게 된 것이다.

한국전쟁의 종전선언 혹은 평화 협정 체결 이후 유엔사의 지위 문제와 주한미군의 지위와 관련한 다양한 견해들이 제기된 바 있으며, 향후 이 주제와 관련한 쟁점들이 부각될 가능성이 있다.

나. 분단질서의 법적 상태: 정전 협정

전쟁 이후 휴전체제의 지속상태가 현재까지 이어져 오고 있다. 이의 해결을 둘러싸고 평화 협정 체결, 종전 선언 등의 정책 대안들이 논의된 바 있다. 정전 협정 체결 이후 약 70여 년을 향해 나아가는 이즈음 이 문제를 어떻게 지혜롭게 마무리 지을 것인가 하는 과제가 우리 앞에 놓여 있는 것이다. 평화 협정, 종전 선언 등 법적 정치적 절차가 새롭게 필요할 것인지 아니면 그간 기정사실로 되어 버린 평화상태를 유지하는 수준에서 마무리할 것인지 다시 한번 검토해 볼 기회가 주어진 것이다.

다. 기울어진 운동장: 교차 승인

세계적 탈냉전의 과도기에 대한민국은 중국 및 구소련과 국교를 정상화하고 양국으로부터 국가로 정식 인정을 받은 바 있다. 이 과정에서 교차승인의 개념이 활발히 논의되었으며 북방정책을 추진하던 대한민국 정부는 미국과 일본이 북한을 국가로 승인하는 것도 수용하겠다는 입장도 표명한 바 있다.

그러나 북방정책의 성과로 대한민국이 중국과 소련으로부터 국가승인을 받은 반면, 북한은 일본 및 미국과 국교를 정상화하지 못하고 현재에 이르고 있다.

냉전질서 형성 과정에서 발생했던 국가승인 문제가 탈냉전의 국제질서 형성 과정에서도 완전히 마무리되지 못한 것이다. 게다가 구소련과 국교를 정상화한 대한민국은 김영삼 대통령의 소련 방문을 계기로 소련에게 북·소동맹의 폐기를 요청하였고, 구소련은 동맹조약을 더 이상 연장하지 않는 방식으로 상호 방위조약을 종료한 바 있다. 이처럼 동아시아 외교질서에 있어서 북한은 기울어진 운동장에서 외교게임을 전개해야 하는 상황에 오랫동안 놓이게 된 것이다.

최근 한국 정부는 북방정책의 성공을 계승하여 "신북방정책"을 추진하고 있을 뿐만 아니라 이를 확대하여 "신남방정책"을 채택함으로써 동아시아 역내에서의 위상을 더욱 강화하려 시도하고 있다.

⑧ 탈냉전 이후 분단 극복의 주도적 역할을 누가 어떻게 할 것인가?

분단의 최초 책임은 미·소가 가장 크게 부담하는 것이 맞다. 한반도 분단의 과정은 동아시아 이념대결의 구조화 과정과 맥락을 같이했던 측면에서 우리로서는 어쩔 수 없었던 불가피한 측면이 있는 것도 맞다. 또한 우리 내부의 이념대결과 정치적 대결 그리고 전쟁을 통한 가장 치열한 대립을 경험했던 측면이 있었던 것도 일정 부분 사실이다.

그럼 이런 분단상태를 극복하고 새로운 평화상태로 나아가는 과제를 누가 주도적으로 풀어나갈 것인가? 그리고 이 과정을 순조롭게 풀어가기 위해 거쳐야 할 경로를 어떻게 설정해 볼 것인가?

분단의 가장 큰 책임이 미국과 소련에 있다 하더라도 분단 극복의 가장 주도적인 역할을 미국과 소련이 할 수는 없는 것이다. 게다가 소련이란 국가는 이제 지구상에 더 이상 존재하지도 않는다. 제2차 세계대전 종전 이후 국제질서의 현상 변경이 크게 일어난 이후 샌프란시스코체제를 거치며 동아시아의 분단질서가 "기정사실화"되어 현재에 이르고 있을 뿐이다. 결국 한반도 남북 분단의 당사자인 남북한이 분단 극복의 주도적 역할을 할 수밖에 없는 것이다. 그리고 남북한은 각기 서로 다른 이익을 추구하는 상이한 주권 체제이기 때문에 그 뜻을 모으기는 더욱 힘든 것이 현실이기도 하다.

다만, 이러한 한계 속에서도 국력을 지속적으로 신장시켜온 대한민국의 국민들이 한반도의 평화체제를 구축하기 위해 주도적으로 역할을 할 수 있는 여건이 마련되어 있다는 점을 불행 중 다행으로 평가할 수 있겠다.

향후 우리가 주도적 역할을 수행하며 열어나갈 수 있는 경로를 상정해 보면 그 출발점을 종전선언에서 시작해 보는 것도 하나의 방법일 수 있다. 종전선언은 한반도의 전쟁상태를 종식하고 평화체제로 나아가는 정치적 행위이며 작지 않은 상징성을 갖고 있는 조치라 할 수 있다.

우리의 공식적인 분단 극복 방안과 경로를 간략히 3단계로 나누어 보면, 첫째, 남북한의 상호 인정과 평화공존 단계, 둘째, 남북한 국가의 연합, 그리고 셋째, 체제 통일 등 한민족 공동체의 형성으로 이해할 수 있다.

분단 극복의 주체와 방향을 이와 같이 정리할 수 있다면 이를 실현하는 장애요소와 촉진요소를 살펴봄으로써 그 구체적인 과제를 도출하고 대안을 모색해볼 수 있을 것이다.

⑨ 분단질서, 현상유지와 현상변경: 우리에게 기회는 있는 것인가?

제2차 세계대전 이후 분단질서가 형성된 지 이제 거의 70여 년이 넘어가고 있다. 그간 동아시아질서와 관련하여 전통적인 유관국가인 미·중·일·러는 명확한 국가이익을 견지해 왔다.

미국은 한반도를 자국의 국가이익을 지켜주는 방벽으로 간주하고 있으며, 중국은 역사적으로 한반도를 자국의 안보에 치명적인 이해관계를 갖고 있는 지역, 순망치한(脣亡齒寒)의 개념으로 생각해왔다. 일본은 한반도를 통해 대륙으로 진출하려는 생각을 오랫동안 품어왔으며, 미국과 마찬가지로 한반도를 자국의 안보를 지켜주는 방벽으로 간주하고 있다. 러시아는 한반도 문제에 대해서 잃어버린 영향력을 회복하기 위한 기회를 엿보고 있으며, 따라서 부분적이나마 한반도의 현상변경을 원하고 있다.

이러한 주변국들의 전통적인 이해관계에도 불구하고, 동아시아질서에서 정치·경제적으로 많은 변화가 있었던 것도 사실이다.

첫째, 동아시아 경제질서에 일정한 변화가 있었다. 동아시아질서를 구성하는 행위자들의 국력이 크게 변화하였다는 점이다. 국력 신장이 비약적으로 이루어진 국가로는 중국, 일본 그리고 한국이 있다. 북한은 초기 경제성장경쟁에서 일정한 성과를 거두었음에도 불구하고 최종적으로는 탈락한 상태이며, 경제적 실패를 정치·군사적으로 만회하기 위해 핵·미사일개발로 전략을 수정한 바 있다.

한반도에서 대한민국의 국력 신장에 따른 변화를 일본이 도전으로 인식하며 한일 간의 외교적·경제적 마찰이 빈발하는 현상도 향후 주목해 볼 필요가 있다.

둘째, 동아시아와 한반도에 주둔하는 군사력의 변화가 있었다. 특히 한반도에는 미·소 양군이 진주하여 분할 점령함으로써 외국 군대가 주둔하기 시작했다. 미·소 양국 군대가 유엔 결의에 따라 일시 철수하였으나 한국전쟁을 계기로 한반도에는 주한미군이 주둔하게 되었고, 동아시아 지역인 일본에도 주일미군이 주둔하게 되어 현재에 이르고 있다. 주한·주일미군의 존재는 동아시아 군사력 균형과 정치질서에 중요한 변수로 작동하고 있다.

향후 한반도 분단질서가 평화공존 내지는 통합질서 차원에서의 변화가 일어난다면 그 과정에서 주한미군 문제가 중요한 쟁점으로 부각될 가능성이 있다. 우리의 국익 차원에서는 주한미군이 단순히 대북 억지력으로써의 역할을 넘어서서 동아시아세력 균형자 내지는 평화유지자로서 역할을 수행하도록 유도하고 이러한 역할에 대하여 유관국가들과 공감대를 형성하는 것이 바람직할 것이다.

셋째, 동아시아 정치질서 중 하나인 국가승인상태에 많은 변화가 있었다. 특히, 대한민국에 대한 국가승인 상황이 크게 변화하였다. 중화인민공화국이 대한민국을 국가로 승인하였으며, 구소련이 대한민국을 국가로 승인하였고 러시아가 이를 인정하여 승계하였다. 다만, 북한에 대한 미국의 국가승인은 이루어지지 않았으며, 북한에 대한 일본의 국가승인도 이루어지지 않았다. 가까운 시일 내에 북한과 일본 간의 국교정상화를 위한 협상이 재개될 가능성이 있으며, 향후 분단질서를 극복하고 평화질서를 구축해 가는 과정에서 법적으로 정치적으로 풀어나가야 할 과제라 하겠다.

또한 중화민국 대신에 중화인민공화국에 대한 미국과 일본의 국가승인이 있었으며, 대한민국도 이를 따른 바 있다. 이 과정에서 중화민국은 대만으로 정치적 위상이 격하되어 현재에 이르고 있다.

넷째, 동아시아 국제질서가 냉전질서에서 탈냉전질서로 탈바꿈하였다. 미·소 간의 대결에서 출발했던 냉전시대가 종식되고 탈냉전시대가 도래하였다. 가히 구조적인 변화라 할 수 있는 시대적 변화를 직면하여 우리의 인식과 정책도 구조적인 변화를 시도해야 하는 시점이라 하겠다. 다만, 구소련이 지위를 대체하고자 하는 중국의 부상으로 인하여 동아시아에서 신냉전질서가 형성될 가능성도 여전히 남아 있다.

이러한 유동성과 변화가능성 속에서 우리에게는 어떤 기회와 위험이 다가오고 있는 것인가? 우리를 둘러싸고 있는 미·중·일·러가 갖고 있는 한반도질서에 대한 인식을 명확히 정리하고 그 흐름 속에서 우리의 역량을 강화하고 기회를 포착하는 것이 바람직할 것이다.

우선, 미·중·일·러의 대한반도 인식을 현상변경과 현상유지의 관점에서 정리하면 <표 2-1>과 같다. 대부분의 국가는 현상유지상태에서 자국의 국익을 추구할 수 있다고 인식하는 것이고 이에 비례하여 우리의 통일노력은 더 많은 동력을 요구하게 될 것이다.

▼ 표 2-1 주변 4국의 한반도질서에 대한 입장

구분	통일에 대한 입장	선호하는 상황	우려하는 상황
미국	• 장기적 관점에서는 민주주의, 시장경제에 입각한 통일지지 • 단기적으로는 통일에 소극적	• 현상유지 • 한국 주도의 통일 • 한·미동맹유지	• 급진적인 통일 • 한국의 미·중 간 등거리외교 • 통일한국의 중국밀착 • 북한 핵무기의 확산 • 한·미·일 안보협력의 이완
중국	• 남북한 당사자 해결 원칙지지 • 통일보다 분단 선호	• 현상유지 • 대 한반도 영향력 확대 • 북한붕괴방지(완충지대유지) • 한국의 미·중 간 등거리외교 • 남한의 이미종중(離美從中) • 한국과의 경협 강화	• 급진적인 통일 • 한국 주도의 흡수 통일 • 적대적인 통일한국의 등장 • 통일한국에 의한 조선족 동요
일본	• 미국의 한반도 정책을 지지하는 선에서 북한붕괴 기대	• 현상유지 • 통일한국이 민주주의, 자본주의체제로 통일 • 한반도 영향력 확대시도	• 통일한국의 등장에 따른 한·일 간 격차 축소 • 한반도 긴장완화에 다른 주일미군 위상 변화 • 통일한국의 핵보유 • 통일한국의 반일민족주의 경향
러시아	• 남북한 등거리 유지 • 주변 4강 중 통일을 반대하지 않는 입장	• 비교적 현상변경 선호 • 북한의 개방 • 한반도의 평화와 안정 • 對 한반도 영향력 회복	• 한반도의 불안정한 상황 • 막대한 통일비용지출에 따른 對 연해주 투자감소 • 한반도 문제에서의 소외 (예: 4자회담에서의 배제)

분단을 극복해 나가야 할 우리의 입장에서 한반도 주변 4국의 입장을 보면 앞으로 우리 앞에 많은 장애물이 놓여 있으며, 이를 하나하나 풀어나가는 노력이 쉽지만은 않을 것이라는 점도 이해할 수 있다. 주변 4국에 대해서는 한반도 통일은 통일한국의 탄생일 뿐만 아니라 동아시아의 국제정치적 근대의 완성을 시작하는 것이라는 점[4]을 설득하는 노력을 지속해야 할 것이다.

극히 단순화하여 물리학적인 관점에서 본다면 주변 4국의 국익추구는 한반도의 통일이란 관점에서는 원심력에 비유할 수 있으며, 남북한의 교류와 협력 강화를 구심력에 비유할 수 있을 것이다. 구심력과 원심력이 최소한 균형을 이루는 지점에서 분단 극복의 기회를 포착할 수 있을 것이다.

국제질서는 외교를 통해서 유지되는 부분도 있다. 다만, 국제질서 중 힘의 증강을 통해 질서가 재구조화되는 경우도 있다. 한반도의 분단 극복은 이 두 가지 요소가 복합적으로 작동할 것이다. 특히 대한민국의 국력의 증강은 경제력의 측면과 동아시아 수준의 국제 정치적인 측면 그리고 대내 국민적 통합의 측면에서 괄목할 만한 변화를 기대해 볼 수 있을 것이다.

⑩ 맺음말

한반도에서 냉전질서가 태동하고 확대발전하는 과정은 미소의 대결, 동아시아 진영구도의 형성, 그리고 남북한의 정부 수립 및 이후 현재까지의 정치 과정과 궤를 같이하고 있다. 한반도에 냉전질서가 구축되는 초기에 강력한 행위자였던 미국과 소련의 역할을 주목하고 분석하는 것은 당사자로서 우리가 당연히 수행해야 할 연구주제이다.

세계 수준의 국제관계가 역동적으로 변화하는 가운데 한반도의 냉전질서가 구축되기 시작하였으며, 지역 수준의 동아시아의 대결구도가 한반도의 냉전질서 고착화에 일정한 영향을 미친 것도 사실이다. 남북한이 각기 국내적인 권력투쟁

---

4 전재성, "한반도 통일과 동북아 평화안정: 비전과 과제," 『동북아역사재단』 한반도 통일비전과 한중관계의 미래 국제학술회의 자료집 (2013), pp.3−7.

속에 별개의 정부를 수립하고 상호 간의 전쟁을 거쳤을 뿐만 아니라 이후 수십
년 동안 체제경쟁의 대결구도 속에서 많은 시간과 노력 및 자원을 소모적으로
투여해 왔다. 이러한 불필요한 대결구도의 바탕에는 한반도의 냉전질서의 확대·
심화라는 더 상위의 구조가 자리 잡고 있었다.

한반도에서의 냉전질서 형성 및 확대 과정은 우리 현대사의 중요한 흐름을
형성하였으며 이 흐름은 지금도 다양한 유산을 남겨놓고 있다. 우리는 이를 극
복해야 하는 주체이기 때문에, 이러한 현실인식을 바탕으로 미래를 향해 가져야
할 비전이 무엇인지 고민해야 하는 것은 너무도 당연하다.

이제 한반도의 냉전질서는 전환기를 맞이하고 있다. 비핵화를 협상 테이블
위에 올려놓은 북한과 미국 그리고 남한은 과거의 냉전질서를 구조 차원에서 해
체하고 새로운 질서를 모색해야 하는 과제를 안고 있다.

01 1945년 해방되었으나 바로 독립 정부를 수립하지 못한 이유는 무엇일까?
미·소 냉전의 세계사적 영향이 한반도 냉전질서 형성과 상호작용하는 과
정에 대해서 추적하고 그 의미를 토론해 봅시다. 아래의 내용이 토론 시
포함되어야 한다.
• 한반도 분단질서 형성 과정1: 미소에 의한 분할 점령
• 한반도 분단질서 형성 과정2: 중국 공산화의 영향과 패전국 일본의 공작
• 한반도 분단질서 형성 과정3: 모스크바 3상회의 결정에 대한 지지와 반
  대, 한국전쟁과 분단질서의 봉인 과정
또한 이러한 일련의 과정이 한반도 분단에 미친 영향도 추적해 봅시다.

02 한반도 냉전질서가 남겨 놓은 유산들 중에서 하나를 골라서 현재적 의미
를 검토하고 미래지향적 관점에서 출로를 토론해 봅시다.

03 한반도 냉전질서가 내재화된 남북 분단을 극복할 수 있는 국제적 기회를
분석해 보고 분단 극복의 미래 형태에 관해서 토론해 봅시다.
예컨대, 미래 형태는 통일? 또는 평화공존? 평화공존을 거친 후 통일?과
같은 경로를 검토해 봅시다.

04 제2차 세계대전 처리 과정에서 일본의 분할 점령안을 논의했던 강대국 간
의 협상을 자세히 탐구해 봅시다. 그리고 당시 일본의 분할 점령안의 구체
적인 내용을 파악해 봅시다.

05 한반도 분할 점령안의 법적 근거가 되는 얄타회담 및 포츠담회담의 주요
내용을 자세히 탐구해 봅시다.

06 정전 협정 이후 정전체제의 역사를 추적해 보고, 최근 논의되고 있는 종전
선언, 평화 협정, 그리고 평화체제의 유용성과 한계에 대해서 토론해 봅시다.

[참고문헌]

김창희. 『남북관계와 한반도 평화』 고양: 삼우사, 2019.

신복룡. 『한반도분단사 연구: 1943－1953』 서울: 한울, 2001.

야마모토 요시타카. 서의동(역). 『일본과학기술 총력전』 서울: 에이케이커뮤니케이션즈, 2018.

전재성. "한반도 통일과 동북아 평화안정: 비전과 과제." 『동북아역사재단』 한반도 통일비전과 한중관계의 미래 국제학술회의 자료집 (2013).

제3장 미중경쟁과 동북아 안보질서의 재편

김영호(국방대학교)

① 머리말

　한반도는 대륙과 해양이 맞닿는 교차 지역에 위치하고 오랜 기간 강대국들에 둘러싸여 온 지정학적 특수성으로 인해 역사적으로 주변국은 물론 지역, 그리고 나아가 세계적 차원의 권력질서 변화로부터 큰 영향을 받아왔다. 특히 주변 대륙이나 해양에 강력한 통일국가가 등장하거나 대륙과 해양세력 간 경쟁이 치열해졌을 경우 그 영향은 더욱 심했다. 임진왜란과 병자호란이 근세 이전 대표적인 사례라면, 현대에 와서는 일제강점, 6·25전쟁, 그리고 냉전기 한·미·일 남방삼각 대 북·러·중 북방삼각의 지역적 대결구도에의 편입 등이 그런 역사적 사례에 해당된다고 할 수 있다.

　한반도에 대한 강한 지정학적 영향은 1990년 냉전 종식과 더불어 전 세계적으로 확산된 화해와 평화 무드에 따라 다소 약화되는 듯했으나, 2000년대 중반 이후 급부상한 중국의 공세적 역내패권 추구와 그에 대한 미국의 견제강화로 점차 다시금 커지는 경향을 보이고 있다. 또다시 한반도의 평화와 안정이 지역질서, 구체적으로는 미중관계의 변화와 그로 인한 동북아 나아가 동아시아 전체의 역학구도 변화양상에 의해 좌우될 가능성이 매우 커지게 된 것이다.

　이에 본 장에서는 한반도 정세에 영향을 주는 최상위 변수인 미중관계의 변화양상과 그에 따른 동아시아 안보질서의 재편추세를 분석하고, 그 추세가 갖는 한반도 안보에 대한 영향과 함의를 논의하려고 한다. 그를 바탕으로 결론에서는 향후 외교안보정책을 추진할 때 한국 정부가 염두에 두어야 할 주요 고려사항들을 제시할 것이다.

가. 중국의 부상과 공세적 대외정책

오늘날 중국이 기존의 미국 주도 세계질서에 대해 변화를 모색하고 지역 내 패권을 추구할 정도로 국력이 성장하게 된 계기는 1978년 시작된 덩샤오핑의 개혁개방정책 덕분이다. 중국 공산당과 중화인민공화국의 국부인 마오쩌둥의 뒤를 이어 권력을 장악한 덩샤오핑은 정치적으로는 중국 공산당의 일당독재체제를 유지하면서도 사회·경제적으로는 자본주의적 시장경제 도입을 포함한 개혁개방정책을 적극적으로 추진함으로써 근대 이후 개발도상국으로 전락했던 중국을 다시금 부강한 강대국으로 발전시키는 길을 열었다. 본 절에서는 덩샤오핑에서 시작되어, 장쩌민과 후진타오를 거쳐 시진핑에 이르면서 중국이 이루어낸 고도 경제성장이 얼마나 대단한지, 또 성장한 경제력을 바탕으로 중국이 기울이고 있는 군사력 현대화의 노력은 무엇인지, 그리고 커진 국력에 걸맞은 대외적 위상과 영향력 확대를 위해 어떤 외교적 행보를 보이고 있는지 등에 대해 알아보려고 한다.

① 고도의 경제성장과 역내 경제적 영향력 확대

오늘날 "미중 G-2의 시대"라고 불릴 만큼 중국의 위상이 높아지게 된 원동력은 지난 40년에 걸쳐 중국이 급속도로 이루어낸 고도의 경제성장이다. 덩샤오핑의 개혁개방 노선 추진으로 시작된 강력한 경제개발 드라이브를 통해 중국은 1980년부터 시작해서 금융위기로 인해 세계경제 전체의 성장세가 둔화된 2008년까지 약 30년 동안 연평균 10%대의 높은 국내총생산(GDP) 성장률을 유지함으로써 타의추종을 불허하는 엄청난 고속성장을 달성하였다. 그 과정에서 중국은 서구의 선진 경제대국인 영국(2005), 프랑스(2006), 독일(2007)을 차례로 제치고 마침내 2010년에는 일본을 넘어 세계 제2위의 경제대국으로 발돋움하게 되었다. 불과 한세대보다 조금 더 긴 40년 만에 하위 개발도상국에서 세계 최상위 경제강국으로 부상한 것이다.

게다가 이런 중국의 성장세는 앞으로도 지속될 전망이며, 비록 커진 경제규모로 인해 과거와 같은 두 자리 숫자의 성장율을 계속 유지하진 못하더라도, 성장을 지속하여 머지않은 장래에 미국을 추월하고 세계 1위 자리를 차지할 것이라는 전망도 많다. 실제 국제통화기금(IMF)에서는 <그림 3−1>에서 보듯이 GDP가 아니라 구매력지수(PPP)를 사용할 경우 2014년을 기점으로 중국 경제는 이미 미국을 따라잡았고, 2030년에는 명목 GDP에서도 미국을 추월할 것으로 평가하고 있다. 또한 지금의 성장세를 전제로 2020년에는 1980년에 비해 미국은 GDP 8배, 일 인당 국내총생산 5배의 성장을 이루는 반면, 중국은 GDP 51배, 일 인당 국내총생산 40배의 성장을 이루게 될 것이라고 전망한다. 뿐만 아니라 이런 추세가 계속될 경우, 미국 국가정보위원회의 미래전망보고서인 <Global Trend 2030>은 2040년대 중반에 가서는 종합국력 면에서도 중국이 미국을 앞설 것이라고 전망을 내놓고 있다.

　　엄청나긴 하나 중국 경제 발전의 의미는 단순히 경제성장을 통한 국부창출과 그에 따른 자국민의 소득증가와 복리향상에만 국한되지 않는다. 막대한 규모의 대외무역 증대로 세계경제 활성화와 국제 교류협력 증진에 기여함과 더불어 해외에서 중국에 대한 우호적 이미지를 형성하는 데에도 큰 도움을 준다. 뿐만 아니라 무역구조에 따라서는 교역 대상국의 중국에 대한 경제적 의존도를 높여 중국의 대외정책 추진에도 보다 유리한 환경을 조성할 수 있게 하는 의미가 있다.

그림 3-1 미국과 중국의 GDP/PPP 성장 추이

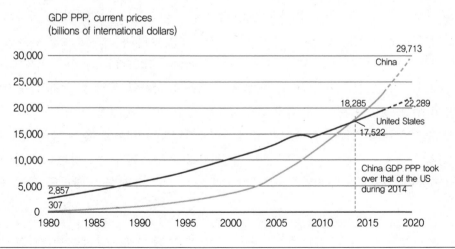

출처: IMF, *Economic Outlook*, (2018).

동남아 지역 아세안 국가들의 경우가 바로 그런 외교정책적 함의를 잘 보여주는 예이다. 사실 중국은 지리적 인접성과 전략적 가치 때문에 일찍부터 아세안 국가들에 대한 교역 및 투자 확대에 노력을 기울여왔다. 그 결과 동남아 지역은 중국 중심의 지역경제권이 형성되었다고 할 정도로 중국과의 무역량이 늘어났고, 이들 국가들의 대중국 경제적 의존도도 부쩍 상승하였다. 이는 2016년 아세안 국가들의 역외 교역 중 중국이 차지하는 비율이 수출은 25.6% 수입은 24.9%에 달해 수출의 경우 2위인 미국의 15%, 수입의 경우 2위인 일본의 12%에 비해 월등히 높은 비중을 차지한다는 일본 재무성의 분석에 의해 확인된다. 또 2030년 기준 미중의 경제적 영향력을 비교한 일본 무역진흥기구의 다른 분석 역시 미국의 최종수요가 1% 증가할 경우 아세안 국가들의 GDP 증가액은 19억 달러인 반면, 중국 최종수요가 1% 증가할 경우는 33억 달러에 달해 중국의 영향력이 훨씬 더 큰 것으로 전망하고 있다.[1] 이는 아세안 국가들로 하여금 중국의 경제발전과 중국 정부의 경제정책 방향에 촉각을 세우게 만들뿐만 아니라, 아세안 국가들이 중국과 관련된 대외정책을 추진할 때 중국 정부의 눈치를 보게끔 만들 것이다. 결국 중국의 대외적 위상과 레버리지가 그만큼 커졌음을 의미한다.

② 군사력의 증강과 해양강국의 기반 건설

중국 정부는 고도 경제성장으로 축적된 국부를 활용하여 군사력의 증강에도 지속적으로 관심을 기울여왔는데, 시진핑 주석 집권 이후 보다 본격적으로 군사력의 현대화에 박차를 가하고 있다. 즉, 커진 국력과 높아진 국가위상에 상응하는 국방력 구비라는 당위성뿐만 아니라 교역과 대외개입 확대로 더 많고 다양해진 국익을 보호해야겠다는 이유를 내세우고 군사력 배양을 강력히 추진해오고 있는 것이다. 자신의 집권 2기 시작을 알린 2017년 10월 제19차 「중국 공산당 전국대표회의」에서 시진핑 주석은 "중화민족의 대부흥"을 국가목표로 제시하고, 군사 분야는 3단계에 걸친 군사력 증강, 즉 "강군몽" 실현 방침을 공표하였다. 1단계는 2020년까지로 "기계화 완료" 및 "정보화의 상당한 진전"을,

---

1 한국경제, "중국만 쳐다보는 아시아 경제" https://www.hankyung.com/international/article/2018010734391 (2018.1.8).

2단계인 2035년까지는 "현대화 완료"를, 그리고 최종 3단계인 2050년경에는 "세계 일류의 강군 건설"을 달성하겠다는 것이다.

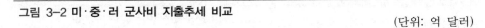

그림 3-2 미·중·러 군사비 지출추세 비교

(단위: 억 달러)

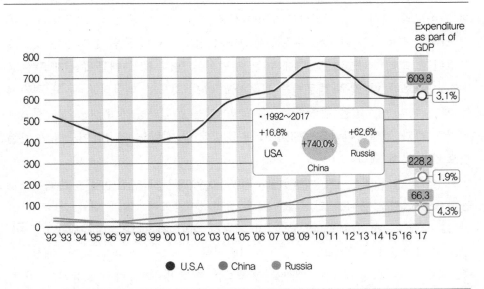

출처: Katharina Buchholz, "China's Increased Military Spending That Trump Cancelled the INF Treaty for," *Statistia* (Feb. 1, 2019). https://www.statista.com/chart/16878/ military-expenditure-by-the-us-china-and-russia/.

　군사력 현대화를 위한 중국 정부의 강력한 의지는 <그림 3-2>에서 보듯이 세계 2위의 국방비 지출국인 된 2000년대 초반 이래 지난 약 20여 년간 지속적으로 최고 수준으로 국방비를 지출해오고 있다는 점에서도 확인이 된다. 또한 2017년 국방비 수준이 25년 전 1992년 대비 740배 증가한 것으로 미국의 약 17배, 러시아의 약 64배와는 아예 비교도 안 될 정도의 증액이 이루어졌음을 알 수 있다. 이런 엄청난 국방비 지출의 결과 Global Fire Power의 2018년도 평가에 따르면, 중국 군사력의 종합적 수준은 미국과 러시아에 이어 세계 3위의 수준에 도달해 있고, 4위와 5위로 기록된 프랑스와 인도에 비해서도 월등하게 뛰어나다고 한다.

　사실 군사력만 고려할 경우 중화인민공화국은 중국대륙을 모두 차지한

1949년 이래 줄곧 강대국의 반열에 들 수 있었는데, 1960년대 원자폭탄과 수소폭탄개발에 잇달아 성공하고 1971년 유엔 안전보장이사회에서 중화민국을 대체하면서부터는 명실상부한 강대국의 지위를 확보했다. 1964년 원자폭탄과 1967년 수소폭탄을 개발한 이후로 중국은 "선제타격 불사용(no first use)" 원칙 하 방어와 억제용으로만 핵능력을 사용하겠다고 천명하고, <표 3-1>에서 보듯이 현재 미국과 러시아를 제외하고 핵비확산조약(NPT)에 의해 공식 핵국가로 인정된 영국과 프랑스와 비슷한 수준인 총 250기 정도의 핵탄두를 갖고 있는 것으로 추정된다. 그러나 중국 군사력에 대한 투명성이 높지 않기 때문에 실제로는 알려진 숫자보다 더 많은 핵무기를 보유하고 있을 것으로 추정되고, 특히 최근에는 과거 핵과 미사일을 관할하는 제2포병여단을 독립군종인 로켓군으로 재편하여 핵능력과 정밀타격력을 증강하고 운용체계 및 전략도 업그레이드하고 있는 것으로 알려져 있다.

전략무기의 핵심이자 대량살상무기(WMD)의 일부로도 간주되는 탄도미사일능력에 있어서도 중국은 단거리는 물론 중장거리탄도미사일과 대륙 간탄도탄이라고도 부르는 장거리탄도미사일까지 지구상 어떤 사거리의 목표도 공격할 수 있는 미사일들을 보유하고 있고, 발사기반이나 목표물의 위치도 지상, 해상, 공중, 잠수함 등 모든 종류와 대상을 포함하는 탄도미사일능력을 보유하고 있다. 따라서 핵과 미사일능력 면에서 중국은 충분한 보복능력에 의한 억지력을 갖춤으로써 미국과 러시아와 전략적 균형을 이루고 있다고 할 수 있다.

▼ 표 3-1 주요 국가들의 핵능력

국가	배치 탄두수	기타 탄두수	총합
미국	2,100	5,200	7,300
러시아	1,600	6,400	8,000
영국	160	65	225
프랑스	290	10	300
중국	…	250	250
인도	…	90-110	90-110
파키스탄	…	100-120	100-120
이스라엘	…	80	80

출처: *SIPRI Yearbook* (2014).

System	Type	Warheads	Propellant	Deployment Mode	Max Range km
CSS-3/DF-4	ICBM	Nuclear	Liquid	ROTL**	5,500+
CSS-4/DF-5	ICBM	Nuclear	Liquid	Silo	12,000-13,000
CSS-7/DF-11	SRBM	Conventional	Solid	Mobile	300-600
CSS-6/DF-15	SRBM	Conventional	Solid	Mobile	600-850+
CSS-11/DF-16	SRBM	Conventional	Solid	Mobile	800-1,000
CSS-5/DF-21	MRBM	Nuclear and Conventional Variants	Solid	Mobile	1,500-1,750+
CSS-5 Mod-5/DF-21D	ASBM	Conventional	Solid	Mobile	1,500+
DF-26	IRBM	Nuclear and Conventional Variants	Solid	Mobile	4,000
CSS-10/DF-31	ICBM	Nuclear	Solid	Mobile	7,200-11,200
CJ-10	GLCM	Conventional	Solid	Mobile	1500+

출처: U.S. DIA, *China Military Power* (2019), p.93.

앞서 언급했듯이 시진핑 주석은 2012년 집권하면서부터 중국몽 실현을 뒷받침할 수 있는 강군 건설, 즉 "강군몽" 달성을 위해 지속적으로 국방개혁을 추진해왔다.[2] 구체적으로는 "당의 지휘에 따르는, 싸워서 이길 수 있는, 우수한 기풍을 지닌" 군대를 강군의 목표로 내걸고, "당 중앙군사위가 군령과 군정의 전체 총괄, 전구는 주요 작전 수행, 군종은 전력건설 담당"이란 원칙에 입각하여 순차적으로 군사혁신에 총력을 기울여오고 있다.

순차적 군개혁의 세부내용은 우선 먼저 당 중앙군사위원회를 총참모부, 총정치부, 총후근부, 총장비부 등 4개 총부에서 7개부, 3개 위원회, 5개 직속기구 등 15개의 직능조직으로 개편하였다. 이는 과거 대등한 권한을 가진 4개 총부제로 인한 작전지휘 및 전력건설의 비효율성과 정책 통합성 부족 등을 개혁하고, 시진핑 주석을 중심으로 공산당 중앙군사위를 통한 군에 대한 일사불란한 지휘

---

2 중국 국방개혁의 주요 내용에 대해서는 이영학(2017), 박병광(2018), 정재홍(2019) 등을 주로 참조했음.

및 감독 기능을 대폭 강화한 것이다. 그다음 핵심사항은 군령과 군정의 분리 수행을 위해 '중앙군사위의 연합작전지휘센터－5대 전구' 계통은 작전지휘 및 전투수행에 집중시키고, '중앙군사위－5개 군종' 계통을 통해 전력의 건설 및 관리에 집중하도록 부대구조와 군종 개편을 단행한 것이다. 이 과정에서 과거 육군 중심으로 지역방위와 전력건설 및 관리까지 용병과 양병 모든 기능을 수행했던 7대 군구체제를 육·해·공·로켓군·전략지원부대·민병·예비역 등 모든 무장 역량을 통합지휘하여 관할 지역 내 합동전투에만 집중토록 한 5대 전구체제로 조직을 개편하였다. 또한 과거 육·해·공군, 제2포병 등 4개 군종에서 육·해·공군·로켓군·전략지원부대 등 5개 군종으로 개편하였는데, 이는 미사일전력을 담당했던 제2포병을 보강 및 현대화하여 로켓군으로 개편함과 더불어, 전자전, 우주전, 사이버전, 심리전 등을 총괄하는 전략지원부대를 신설하여 미래전 대비 및 수행능력을 강화한 것이다.

국방개혁이 중국인민해방군(PLA)의 지휘체계와 부대구조 및 전력건설체계를 개편하여 조직과 운영 측면에서 군사력 현대화를 추진하는 것이라면, 중국 군사력의 건설과 운용은 "반접근/지역거부(A2AD: Anti-access/Area-denial)" 전략에 의거하여 추진되고 있다. A2AD 전략이란 "전략적으로는 방어를 원칙으로 하되 일단 분쟁이 발생하면 공세적으로 대응한다"는 중국의 "적극 방어(Active Defense)"기조를 구현하기 위한 전략으로 해안선이 긴 중국의 지리적 특성을 고려한 군사 전략이다.

그런데 A2AD 전략에 의거하여 중국 전체를 제대로 방어할 수 있는 충분한 전력을 건설하고 능숙한 작전능력을 배양하는 데에는 상당히 많은 재원과 시간이 요구된다. 이에 중국 정부는 3단계에 걸쳐 전력건설 및 작전능력 배양을 추진하고 있는데, 단계별 구분은 1987년 해군 사령관이었던 류화칭 제독이 정립한 "역외방어(Offshore Defense)"의 "도련선(Island Chains)" 개념이 기초가 된 것으로 알려져 있다. 도련선이란 중국 해안을 따라 북쪽에서 남쪽으로 말 그대로 주요 섬들을 가상의 선으로 이은 것으로 제1도련선은 사세보－오키나와－타이완－필리핀－보르네오를 이은 선을, 제2도련선은 요코스카－오가사와라－괌－사이판－파푸아뉴기니를 이은 선을 의미한다.

A2AD 전략은 기본적으로 해양 및 공중에서 접근해오는 무기체계와 플랫폼들을 공격하여 제해 및 제공권을 장악함으로써 영토를 방어하는 전략이므로 전

략수행에 필요한 전력은 주로 ① 조기탐지 및 경보를 위한 레이더, 첩보위성, 전자·전기 등 지휘통신망과 정보·감시·정찰능력, ② 미사일, 중장거리 폭격기 등 정밀타격력, ③ 방공포, 요격미사일, 스텔스전투기 등 대공 및 미사일 방어 능력, ④ 항공모함, 공중급유기, 장거리수송기 등 원거리 투사력, ⑤ 원해 항해가 가능한 순양함, 구축함, 공격잠수함 등 해상 및 해저작전능력 등이 해당된다. 이들 필요전력 중 중국 정부는 먼저 제1도련선 내에서 제해 및 제공권을 장악할 수 있는 공세적 방어전력을 우선적으로 확보한 후, 추후 제2도련선 지역의 방어전력 구축을 추진해왔는데, 현재는 이미 제1도련선 내 필요전력은 대부분 건설 및 배치가 완료된 상태로 평가되고 있다.

현재까지 건설되고 배치된 대표적 예로 우선 항공모함을 들 수 있는데 랴오닝호(2012)와 산둥호(2019) 2척이 실전배치 완료되었고 2022년에는 세 번째

그림 3-3 중국PLA의 도련선별 주요 담당전력

출처: Andrew F. Krepinevich, Jr., *Archipelagic Defense: The Japan—U.S. Alliance and Preserving Peace and Stability in the Western Pacific* (Sasakawa Peace Foundation, 2017), p.43.

항모가 배치될 것으로 전망된다. 다음은 미국 항모를 타깃으로 하는 지대함탄도미사일(ASBM)이 유명한데 최대사거리 1,500km의 DF-21과 3,500km의 DF-26을 보유하고 있으며, 잠수함발사 대함 순항미사일로 최대사거리가 540km인 YJ-18도 실전에 배치되어 있다. 항공전력도 4.5세대 전투기로 알려진 J-16의 실전배치가 완료되었고 스텔스 기능을 완비한 최신예 전투기 J-20도 실전배치되기 시작하였으며, 중장거리 폭격기인 H-6K까지 추가로 배치하여 A2AD 전략 구현에 박차를 가하고 있다.

국방개혁과 A2AD 전략에 의한 군사력 증강이 진전됨에 따라 중국은 해안수송로 보호 강조하고 동중국해와 남중국해에서 해양영유권을 강력히 주장하고 있다. 이로 인해 동중국해에서는 센카쿠열도/댜오위다오를 둘러싸고 일본과 신경전을 벌이고 있고, 남중국해에서는 베트남, 필리핀, 말레이시아, 브루나이, 인도네시아 등 동남아 국가들과 대립하고 있다. 특히 남중국해에서는 <그림 3-4>에서 보듯이 소위 "9단선(Nine-Dashed Line)"을 임의로 설정하고 자국의 영해라고 주장하며 해역 내 무인도를 이용하여 인공섬을 만든 후 활주로 건설과 미사일 및 함정 배치 등을 통해 군사기지화를 추진하고 있다.

이런 중국의 행보는 협상으로 남중국해 영유권 문제를 해결키로 한 아세안 국가들과 약속을 어기고 일방적으로 무력을 동원하여 자국의 입장을 관철하려는 공격적 행동으로 간주되어 지역 국가들은 물론 국제 사회에서도 많은 비난의 대상이 되고 있다. 특히 유엔해양법과 국제규범에 의한 "항행의 자유(Freedom of navigation)"원칙을 노골적으로 무시한 것으로 "법에 기초한 국제질서(Rules-Based International Order)"에 대한 폭력적 도전이란 비판이 거센 상황이다. 뿐만 아니라 필리핀, 베트남 등과는 이미 수차례 무력 충돌까지 일어났었고, 미국은 중국의 행보를 견제하고 항의하는 표시로 주기적으로 해당 해역에서 함정 또는 항공기들을 동원하여 항행의 자유 작전(FONOP)을 실시하고 있어 역내 긴장과 분쟁 발생의 잠재적 요인이 되고 있다.

그림 3-4 중국의 남중국해 군사기지화 현황

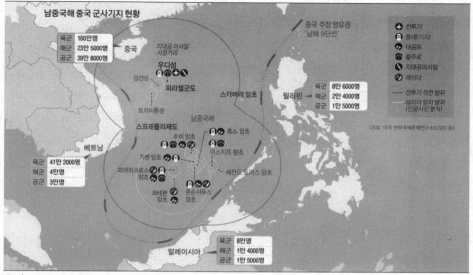

출처: 서울신문, "中 군사요새 된 남중국해,"
https://news.v.daum.net/v/20170611193102129 (2017.6.11).

③ 시진핑 주석 집권과 "중국몽" 실현의 적극적 추진

30년에 걸친 고도 경제성장으로 국력이 급격히 상승한 중국은 베이징올림 픽이 개최된 2008년을 전후하여 외교적으로도 점차 공세적 행보를 노골화하기 시작하였다. 그 배경에는 강대국으로 도약에 대한 자신감 충만과 금융위기를 계 기로 노정된 미국 국력의 상대적 약화 조짐 등이 영향을 미쳤을 것이다. 그런 행보는 단순한 행태적 변화를 넘어 보다 근본적인 정책기조의 변화에서 기인되 었을 가능성이 크다. 즉, 자신을 드러내지 않고 때를 기다리며 실력을 기른다는 "도광양회"나 평화롭게 발전을 도모한다는 "화평굴기"를 넘어서, 해야 할 일은 해서 성취한다는 "유소작위" 또는 유사개념인 "주동작위," "분발유위" 등 보다 적극적이고 능동적인 방향으로 정책기조가 변한 것이다.[3]

정권 중심으로 시기를 따져보면 그런 정책기조 변화는 후진타오 집권 2기 부터 점차 표면화되기 시작해서 시진핑 주석 집권 이후 더욱 확연해졌다. 2012

---

3 이 부분의 내용은 주로 김재철(2015), 한석희(2019), 김흥규(2019), 유현정(2019), 이창주 (2019) 등을 주로 참조했음.

년 집권한 시진핑 주석은 중국몽 실현을 기치로 내걸며 "중국 특색의 사회주의 대국 외교"를 통해 자국의 핵심이익을 지키는 것은 물론, 호혜와 평등에 입각한 보다 안정되고 균형감 있는 "신형 대국관계" 정립, 친·성·혜·용의 방침하 더욱 우호적이고 유리한 대주변국 관계 구축, 그리고 단결과 협력을 통한 개도국들과의 공동 발전 추구 등을 강력하게 추진해오고 있다. 뿐만 아니라 해양강국 건설과 글로벌가버넌스의 개혁 및 새 국제규범 창출에도 주도적으로 나서고 있다.

다만 흥미로운 점은 집권 2기에 들어와 시진핑 주석이 정책의 기조와 내용에는 별 변화가 없었으나 표현이나 추진방식에서는 다소 유화적으로 변했다는 점이다. 즉, "신형 대국관계" 대신 "신형 국제관계"라고 표현한 것이나, 외교의 궁극적 목표로 인류운명공동체 건설을 제시한 것, 해양강국 건설 대신 협력과 공영을 앞세운 일대일로 정책 부각, 그리고 핵심이익 견지 대신 정당한 이익 불포기라고 천명한 것 등이 대표적 예라고 할 수 있다. 이들은 실제 외교정책 기조의 변화라기보다는 지나치게 공세적인 이미지로 인해 "중국위협론"이 또다시 등장하는 것을 방지하기 위한 대비책의 일환으로 여겨진다. 물론 세계경제의 성장동력 약화로 인한 저성장시대의 도래와 트럼프 행정부의 노골적 견제 강화에 따른 정책추진의 완급을 다소 조절한 것이란 시각도 있다.

시진핑 주석의 중국몽 실현에 있어 빠뜨려선 안 될 또 하나의 중요한 요소는 기술강국 건설 추진이다. "중국 제조 2025"와 "인터넷 플러스", 그리고 "인공지능 2.0" 등에 기반한 제4차 산업혁명 전략을 통해 2025년까지 정보통신기술을 결합한 제조업 전체의 질을 향상시키고, 2035년까지 선진국 수준에 도달하며, 건국 100주년을 맞는 2049년까지 세계 최고의 제조 강국을 건설하겠다는 것이다. 이는 과거 1, 2, 3차 산업혁명시대에 뒤쳐져 선진국 진입에 실패한 교훈을 거울삼아, 새로운 패러다임에 입각한 첨단과학기술 분야에 과감하고 집중적인 투자와 혁신 노력을 통해 기술강국으로 발돋움함으로써 명실상부한 선진 경제 대국으로써 위상을 확립하고 나아가 미국과의 기술경쟁에서도 우위를 점하겠다는 강력한 의지의 표현이다.

시진핑 주석이 현재 가장 야심 차게 추진하고 있는 대외정책은 "일대일로" 구상이다. "실크로드경제벨트(일대)"와 "21세기 해상실크로드(일로)"의 합친 일대일로 구상은 2013년 9월 카자흐스탄과 2013년 10월 인도네시아에서 시진핑 주석이 각각 최초로 제안한 국가급 프로젝트이다. 공산당 당헌에 포함시킬 정도로

제2개혁개방정책의 핵심노선으로 간주되어 국가 차원에서 강력하게 추진되고
있다. "공상(함께 협의)", "공건(함께 건설)", "공유(함께 나눔)"의 3대 원칙 하, 정책
구통, 시설연통, 무역창통, 자금융통, 민심상통 등 5통의 실현을 목표로 하며,
<그림 3-5>에서 보듯이 실로 세계적인 규모의 어마어마한 대형 구상이다.

그림 3-5 중국의 일대일로 프로젝트 현황

출처: 서울신문, 2018.9.7.

국가 차원에서 2013년부터 2018년까지 지난 5년간 추진해온 일대일로 구상
은 아직은 크게 인상적이진 못하지만, 꾸준히 점진적으로 성과를 내고 있다. 예
컨대, 2018년 6월 기준으로 103개 국가 및 국제기구 등과 118건의 협약 체결,
중국-유럽 화물열차 라인의 안정적 운영, 스리랑카 콜롬보 항과 함반토타 항
개발, 스페인, 이탈리아, 그리스, 벨기에 등 항구 터미널 인수, 일대일로 연계 지
역에 총 82개의 역외경제협력구 건설 등이 성과로 평가된다.[4]
그런데 다른 한편으론 일대일로 프로젝트에 대한 비판의 목소리도 만만치
않다. 즉, 일부 참여 국가들의 심각한 부채 문제, 실행 과정에서 폐쇄적인 입찰
방식, 타국에 불리한 임대조항, 그리고 프로젝트 완성 후 중국 측에 더 많은 우
선권 부여 등으로 인해 사업 연기, 재검토, 중단 등 상당한 비판과 불만이 제기
되고 있다는 것이다.[5] 또한 현지 사정을 무시하고 수익 창출에만 몰두한 인프라

---

4 이창주 (2019), pp.145-158.
5 한석희 (2019), pp.159-162.

건설과 고용, 원자재 사용, 상품 소비 등에 있어 현지화 미흡, 그리고 환경 문제 등으로 인한 지역 주민들과의 마찰과 갈등 등도 지적된다.[6] 결국 원래 정책의 취지인 참여국들과의 공영 발전이나 참여 개도국들의 발전 지원이 아니라 참여국들의 중국에 대한 경제적 의존도를 높이고 중국 자본의 이익창출만을 도모하는 부정적 결과를 초래한다는 비난이 점차 커지는 경향도 보이고 있다.

　　종합건대, 일대일로 구상은 워낙 지리적으로 방대하고 천문학적 재원이 필요하며 엄청나게 장기간에 걸쳐 추진되는 프로젝트이기 때문에 아직까진 그 성패를 단정 짓기에는 이른 면이 있다. 특히 이제까지는 양적 확장에 더 치중해왔다는 점을 고려할 때 질적 심화가 이루어지는 단계까지 좀 더 기다려 봐야 정확한 평가가 가능할 것이다.

나. 미국의 아태지역 중시와 대중 견제

① 오바마 행정부의 아시아로의 재균형정책

　　1991년 소련의 붕괴로 냉전이 종식됨에 따라 2차 세계대전 이래 영원할 것만 같았던 대립과 갈등의 국제질서가 해체되자 전 세계는 화해와 협력의 분위기 속에 새로운 평화시대의 도래를 기대하며 희망에 차 있었다. 비록 이라크의 쿠웨이트 침공으로 시작된 걸프전 발발로 잠시 반전이 있긴 했지만, 9·11 테러가 발생한 2001년까지 약 10년간 세계는 비교적 평온한 시기를 보냈다. 특히 소련 붕괴로 유일 초강대국의 지위를 누리게 된 미국의 클린턴 행정부가 "포용과 확장(Engagement and Enlargement)"을 국가 전략의 기조로 삼고 자국의 패권 추구보다는 집단안보와 군축, 그리고 경제적 공영을 위한 협력적 질서 구축을 위해 노력한 것이 국제체제의 안정과 평화에 큰 플러스 요인이었다.

　　그러나 2001년 9·11 테러 발생과 그에 따른 미국 부시 행정부의 "전지구적 테러와의 전쟁(GWOT: Global War On Terror)" 선포, 그리고 연이은 아프간전과 이라크전 개시로 인해 세계는 다시금 갈등과 분쟁 속으로 빠져들게 되었다. 그러다가 명분이 정당하다면 무력사용도 불사해야 한다는 네오콘의 지원에 힘입은 부시 행정부의 막대한 병력투입과 군비지출, 그리고 뒤이은 오바마 행정부

---

6 이창주 (2019), p.169.

의 알카에다 최고지도자 오사마 빈 라덴 사살 등의 결실로 테러와의 전쟁이 어느 정도 성과를 거두고 중동에서의 분쟁이 거의 진정 단계에 접어들게 되었다.

당면한 최대 국가 안보 위협인 테러리즘에 대한 대응과 관리가 어느 정도 가능해지자 오바마 행정부는 재선 이후 집권 2기부터는 부상하는 중국에 관심을 쏟기 시작했고, 점차 공세적인 태도를 취하는 중국을 견제하는 데 좀 더 적극적인 노력을 기울이게 되었다. 그 결과 중국에 대해 보다 적극적으로 관여와 견제를 추진하는 "아시아로의 재균형(Rebalancing to Asia)"정책을 추진하게 되었다. 이 아시아로의 재균형정책의 핵심은 우선 <그림 3-6>에서 보듯이 유럽 주둔 미군전력을 아태지역, 특히 동남아 지역에 재배치함으로써 점차 해양강국으로 영향력 확대를 추구하는 중국에 대한 헤징 전략을 구사하는 것이었다. 또

그림 3-6 미국 아시아 재균형정책에 따른 군사력 재조정 현황

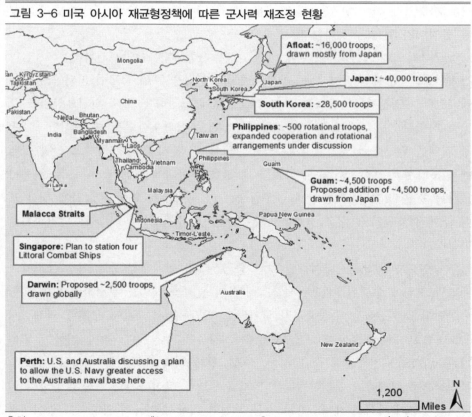

출처: Mark Mayin, et. al, "Pivot to the Pacific? Obama Administration's 'Rebalancing toward Asia," *CRS Report R42448* (March 28, 2012), p.2.

군사력 재배치와 더불어 경제적으로는 태평양을 둘러싸고 있는 아시아와 미주대륙의 국가들과 다자자유무역협정을 체결하여 범태평양경제협력체(TPP: Trans-Pacific Partnership)의 결성을 추진함으로써 중국이 주도하는 지역경제협력기구인 (REP)에 대한 견제를 도모하였다.

② 트럼프 행정부의 인도-태평양 전략

중국의 공세적인 행보에 대해서도 오바마 행정부까지는 노골적 견제보다는 헤징을 위주로 하고, 견제와 더불어 포용정책도 함께 균형 있게 추구함으로써 경쟁과 협력을 병행하는 태도를 취했다. 하지만 트럼프 행정부에 들어와서는 중국에 대해 협력보다는 본격적인 견제로 정책기조를 급선회하였다. 이는 부상하는 중국이 기존의 미국 주도 국제질서에 순응하기보다는 도전할 가능성이 커졌다는 판단하에 더 이상 중국의 발전을 좌시해선 안 되겠다는 미국 내 널리 형성된 공감대가 반영된 것이었다.

군사적으로 트럼프 행정부는 취임 후 발간한 <국가 안보전략서>, <국방전략서>, <군사 전략서> 등 안보관련 공식문건을 통해 중국이 러시아와 더불어 "전략적 경쟁자"로 규정하고 미국의 안보에 도전하는 주요 위협요인임을 분명히 하였다. 이에 따라 2018년 5월에는 6개 통합전투사령부 중 아시아-태평양 지역을 담당하던 태평양사령부를 '인도-태평양 사령부' 개칭하고 관할 구역에 인도양까지 포함시켜 중국의 지역 내 영향력 확대에 대해 군사적으로 견제하겠다는 뜻을 밝혔다. 또한 2019년 6월에는 미 국방부가 중국의 굴기에 대한 보다 구체적인 군사적 대응 전략을 담은 <인도-태평양 전략서>를 발간하기도 하였다.

<인도-태평양 전략서>를 보면 중국은 2차 세계대전 종료 이후 아시아-태평양 지역에 수립된 "샌프란시스코체제"의 원칙과 규범을 무시하고 힘에 의한 현상변경을 추진하는 수정주의적 국가라고 비판하면서, "법에 근거한 국제질서(Rules-Base International Order)"의 준수를 강하게 주장한다. 결국 미국 주도의 기존 질서에 도전하는 중국을 정치, 외교, 경제적 측면과 더불어 군사적으로도 본격적으로 견제하고 저지하겠다는 의지를 천명한 것이다. 즉, 미국은 중국이 인도-태평양의 자국의 세력권으로 만들고 지역 내에서 미국의 영향력을 밀어내려고 한다고 판단하고 이에 맞서 지역 내 자국의 존재감과 영향력을 계속 유지하

고 방어하기 위해 역내에 배치 또는 전개 군사력을 대폭 증강하고 있다. 또 작전적 측면에서도 중국이 추진하는 A2AD 군사 전략을 무력화하기 위한 "Joint Concept for Access and Maneuver in Global Commons, JAMGC"(2016), "Multi-domain Battle, MDB"(2017), "Joint Concept for Integrated Campaign"(2018) 등의 새로운 작전개념을 도입하고 투사력, 원거리 정밀타격력, 미사일방어, 전자전능력 등을 집중적으로 강화하는 데 적극 힘을 쏟고 있다.

중국의 군사력 증강에 대비하고 억제하기 위해 미국은 자국의 군사력을 강화함과 동시에 일본, 호주, 한국, 필리핀, 싱가포르 등 역내 동맹 및 우방국들과 보다 긴밀한 협력관계를 구축하고, 정기적 정책협의와 내실 있는 연합훈련을 통해 전력의 상호운용성과 작전 수행능력을 향상시키는 데 많은 노력을 경주하고 있다. 또한 미국은 역내 자국의 동맹뿐만 아니라 자국의 동맹 및 우방국들 사이에도 양자 내지 다자적 군사협력과 작전적 유대도 강화토록 유도하고 지원함으로써 유사시 중국 견제에 같이 동참할 수 있도록 만들기 위해 상당히 정성을 기울이고 있다.

③ 미중 무역전쟁의 심화

트럼프 행정부의 대중국 견제는 군사적 측면뿐만 아니라 경제적 측면에서도 추진되고 있는데, 무역전쟁으로 불릴 정도로 노골적이고 무지막지하다. 표면적으로 트럼프 행정부는 날로 증가일로에 있는 미국의 대미 무역적자, 중국의 차별적인 불공정한 무역관행, 지적소유권 도용 등이 이유로 내세우고 있지만 실제로는 중국의 부상에 대한 미국의 견제 일환이라는 설명이 더 설득력을 갖는다.

미중 무역전쟁의 서막은 2018년 2월 7일 트럼프 행정부가 긴급 자국산업 보호를 이유로 중국을 포함한 모든 국가에서 수입되는 태양광 패널에 30%, 세탁기에 20%의 추가관세를 부과하겠다고 발표한 후, 3월 22일 불공정무역관행을 이유로 세계무역기구(WTO)에 중국을 제소하고 대중 보복관세 부과를 경고하면서 시작되었다. 그 이후 3월 23일 미국이 중국 외 다른 나라도 포함하는 철강과 알루미늄 수입에 대해 각각 25%, 10%의 추가관세를 한차례 더 부과하였고, 이에 대해 4월 1일 중국이 보복 차원에서 미국에서 수입되는 30억 달러 상당 128개 품목에 대해 15-25%의 관세를 부과하면서 무역전쟁 개시의 분위기가 고조되었다. 그러다가 7월 6일 트럼프 대통령이 중국에서 수입되는 340억 달러 상당

818개 물품에 대해 25%의 관세 부과를 발표하고 이에 대해 중국 정부가 340억 달러 상당 545개 미국산 수입품에 대해 관세 부과로 맞대응하면서 본격적인 무역전쟁이 시작되었다. 그 후 2019년 9월 말 현재까지 미중 사이에 총 5차례의 대규모 추가 관세부과 조치가 단행되어, 미국은 총 5,500억 달러 규모의 중국산 상품 수입에 관세를 부과하였고 중국은 총 1,850억 달러 규모의 미국산 상품 수입에 관세를 부과한 상태이다.7

이 과정에서 무역전쟁 해소를 위한 양국 정부 간 협상은 2018년 2월 최초 협상이 시작된 이래 2019년 9월 5일 기준 13차 협상이 진행 중이나, 협상타결 전망은 여전히 불투명하다. 무역구조나 규모로 볼 때 외견상 미국이 좀 더 우세해 보이긴 하나 중국 역시 국익과 관련지으며 완강히 저항하는 상황이라 결과를 예측하기가 쉽지는 않다. 그런 가운데 2018년 통계에 따르면 양국 간 총 무역규모는 오히려 늘어났고, 중국의 경우 대미 수출이 수입에 비해 크게 증가하여 미·중 간 무역 역조는 오히려 더욱 커진 것으로 나타났다. 하지만 세계 1, 2위의 경제대국인 미국과 중국 간 무역전쟁이 장기화될 경우 세계경제 전체가 위축될 가능성이 높은 데다, 특히 한국이나 동남아와 같이 중국과 교역량이 큰 국가의 경우 상당한 경제적 타격이 예상되어 매우 우려스러운 상황이다.

③ 미중경쟁 심화의 지역안보적 영향

미중관계가 협력과 경쟁을 병행하는 전략적 균형관계를 넘어 대립과 갈등이 본격화되는 양상을 띠게 되면서 동북아 나아가 아시아—태평양 지역 전체의 안보질서에 상당한 변화의 조짐들이 나타나고 있다. 역내 전략적 대결구도 형성, 미중 간 선택요구 증대, 일본의 보통국가 가속화와 군비증강, 북한의 외교적 공간 확대와 북핵 해결 지연 등이 대표적 추세들인데 이들은 한국의 입장에서 특히 우려되는 것들이기도 하다. 하나씩 내용을 좀 더 자세히 살펴보도록 하자.

---

7 미중 간 무역전쟁의 경과에 관해서는 *China Briefings*를 참조하였음. https://www.china-briefing.com/news/the-us-china-trade-war-a-timeline (검색일: 2019.9.30).

첫째는 역내 전략적 대결구도가 재형성될 가능성이 커지고 있다는 점이다. 앞서 서술한 것처럼 고도 경제성장으로 부쩍 국력이 신장된 중국은 지역 패권을 추구하며 역내에서 미국의 영향력을 밀어내려고 하고, 그에 대해 미국이 기준의 자국주도질서를 지켜내려고 하는 현재의 상황이 더욱 첨예화될 경우, 과거 냉전기와 유사한 전략적 대결구도가 다시금 형성될 수도 있다. 돌이켜 보면 냉전기 동북아의 전형적 역학구도는 미소진영 대결의 연장선상에서 남북한을 접점으로 한·미·일 남방삼각과 북·중·러 북방삼각이 대립하는 구도였다. 바로 이런 남방과 북방삼각연합 간 대립구도가 또 다시 형성될 수 있다는 것이다. 즉, 역내에서 대미 견제라는 이익을 공유하는 중국과 러시아가 손을 잡고 정권안보에 불안해하고 있는 북한을 앞장세워 북방삼각협력을 더욱 강화하게 되고, 미국이 대중 견제를 위해 한미동맹과 미일동맹의 효율적 조정을 통해 삼자 간 군사협력을 강화할 경우 과거와 같은 남방 대 북방삼각의 대립구도가 다시 재현되는 것이다.

실제로 중국과 러시아는 2005년 최초 연합군사훈련을 실시한 후 2012년부터는 거의 매년 한반도 주변 서해와 동해는 물론 동·남중국해, 시베리아 등지에서 대규모 연합훈련을 실시하면서 군사적 연대를 강화해오고 있는 추세이고, 한·미·일 사이에는 아직까지는 상호 정보교환 및 정책협의 외에는 삼자 간 군사협력은 미흡하나 이 역시 미국의 강력한 요구가 지속될 경우 강화될 가능성이 매우 높은 실정이다. 따라서 이런 추세가 강화되어 만약 다시금 남방 삼각 대 북방삼각의 대결구도가 형성된다면 동북아에서는 열띤 군비경쟁이 촉발될 것이고, 많이 심할 경우 한국과 일본의 핵무장까지도 이루어질 수 있으며, 한반도는 말 그대로 세계에서 가장 위험한 일촉즉발의 화약고로 변모할 위험성이 매우 높다.

둘째는 미·중 간에서 노선을 선택하라는 요구가 많아질 것이다. 첫 번째로 서술한 역내 대립구도의 형성 경우만큼 엄중하고 역내 국가들에게 어려운 상황은 아니겠지만, 미·중 간 경쟁과 대립이 더욱더 심해질 경우 미국과 중국의 이해관계가 충돌하는 정책이 생길 때마다 역내 국가들은 미국과 중국의 노선 사이에서 양자택일을 요구받는 경우가 점차 더 많아질 것이다. 미국과 중국 간 영향력 경쟁이 심해지면서 점차 진영논리에 입각한 편 가르기 또한 심해질 것이기 때문이다. 그렇게 될 경우 역내 국가들의 입장에서는 사안별로 각자 국익에 따른 합리적 선택을 하기보다는 어느 쪽 편에 설 것인가를 우선적으로 고려한 온정적 선택을 해야 할 가능성이 커지게 될 것이다.

이런 눈치보기식 선택이 수차례 반복되다 보면 결국은 위에서 서술한 양 진영 간 대결구도가 형성되고 역내 국가들의 외교적 자율성이 심히 제약받게 될 것이다. 한국이나 호주와 같이 미국의 동맹이면서 중국과의 교역량이 큰 국가들의 경우는 곤경에 처할 가능성이 크고 자칫 잘못 대처하면 보복이나 응징으로 인해 상당한 고통과 비용을 치러야 하기 때문에 매우 우려되는 상황이 될 것이다. 2015년부터 종말단계고고도미사일방어체계(THAAD)의 한국 배치를 둘러싸고 한·미·중 간 벌인 신경전과 2017년 배치 결정 후 중국의 경제보복 사례가 왜 그런 선택의 상황이 우려스러운지를 잘 보여준 대표적 예였다.

셋째는 일본의 보통국가화 가속화와 군사력 증강 조짐이다. 일본은 주지하다시피 태평양전쟁을 일으킨 원죄로 인해 헌법에 자위력 이상의 군대를 보유할 수 없고, 국방정책 역시 전수방위만을 추구하도록 명문화되어 있다. 이런 헌법상 규정으로 인해 일본헌법은 흔히 평화헌법이라고 불리며, 이 평화헌법 덕분에 일본은 냉전기 동안 안보보다는 경제성장에 몰두할 수 있었고 그 결과 세계 2위의 경제대국으로 비교적 빨리 도약할 수 있었다. 그런데 21세기 들어와 중국이 급부상하여 역내는 물론 무역대국 일본의 주 해상교통로인 인도양과 태평양 지역에서까지 영향력 확대에 나서자, 일본 내에서는 중국 위협에 대한 우려와 함께 일본을 다시 "전쟁할 수 있는" 보통국가로 만들어야 한다는 목소리가 커지게 되었다. 결국 그런 입장의 보수세력을 대변하는 아베총리가 집권하여 헌법 개정까지는 아니지만 2015년 「집단자위권법」 제정과 「주변사태법」 개정을 통해 실질적으로는 일본 열도 밖에서도 필요시 군사력을 사용할 수 있게 만들었다. 뿐만 아니라 "적극적 평화주의"라는 국가 안보 전략(2013) 아래 국방정책의 기조를 "통합기동방위력 구상(2018)"으로 정하고 전수방위 원칙을 벗어나 투사력, 정밀타격력, 해공군의 원거리 작전력, 상륙전능력 등의 증강에 박차를 가하고 있다.

부상하는 중국의 위협에 대한 대비와 더불어 북한의 핵과 미사일개발도 일본의 보통국가를 향한 법제 정비와 그에 따른 군사력 증강에 명분을 제공해주고 있다. 미국과 달리 일본은 한국처럼 북한의 중장거리탄도미사일 사거리 내에 위치할 뿐만 아니라 북한의 중장거리 탄도미사일 시험발사 시 일본 상공을 통과하거나 일본의 배타적경제수역(EEZ) 내에 떨어지는 경우가 있기 때문에 북한의 핵과 탄도미사일능력 향상 역시 일본의 군사력 증강을 합리화해주는 논거가 되고 있다.

　여기에 또 하나 일본의 군사력 증강을 도와주는 강력한 힘은 미국의 지지와 독려이다. 앞에서 설명했던 오바마 대통령의 "아시아로의 재균형"정책은 크게는 유럽의 여유 군사력을 아태지역으로 재조정하는 것이지만, 아태지역 내에서는 주로 동북아보다 동남아 지역에 더욱 집중하는 것이었다. 이는 북한과 동중국해를 포함하는 동북아 지역 안보는 주로 한국과 일본에 주도적 역할을 맡기겠다는 의도가 깔린 것이었다. 그런데 한국은 높은 대중 경제의존도와 북핵해결을 위한 중국의 협조 필요성 때문에 노골적으로 대중 견제에 나서지 못한 반면, 일본은 기꺼이 미국의 요구에 호응하여 동북아 지역에서 대중 견제에 주도적으로 나서고 더 많은 역할과 비용 분담을 담당해오고 있다. 게다가 인도－태평양 전략의 경우는 최초 제기한 것도 2009년 아베총리의 인도 방문 때였고, 그 후 줄곧 개념적 발전도 일본이 주도해왔으며, 그 주된 4대 실행주체(Quad)에도 미국, 호주, 인도와 더불어 일본이 포함되어 있기 때문에 일본이 가장 적극적인 추진국으로 간주되고 있다. 이런 상황이다 보니 미국은 일본의 군사력 증강을 우려하기보다는 더욱더 독려하게 된 것이다. 그러나 미국을 제외한 다른 역내 국가들에게 이런 일본의 군사력 증강은 마냥 반길 수만은 없는 추세이며, 과거 일본의 군국주의에 대한 기억으로 인해 우려되기도 하는 것이 사실이다.

　넷째는 북한의 외교적 공간 확대와 북핵 해결 지체이다. 미중경쟁의 심화로 역내에서 가장 혜택을 볼 수 있는 것은 아마도 북한일 것이다. 북한은 냉전기부터 중국과 러시아의 오랜 동맹이었을 뿐만 아니라 미국과 대립 시 완충 지역으로 높은 전략적 가치를 지니고 있기 때문에 중국에게는 소중한 자산이라고 할 수 있다. 러시아에게도 북한은 아태지역에 깊이 개입하고 진출할 때 전초기지의 역할을 해줄 수 있는 값진 상대이다. 따라서 이런 높은 전략적 가치는 북한이 중국이나 러시아를 상대할 때 좋은 레버리지가 될 수 있다. 물론 현재 북한의 경제적, 체제적 취약성을 고려할 때 중국이나 러시아에게 일방적으로 유리한 레버리지를 가질 수는 없을 것이다. 국력의 격차 또한 엄청나기 때문에 더더욱 그렇다. 하지만 그럼에도 불구하고 지정학적 특수성으로 인해 북한은 다른 약소국들과는 달리 중국과 러시아 사이에서 레버리지를 가질 수 있는 여지가 여전히 존재한다. 또 냉전 종식 직후 금방이라도 무너질 것 같던 어려운 상태를 무사히 잘 버텨냈고 그 와중에 핵과 탄도미사일개발까지 성공했다는 사실을 통해 체제

응집력이나 내구력이 굉장함을 증명해 보인 것도 상당한 플러스 요인으로 작용할 것으로 판단된다. 게다가 그런 상황에서 미중 간 경쟁이 심해진다면 북한의 가치는 더욱더 높이 올라가게 될 것이고, 중국은 북한을 자기 쪽으로 끌어들이기 위해 더 많은 인센티브를 제공하려 들 것이다. 만약 그렇게 된다면 북한은 상당한 외교적 자율성을 확보하게 될 것이다.

미중경쟁 심화로 외교적 자율성이 커지게 될 경우 북한이 신중하고 현명하게 행동한다면 매우 좋은 전략적 기회가 제공될 수 있다. 우선 첫째로 비핵화를 최대한 지연시켜 최소한의 핵억지력을 보유함으로써 정권과 체제안보를 좀 더 확고히 할 수 있다. 다만 그럴 경우 공식적인 지위를 인정받지 못한 핵보유 국가로서 계속 지속될 경제제재를 얼마나 잘 견뎌낼 수 있느냐가 관건이 될 것이다. 둘째로는 북한이 핵포기에 동의했다고 치더라도 완전한 핵폐기 이행까지 최대한 시간을 끌면서 보다 유리한 조건으로 충분한 경제보상과 확실한 체제보장을 받아내는 것이다. 그럴 경우에는 병진정책의 성공을 내세우며 김정은 위원장의 권력장악은 더욱더 공고해질 수 있다.

④ 향후 전망 및 고려사항

향후 미중관계의 변화 방향에 대해서는 다양한 전망이 존재한다. 첫째는 불과 40년 만에 세계 2위의 경제대국으로 도약에 성공한 중국의 능력을 높이 평가하거나, 아니면 설령 미국이 견제하려고 해도 이젠 시기적으로 너무 중국이 강해져서 결국은 중국의 우세를 막을 수 없다는 전망이다. 상당히 오랜 기간의 고도 경제성장으로 축적한 막대한 국부와 그를 활용한 과감한 해외투자, 신형 무기체계개발 및 생산, 꾸준한 기술연구 및 개발 등으로 인해 당장은 아닐지라도 머지않은 장래에 결국 중국이 우위를 점하게 될 것이라는 예측이다.

둘째는 반대로 미국이 우위를 점하게 될 것이란 전망이다. 미국은 현저한 군사력의 우위, 앞선 최첨단의 기술력, 큰 내수시장, 셰일가스 채굴로 인한 에너지 자급자족, 창의력과 다원주의 등 여러 가지 우수성과 장점들이 있다. 다른 한편으로 중국은 내수시장 미발달, 높은 대외 에너지 의존도, 만연된 부정부패와

투명성 부족, 아직 미흡한 첨단 군사력과 운용방법 미숙달 등 중국이 미국을 따라잡기에는 아직은 역부족이라고 주장한다. 또한 과거에도 몇 차례 유사한 상황이 있었지만, 미국이 침체 또는 위기 국면을 잘 해결해왔다는 점을 들면서, 미국의 복원력과 내구력을 강조하는 주장이다.

셋째는 갈등과 대립이 고조되어 양국 간 충돌까지도 일어날 수 있다는 주장이다. 중국의 국력이 커질수록 점점 더 기존의 미국주도질서를 수용하기 어려워져서 점차 더 공세적인 태도를 취할 가능성이 크고, 다른 한편으로 미국은 중국의 급부상으로부터 자국의 위상과 이익을 지키기 위해 도전하는 중국을 견제할 수밖에 없을 것이란 예측이다. 후자의 경우가 국제정치의 "패권전이" 이론과 "투키디데스 함정"이 주장하는 내용이기도 하다.

넷째는 현상유지로 현재처럼 협력과 갈등이 병행되는 상태를 의미한다. 비록 양국 간 경쟁이 점차 심해지고 노골화되는 경향이 나타나고 있긴 하지만, 그렇다고 직접적 충돌까지 불사할 정도로 무모하지는 않다는 것이다. 냉전기 동안에도 몇몇 위기가 있었지만, 미국과 소련의 지도자들이 직접적 분쟁 없이 무난히 잘 해결했었다. 따라서 현재 진행되고 있는 미중경쟁도 역시 결국은 분쟁으로 치닫기 보다는 잘 관리되어 나갈 것이라고 희망 섞인 기대를 하는 것이다. 역사적 사례로 보거나 현재 양국 간 힘의 격차를 고려할 때, 미국도 중국을 무작정 끝까지 궁지로 몰아넣기에는 부담스럽고, 중국도 미국에게 막무가내로 끝까지 대들기엔 아직은 역부족이다. 여기서 핵심은 양국의 지도자들이 자신들 힘의 한계를 잘 알고 자제할 줄 안다는 점이다.

그렇다면 과연 위 4가지 전망 중 어느 것이 맞을까? 누구도 확신을 갖고 정답을 말할 수는 없다. 하지만 하나 분명한 것은 단기간에 방향이 정해지지는 않을 것이며 따라서 당분간은 현재와 같은 갈등과 협력이 병행되는 상황이 지속될 것으로 보인다. 대신 여기서 말할 수 있는 것은 향후 미중관계 전개방향에 변화에 리더십 요인이 돌발변수가 될 수 있다는 것이다. 특히 미국 트럼프 대통령의 경우 정책결정방식, 통치스타일, 협상방식 등이 워낙 독특하기 때문에 의외의 변화를 야기할 수 있을 것이다. 중국의 경우는 중국의 내부사정, 특히 국내정치적 동학이 변수로 작용할 가능성이 있다. 물론 워낙 시진핑 주석의 권력이 공고할뿐더러 공산당의 감시 및 통제 시스템도 철저하기 때문에 과거 천안문 사태식 돌발상황은 발생하기 어렵겠지만 엘리트 내부에서의 균열이나 반발은 가능성이 항상 열려있기 때문이다.

그렇다면 앞으로 한국의 선택은 무엇이어야 할까? 여기서 저자의 의견을 답하는 것은 의미가 없다. 대신 선택 시 고려해야 할 유의점들을 제시하고자 한다. 우선 첫째로 염두에 두어야 할 것은 한국은 미국과 동맹을 맺고 있다는 점이다. 그리고 그 한미동맹은 최소한 북한의 위협이 해소되고 평화체제가 수립될 때까지 필요하다는 점이다. 이는 한국이 미국과 중국 어느 쪽과도 관계를 맺고 있지 않은 중립적 상태라 사안에 따라 자유롭게 미중 사이에서 번갈아 가며 선택을 할 수 있거나 때로는 균형자 역할도 할 수 있는 처지가 안 된다는 말이다. 왜냐하면 한국의 선택은 싫건 좋건 한미동맹에서 출발해야 하기 때문이다.

그런데 선택의 출발점이 동맹이라고 해서 항상 미국만을 선택해야 한다는 것은 또 아니다. 국익을 고려하여 경우에 따라서는 동맹이 아닌 중국을 선택할 수도 있다. 아니 선택할 수 있어야만 한다. 대신 그렇게 선택의 유연성을 갖기 위해서는 선제적으로 선택이 조속히 이루어져야 한다. 미국이나 중국이 선택해야 할 사안으로 인식하기 이전에, 아니면 인식한 후라도 결정적 이슈라고 선택에 대해 문제 삼기 이전에 신속히 결정해야 한다는 말이다.

마지막으로 일단 선택을 한 경우는 반드시 확실한 선택의 근거나 기준을 만들고 요청 시 제시할 수 있어야 한다. 그리고 그 근거나 기준은 가능하면 보편적 원칙에 입각한 것일수록 좋다. 그래야 선택받지 못한 쪽을 설득하기가 그나마 쉽고, 보복이나 응징을 피하는 데도 유리하기 때문이다.

사실은 선택해야 하는 입장보다는 아예 선택하지 않아도 되는 위치에 가 있는 것이 좋다. 그러나 아쉽게도 아직 한국은 그러기에는 좀 이르다. 따라서 좀 더 국력을 기르고 스스로의 전략적 가치를 높이는 데에 더욱더 매진해야 할 때이다.

01 중국의 부상은 계속될 수 있을까? 중국의 부상을 방해 또는 제약하는 내적, 외적 요소들은 무엇이 있을까? 논의해 봅시다.

02 미국의 우위는 지속될 수 있을까? 만약 있다면 어떤 요인 때문일까? 만약 없다면 왜 그런가?

03 "투키디데스 함정"은 필연적인 것일까? 회피하거나 예방할 방법은 없을까?

04 강대국 간 경쟁이 심화될 경우 중소국들의 선택은 어떤 것이 있고, 그 선택을 관철시켜 나가기 위해서는 무엇이 필요할까?

05 미중경쟁 심화로 양국 간 정책적 선택을 강요받게 될 경우 우리는 어떤 선택을 해야 하는가? 그 선택의 이유와 방어논리는 무엇인가?

06 미중경쟁 심화 시 한·미·일 삼자 안보협력의 강화가 필요한가? 한·미·일 삼자 안보협력 강화에 대한 중국의 비판에 대해서 어떻게 대응해야 하나?

07 미중관계의 변화양상은 남북한관계 발전에는 어떤 영향을 미칠까? 만약 미중관계 변화가 남북한관계 발전에 부정적인 요소로 작용하게 될 경우 그에 대한 적절한 대응이나 억제 방안은 어떤 것이 있을까? 논의해 봅시다.

[참고문헌]

김재철. 『중국, 미국, 그리고 동아시아: 신흥 강대국의 부상과 지역질서』 파주: 한울, 2015.

김흥규. "미중 전략경쟁 시대의 도래." 정재흥(편). 『시진핑 집권 2기의 이슈와 전망』 성남: 세종연구소, 2019.

박병광. "시진핑 시기 중국 국방개혁의 내용과 함의." 『INSS 전략보고』 2018 – 18 (2018).

유현정. "시진핑 2기 한중관계의 전망과 과제." 정재흥(편). 『시진핑 집권 2기의 이슈와 전망』 성남: 세종연구소, 2019.

이영학. "중국의 군사안보." 서울대 국제문제연구소(편). 『중국의 부상과 국내정치적 취약성』 서울: 사회평론아카데미, 2017.

이창주. "중국의 '일대일로' 분석 및 시진핑 집권 2기 '일대일로' 전망." 정재흥(편). 『시진핑 집권 2기의 이슈와 전망』 성남: 세종연구소, 2019.

정재흥. "시진핑 정권 2기의 군사안보전략 변화와 주요 함의." 정재흥(편). 『시진핑 집권 2기의 이슈와 전망』 성남: 세종연구소, 2019.

한석희. "2018년 중국 외교 분석." 국립외교원 외교안보연구소 중국연구센터(편). 『2018 중국정세보고』 서울: 국립외교원 외교안보연구소 중국연구센터, 2019.

Buchholz, Katharina. "China's Increased Military Spending That Trump Cancelled the INF Treaty for." Statistia. Feb. 1, 2019. https://www.statista.com/chart/16878/military–expenditure–by–the–us–china–and–russia/

IMF, *Economic Outlook*. 2018.

Krepinevich, Andrew F. Jr. *Archipelagic Defense: The Japan–U.S. Alliance and Preserving Peace and Stability in the Western Pacific*. Sasakawa Peace Foundation. 2017.

Mayin, Mark. et. al. "Pivot to the Pacific? Obama Administration's 'Rebalancing toward Asia." *CRS Report R42448* (March 28, 2012).

SIPRI. *SIPRI Yearbook*. 2014.

U.S. DIA. *China Military Power*. 2019.

서울신문. "중 군사요새 된 남중국해." https://news.v.daum.net/v/ 20170611193102129 (2017.6.11).

한국경제. "중국만 쳐다보는 아시아 경제." https://www.hankyung.com/international/article/2018010734391 (2018.1.8).

China Briefings. https://www.china–briefing.com/news/the–us–china–trade–war –a–timeline

제4장 북미 비핵화 협상과 국제 핵질서의 위기

고봉준(충남대학교)

① 머리말

2006년 10월의 1차 핵실험 이후 2017년 9월의 6차 핵실험까지 북한은 지속해서 핵능력의 고도화를 추진하였고, 2017년 11월에 소위 "화성−15형" 미사일 발사 이후 "핵무력 완성"을 선언하였다. 이제 북한은 국제적으로 인정을 받지는 못하지만, 사실상의 핵무기 보유국으로 간주되고 있다. 이에 미국을 중심으로 한 국제 사회는 북한을 비핵화하기 위해 지난한 협상과 경제제재를 포함한 다양한 방법을 동원하여 왔다. 핵무장한 북한을 감내할 수 없는 한국도 이러한 움직임에 적극적으로 동참하고, 북한과의 다양한 접촉을 통해 비핵화 프로세스를 진전시키기 위해 노력해오고 있다.

북한이 국제적으로 공인받는 핵국가가 되지 못하는 이유는 북한이 바로 기존의 국제 핵질서에 도전하기 때문이다. 국제적 무정부하 질서를 창출하고 이를 유지할 수 있는 거의 유일한 초강대국인 미국이 주도하는 현재의 국제 핵질서는 한마디로 기존 공인 핵보유국 외의 다른 행위자들이 핵무기를 보유하지 못하도록 하는 "비확산"으로 정의할 수 있다. 물론 북한 외에도 이란을 포함하여 현존 국제 핵질서에 대해서 만족하지 못하는 행위자들이 존재하고, 냉전 이후의 소위 "제2핵시대"에 있어서 북한의 핵능력 고도화 외에도 국제 핵질서에 대한 도전 요인은 다수 존재한다.

이 글에서는 그러한 다양한 위협 요인들과 함께 국제 핵질서에 대한 북한의 도전이 가지는 의미와 향후 전개에 대해 논의한다. 이를 위해 2절에서는 비확산과 NPT(Non-Proliferation Treaty)체제의 특징과 의미에 대해 정리한다. 3절에서는 북한의 핵능력 고도화에 따른 북미 비핵화 협상의 쟁점들을 정리한다. 4절은 북 비핵화 추진이 한반도 및 동아시아질서에 가질 수 있는 긍정적, 부정적 요인에 대한 토론으로 결론을 대신한다.

② 비확산과 NPT체제

가. 비확산질서의 의미

미국이 주도하는 비확산은 핵무기의 확산 방지, 핵군축, 핵에너지의 평화적 사용 증진, 핵테러리즘의 방지 등 4개의 축으로 구성되어 있다.[1] 2010년에 발표된 미국의 핵태세검토보고서(NPR: Nuclear Posture Review)는 미국 핵정책의 최우선순위가 핵보유국의 증가 차단과 핵테러리즘의 위협 방지임을 천명하고, 이를 위해 미국이 포괄적 핵실험금지조약(CTBT: Comprehensive Test Ban Treaty)을 조속히 비준할 것임을 약속하는 모범을 보이고 다른 국가들도 이를 기반으로 평화적 원자력 사용의 권리가 보장되는 비확산의 국제협력에 적극적으로 동참할 것을 강조했다.

세계의 많은 국가가 이러한 비확산을 국제규범으로 인정하고 협력함으로써 비확산은 최근 국제정치 하나의 중요한 질서로 자리하였다. 물론 이러한 추세에 모든 국가가 동조하는 것도 아니고, 미국의 행동에 대해 이중 잣대라는 비판이 있는 것도 사실이다. 특히 북한과 이란은 원자력의 평화적 이용과 자위권이라는 양수겸장 논리로 핵프로그램의 개발을 진전 시켜 왔다. 또한 기존 핵보유국들은 제외하더라도 이스라엘, 인도, 파키스탄의 핵개발에 대한 미국의 관용적 태도는

---

1 일반적으로 광범위한 비확산체제는 협약(NPT, CTBT, FMCT), 기구(IAEA), 수출통제 조치(NSG, ZC, MTCR, Wassenaar체제, ATT) 및 기타 조치(PSI, HCOC)를 포함하여 다양한 수준과 내용의 국제레짐을 포함하지만, 그 대부분은 NPT체제의 기본 정신을 근간으로 한다는 점에서 이 글에서는 편의상 NPT체제에 집중한다.

비확산 국제규범 및 제도의 정당성에 대한 문제 제기의 여지를 제공하고 있다.

따라서 비확산 국제 핵질서의 구심력을 미국이 제공하고 있지만, 새로운 국가의 핵무기개발이라는 확산의 원심력도 현존하고 있다. 핵무기개발의 동기에 대해 세이건(Scott Sagan)은 크게 세 가지로 구분한다.[2] 그중 안보 모델은 국가가 외부의 안보 위협에 대한 대응으로 핵무기개발을 추구한다고 본다. 반면, 국내 정치 모델은 국가의 핵개발 동인을 적절히 설명하기 위해서는 특정 국가 내부에 핵개발을 선호하는 조직적인 요인을 검토해야 한다고 주장한다. 예를 들면, 핵과학자와 연결된 집단적인 로비나 인기 영합적인 정치인, 또는 폐쇄적이고 민족주의적 감정에 의존하려는 집단에 의해 핵개발이 추진될 수 있다는 것이다. 마지막으로 규범 모델은 핵무기가 안보 위협에 대한 대응이나 정치적 이익의 증진 수단이기보다는 근대성이나 국가의 정체성 등 상징적인 이유를 충족시키기 위해 개발되는 측면이 있다고 본다.

다른 한편, 모든 형태의 핵 관련 민간 협력이 핵확산의 위협을 증가시킬 수도 있다. 안보 위협 또는 특정 집단의 정치적 이익 증진 때문에 핵무기를 추구한다는 일반적 견해와는 달리 기술적 능력 자체가 핵무기 추구에 결정적 영향을 미칠 수 있는 것이다.[3] 그 이유는 민간 차원의 원자력 협력 지원을 받은 국가는 추후 핵프로그램의 준비에 드는 비용을 줄일 수 있고, 기술적으로도 확신을 가질 가능성이 높으며, 핵분열 물질을 이미 보유하고 있거나 생산할 수 있는 기반을 보유할 수 있게 되기 때문이라는 것이다. 즉 국제 핵질서의 한 축인 원자력의 평화적 이용이 확산의 원동력이 될 가능성을 배제하기가 힘들게 된다.

북한과 이란의 경우에도 불법적인 거래보다는 기존에 있었던 원자력 협력이 프로그램의 근간을 이루고 있다는 점에서 이런 주장의 함의는 재조명될 필요가 있다. 핵보유국들 또는 선진국들은 과거에 전략적 필요에 의해서 앞에서 언급한 국가들에 차별적으로 원자력 협력 지원을 제공했는데, 현재는 과거의 협력이 국제 핵질서를 위협하는 영향을 주고 있다. 심지어 한 연구는 핵보유국들이 전략적·경제적 이익을 실현하기 위해서 확산의 위협을 실제로는 무시하여 왔다

---

2 Scott Sagan, "Why Do States Build Nuclear Weapons?: Three Models in Search of A Bomb," *International Security* 21-3 (1996/97).

3 Matthew Fuhrmann, "Spreading Temptation: Proliferation and Peaceful Nuclear Cooperation Agreements," *International Security* 34-1 (Summer 2009), p.8.

는 점을 보여준다.[4] 이런 점을 고려할 때 비확산과 관련해서 북한 등의 일부 일탈 국가의 존재보다는 훨씬 복합적인 문제가 21세기 비확산 국제질서와 관련된 고민의 중심에 자리하고 있다고 할 수 있다.

나. NPT체제와 비확산

NPT는 1970년 3월에 발효된 조약인데, 기존 핵보유국(1967년 1월 1일 시점에서 미국, 영국, 소련, 중국, 프랑스의 5개국)의 숫자를 늘리지 않음으로써 핵전쟁의 가능성을 낮추는 것이 조약의 주요 목적 중의 하나였다. 이런 목적, 즉 새로운 국가들의 핵무기 보유 의도를 좌절시키기 위해 NPT는 일견 불평등하고 이중적 구조를 지니고 있다. 즉 NPT상 핵보유국(위 5개 국가)은 핵무기 등을 타국에 이양하지 않으며, 또한 그 제조 등에 대하여 (NPT에 가입한) 비핵국가를 지원하지 않을 것을 약속하고(1조), 비핵국가는 핵무기의 수령, 제조, 취득을 하지 않으며, 제조를 위하여 원조를 받지 않음을 약속하고(2조), 이를 확인하기 위하여 IAEA의 사찰을 위시한 보장 조치를 받아들이게 되어 있다.

이런 NPT의 구조에 대한 비판은 이미 많이 논의되어 왔다. 우선 제기되는 비판은 NPT는 기본적으로 불평등성과 차별성을 특징으로 하고 있어서, 실질적으로 핵보유국에 대해서는 양적·질적 핵군축에 대한 제한을 명문화하지 않은 대신 비핵국가는 핵개발 의혹에 대해 핵보유국이 주도하는 국제적 압력과 제재를 받도록 하고 있다는 것이다.

아울러 NPT 제6조에 부여된 핵보유국들의 핵군축 의무에 대해서는 분명한 시간표나 검증체제 및 의무이행 방식에 대한 언급이 없고, 조약의 적용과 해석 및 이행 여부를 감시하고 관리할 상설 사무국이나 기구가 부재하기 때문에 안전조치체제의 강화에도 본질적인 한계를 보이고 있다는 지적이 있다. 핵보유국들의 핵군축 의무와는 별도로 원자력 발전이 확산되면서 새로운 국가들의 핵연료주기를 NPT체제 내에서 통제하기는 상당히 어려운 상황이다. 이를 보완하기 위해 연료임대계약, 농축 및 재처리 방지 협정, 영구적 핵연료공급 방안 등에 대한 국제 사회의 논의에는 뚜렷한 진전이 없는 상황이다.

---

4 Matthew Fuhrmann, "Taking a Walk on the Supply Side: The Determinants of Civilian Nuclear Cooperation," *Journal of Conflict Resolution* 53-2 (April 2009).

위에서 언급한 NPT 제6조는 NPT체제 구성의 핵심 축 중의 하나로 "조약당사국은 조속한 시일 내에 핵군비경쟁의 중지와 핵군축과 관련한 효과적인 조치 및 엄격하고 효과적인 국제적 통제 하의 전면적이고 완전한 군축에 관한 협상을 성실히 추구할 것을 약속한다"고 명시하고 있다. 즉 조약이 '핵보유국과 비핵국가로 분리된 세계'를 승인하고 합법화하였지만, 이런 구분은 '영구적인 것이 아니라, 궁극적으로 핵보유국은 자국의 무기를 폐기할 계획'이었다고 보는 것이 적절할 것이다. NPT의 협상 과정에서 완전한 핵군축을 위해 노력하겠다는 법적 의무가 합의의 핵심적인 부분이었고, 만약 이 부분이 없었다면 핵무기와 관련된 어떤 레짐도 구축되기가 힘들었을 것이다. 즉 핵군축은 비확산의 대가였고, 기본적으로 궁극적 무장해제에 대한 약속은 추가 핵확산 방지를 위한 노력과 병행되는 것이었다.

그러나 지난 20여 년 동안 NPT상 핵보유국들이 제6조의 핵군축 약속의 이행을 심각하게 추진하지 않는다는 우려가 증가하였다. 기본적으로 비핵국가들의 비판의 핵심은 제6조에서 요구하는 핵무기 폐기를 위한 실질적인 진전을 P5 국가들이 보여주지 않고, NPT레짐 자체가 군축보다는 비확산에 너무 중점을 두어 왔다는 것이다. 다른 한편, P5국가들이 NPT상 군축 의무의 충족을 주저하는 모습이 1968년 이후 수평적 핵확산의 주요 동력으로 작용했다고 간주하는 시각도 있다.[5] 이러한 논쟁은 제6조의 표현상 애매함에서 기인한다. 실제로 NPT상 군축 의무를 규정하는 모호한 표현이 핵보유국과 비핵국가 양측에 의해 현재 자신들의 핵정책을 정당화하는 데에 공히 인용된다. P5핵보유국들은 성실히 협상할 것을 명시한 첫 번째 부분에 주목하면서 최근의 군축을 이러한 신의의 증거라고 인용하는 반면, 비핵국가들은 그 조항이 핵군축을 의무화한 것이라고 주장하면서 핵보유국이 이를 심각하게 받아들이지 않고 핵무기를 폐기할 의도가 거의 없다고 비판하여 왔다. 어느 쪽이 옳은지에 상관없이 이러한 논쟁은 NPT를 중심으로 하는 국제 핵질서의 미래에 상당한 영향을 줄 수밖에 없다. 기본적으로 P5 핵보유국이 제6조의 의무를 달성하지 못하거나 최소한 이 목표를 위해 '성실하게' 노력한다고 인식되지 않는 한, 다른 행위자들에 대한 핵확산을 중단시키는

---

5 여기에 대해서는 Effrey Knopf, "Nuclear disarmament and nonproliferation: examining the linkage argument," *International Security* 37−3 (2012), pp.92−132 참조.

비확산의 동력을 계속 유지하는 것은 매우 힘들 수밖에 없다.[6]

다. 핵확산의 추이: 수평적 확산과 수직적 확산

1945년 이래 핵무기는 두 갈래로 확산되었다. 첫째는 수평적 확산으로 불리는 여러 새로운 주체들에 대한 확산이고, 둘째는 수직적 확산이라고 불리는 기존 핵보유국들의 보유량 증가이다. 비록 핵무기 보유국의 숫자는 증가하였지만 그 속도는 예상보다 느렸고, 이러한 수평적 핵확산이 세계 전체의 핵무기 보유량을 증가시키지는 않았다.[7]

1945년 이래 핵보유국에 의해 총 128,000개의 핵탄두가 제조된 것으로 추정되는데, 이는 오직 미국, 러시아, 영국, 프랑스, 중국만이 핵무기를 보유할 수 있도록 공식적으로 허용되었다는 점을 고려할 때 상당한 숫자라고 할 수 있다.[8] 또 하나 특이한 점은 그중 98%가 냉전이 진행되던 1945년과 1991년 사이에 미국과 소련에 의해 제조되었다는 것이다.[9] 현재 5개 핵보유국 외에 인도, 파키스탄, 북한이 공개적으로 핵능력을 획득하여 보유하고 있고, 이스라엘은 비록 공개적으로 자인하고 있지 않지만, 핵무기를 보유한 것으로 널리 알려져 있다. 인도, 파키스탄, 북한(2003년에 동 조약 탈퇴)과 이스라엘은 합법적 핵보유국으로 인정되지 않는다.[10]

NPT가 출범한 이후 이렇게 소수의 국가만이 핵무기 추구를 선택했었다는 사실은 비확산체제의 중요한 성과 중의 하나로 인정받을 수 있다. 이후 대부분의 국가가 NPT에 비핵국가 자격으로 가입했고 세계적으로 핵무기가 전혀 없는 지역도 존재한다. 여러 국가(아르헨티나, 브라질, 이집트, 리비아, 한국, 스웨덴, 스위스, 대만)가 핵무기 연구 프로그램을 보유했다가 폐기했고, 이라크와 시리아 등 핵무

---

6 Andrew Futter, *The Politics of Nuclear Weapons, (London*. UK: Sage publications, 2015), 고봉준(역), 『핵무기의 정치』 (서울: 명인문화사, 2016), pp.145－147.

7 고봉준(역) (2016), p.83.

8 Robert Norris Hans Kristensen, "Global Nuclear Weapons Inventories, 1945-2010," *Bulletin of the Atomic Scientists* 66－7 (July/August 2010), p.78.

9 Victor Cha, "The Second Nuclear Age: Proliferation Pessimism versus Sober Optimism in South Asia and East Asia," *The Journal of Strategic Studies* 24－2 (2001), p.81.

10 이들은 현 체제에서 결코 핵보유국이 될 수 없을 것이다. 그 이유는 이들 4개국이 모두 조약이 합의된 이후에 핵무기를 개발했기 때문이다.

기를 추구했으나 외부 압력으로 실패한 국가들도 존재한다. 1991년 소련 붕괴 후 자국 영토에 잔존한 핵무기를 포기한 벨라루스, 카자흐스탄, 우크라이나 등 구소련 공화국들, 특이하게 1990년대 초기에 내부의 정치적 이유로 핵무기를 폐기한 남아프리카공화국 등은 실질적인 핵역전(Nuclear reversal) 사례로 볼 수 있다. 아울러 수십 년간의 노력 끝에 2006년에 최초의 핵무기실험을 한 북한은 2003년에 조약의 제10조에 의거하여 조약을 탈퇴한 유일한 국가로 남아 있다. 결과적으로 핵무기 보유국 숫자는 증가하였지만, 핵무기의 보유량은 감소한 것이다.

그런데 핵무기를 보유하고 있는 9개국 이외에 전 세계에서 30개 이상 국가에서 원자력 발전소가 가동되고 있다. 기술적 이유로 이들 중 다수의 국가는 만약 무기화의 경로를 추구하기로 결정한다면 핵무기를 제조할 수 있는 능력, 즉 잠재적 핵능력을 보유하고 있는 것으로 간주된다. 원자력의 평화적 이용에 대한 권리는 1968년 NPT의 핵심적인 부분이고, 화석연료의 접근이 더욱 어렵고 비용이 증가하면서 장차 국가별 에너지 수요의 충족을 위해 원자력의 중요성은 더욱 증대될 것이다. 이러한 민간 원자력과 잠재적 핵능력 간의 밀접한 관계 때문에 국제 사회와 이란 간 한동안 교착적인 협상이 진행되었고, 이는 향후 다른 국가와의 관계에서도 중요한 함의를 지닐 수밖에 없다. 또한 민간 원자력 기술의 확산은 1979년 미국 쓰리마일 섬(Three Mile Island) 사고, 1986년의 우크라이나 체르노빌(Chernobyl) 사고, 가장 최근인 2011년 일본 후쿠시마 사고 등과 같은 핵사고와 관련된 공포를 증가시키고 있는 것도 사실이지만, 그럼에도 불구하고 획기적 대안이 마련되지 않는 경우에 여러 국가에서 원자력 발전에 대한 수요가 줄어들 가능성은 당분간 크지 않다.

따라서 냉전 이후 소위 제2핵시대에는 과거 핵보유국들이 가지고 있었던 균일성과는 다른 주체의 성격에 주목해야 할 필요가 존재한다. 확산의 수준만이 아니라 주체의 성격과 핵확산에 대한 관점도 달라진 것이다.[11] 즉 과거 핵보유국이 지녔던 상대적으로 균일한 핵무기 통제력이나 원자력 발전과 관련된 안전조치 등이 새로운 원자력 발전 국가 또는 핵무장국에서도 유효할 것인지 질문해 볼 필요가 있다. 이에 탈냉전 시기에 가장 큰 핵위협은 강대국들 사이의 대규모

---

11 Victor Cha, "The Second Nuclear Age: Proliferation Pessimism versus Sober Optimism in South Asia and East Asia," *The Journal of Strategic Studies* 24−2 (2001), p.81.

충돌보다는, 지역적 불안정이나 비국가 행위자, 혹은 사고로부터 비롯될 가능성이 크다는 것이 일반적인 견해이다.

사실상 우발적으로 발생할 수 있는 핵사고가 아니라면 강대국들 사이가 아닌 지역적 이슈와 관련되어 제기될 수 있는 핵전쟁의 위험이 가장 중요하고, 남아시아, 중동, 동아시아 지역에 있어서 관련 주체들 간의 경쟁이 어떻게 진행되는지가 탈냉전기 국제 핵질서에 가장 중요한 문제 중의 하나라고 할 수 있다.[12] 이러한 위협 요인은 대량살상무기(WMD: Weapons of Mass Destruction) 기술의 확산, 특히 원자력과 탄도미사일 능력이 결합하여 전 세계에 걸쳐 새로운 행위자들에게 확산될 가능성이 커지면서 더욱 중요성이 증대되고 있다. 북한의 핵능력 고도화는 바로 이런 배경에서 전 세계적 중요성을 획득하게 된 것이다.

▼ 표 4-1 핵무기 위협의 변화

구분	냉전기(1945-1991)	탈냉전기(1991-현재)
행위자	미국, 소련, 영국, 프랑스, 중국	미국, 러시아, 영국, 프랑스, 중국, 인도, 파키스탄, 북한, 이스라엘 및 비국가 행위자
위협	미국 및 NATO가 주도하는 '서방'과 소련 및 바르샤바조약기구(Warsaw Pact) 국가가 주도하는 '동방' 간 대규모 핵전쟁	• 지역 위기가 핵무기 사용으로 확대될 가능성 • 비국가 행위자가 핵무기를 획득할 가능성
원인	• 초강대국 또는 그들 대리인들 사이의 위기/오산이 대규모 핵교전으로 결과 • 어느 일방의 1차 공격능력 확보 시도	• 소규모의, 승인되지 않은, 지역적 핵교전 • 국가가 전쟁 수행을 위해 의도적으로 핵무기 사용 • 비국가 행위자에 의한 소규모 핵사용
논쟁점	• 상호확증파괴(MAD: Mutual Assured Destruction) 이론이 안정에 핵심 • 이는 2차 공격력 확보에 기초	• MAD가 완전히 적용될 수 있는가의 질문 • 신규 핵무기 보유국은 신뢰할 수 있는 2차 공격력 보유하지 못함
초점	핵위협을 다루기 위해 군비통제와 핵군축에 초점	핵위협을 다루기 위해 비확산, 핵안보 및 군축에 초점
특징	수직적 핵확산	수평적 핵확산(과 수직적 핵군축)

출처: 고봉준(역) (2016), p.90, 표 10을 일부 수정하여 전재

12 Paul Bracken, *The Second Nuclear Age: Strategy, Danger and the New Power Politics* (New York, St. Martin's Press: 2013), p.95.

결과적으로 냉전 동안의 국제 핵질서는 주로 미국과 소련 사이의 초강대국 경쟁에 따른 수직적 확산에 의해 주도되었다면, 탈냉전 시기 국제 핵질서는 수평적 확산과 새로운 범주의 핵 도전에 의해 특징지어진다. 궁극적으로 탈냉전기 국제 핵질서와 관련된 핵심적 논쟁점 중의 하나는 새로운 행위자에게 핵무기의 제조 수단 및 운반 수단이 함께 확산됨으로써 게임의 내용이 변화하고 있다는 점이다. 따라서 전통적인 핵질서에서 핵심적 지위를 인정받았던 핵억지의 중요성 외에 제2핵시대에는 더욱 복합적인 이슈들이 제기된다.[13]

핵과 관련하여 수평적 확산으로부터 오는 위협에 대해서는 비확산 노력이 요구되고, 수직적 확산에 결부된 위협에 대해서는 핵군축을 위한 더 많은 압력이 필요해진다. 그러나 실질적으로 그 두 가지는 연결되어 있는 문제이다. 즉 핵보유국들의 수직적 확산은 핵무기가 없는 국가에게 핵무기가 더욱 매력적으로 느껴지도록 할 수 있고, 수평적 확산은 핵보유국들의 핵군축 필요성을 감소시킨다. 바로 이 점이 복합 안보레짐으로써의 NPT체제에 내재하는 핵심적 딜레마 중의 하나이고, 아울러 북미 비핵화 협상을 둘러싼 쟁점 중의 하나이다.

라. 핵기술과 국제 핵질서

기존 핵보유국은 이런 딜레마에 대해 다른 국가 또는 주체가 핵무기를 보유할 가능성을 차단하는 데에 주력하여 왔다. 이는 결국 NPT에서 정리된 것처럼 기존 소수의 국가만 핵무기 제조를 선택하고 다수의 국가는 핵무기를 제조하지 않기로 한 과거 결정의 연속선상에 있다. 그러나 핵기술의 특징 때문에 현재 핵무장을 하지는 않은 것처럼 여겨지지만 원한다면 이론적으로는 즉시 핵무기를 제조할 능력을 보유한 다수의 국가가 존재한다.

이들 국가는 민수용 원자력프로그램을 가지고 있고, 고농축 우라늄235를 생산하거나 무기급 플루토늄239를 분리할 수 있는 능력이 있고 핵무기를 개발

---

13 특히 이들 새로운 핵 주체는 전통적인 억지로는 효과적으로 대응할 수 없기에 다른 수단을 강구해야 한다는 주장도 설득력을 획득하여 선제적 타격 및 강화된 국제레짐의 역할을 포함한 다양한 방식의 대응에 대한 고민이 최근의 화두이다. 다만 미국의 소극적 안전보장은 비확산을 위한 중요한 실행 조치 중의 하나인데, 소극적 안전보장의 확장 억지 신뢰성 강화는 핵무기의 사용 가능성을 높임으로써 결과적으로는 비확산질서에 악영향을 초래할 수 있다는 딜레마가 있다.

하는 데 사용될 수 있는 상대적으로 선진화된 군사 기반시설을 보유하고 있다. 물론 이들 국가가 단기간 내에 완전히 비밀리에 실제 작동하는 핵무기를 만들 수는 없다. 하지만 만약 그런 결정을 한다면 상당히 신속히 핵무기를 제조할 수 있는 가능성이 있다는 것이 문제이다. 북한의 경우처럼 외부의 압력에도 불구하고 핵무기 보유를 추진하는 경우에 국제 사회의 분명하고 효과적인 대응책은 확인되지 않았다.

이들 국가의 핵잠재력 때문에 핵무기 문턱국가(Threshold Nuclear-Weapon States)라는 개념이 사용되고 있다. 이러한 잠재적 핵무기의 가능성을 무시하기는 힘든 이유는 핵무기를 만들기 위한 지식, 경험, 물질 및 다른 요건들이 널리 확산되고 있기 때문이다. 최근의 비확산과 관련하여 핵심적 논쟁도 이런 핵잠재력을 보유한 국가의 실질적 핵무기와 밀접하게 관련되어 있다. 핵무기 제조와 관련된 보다 보편적인 기술이 존재하고, 아울러 민수용 원자력프로그램이 존재하고 있기 때문에 이는 군사적으로 활용되는 핵무기프로그램의 개발과 유지에 이르게 할 수 있고 결국 핵잠재력은 핵무기의 출발점이나 마찬가지라는 견해가 존재한다.

핵잠재력의 문제는 민수용 원자력프로그램에 필요한 기술이 핵폭탄을 위한 분열 물질을 생산하는 데에 필요한 기술과 아주 유사하고 재래식 무기를 위해 고안된 군사 장비들이 핵폭탄을 운반하도록 변경될 수 있다는 사실에서 기인한다. 문제는 모든 국가가 민수용 원자력 에너지를 생산할 권리가 있다고 1968년 NPT체제에 정의되어 있다는 것이다. 그 결과 국가들은 실제로 NPT를 약화시키거나 국제법을 위반하지 않고서도 핵무기 제조능력을 획득하는 데 상당히 가까워질 수 있다. 북한은 이런 초기적 능력을 확보하고 이후 NPT를 탈퇴함으로써 국제 핵질서의 약점을 이용했던 것으로 볼 수 있다.

전 세계가 새로운 에너지 자원을 모색함에 따라 더 많은 국가가 민수용 원자력프로그램을 선택하고 있어서 핵잠재력과 관련된 문제 또한 증가할 수밖에 없다. 이미 세계적으로 40개국 이상이 핵무기 제조법에 대해 알고 있는 상황에서 그들 국가가 핵무기에 필요한 분열 물질을 보유할 수 있다면 핵무기를 제조하지 않는 것은 전적으로 그들 국가의 선의에 의한 것이라고 할 수밖에 없는 상황인 것이다.[14] 물론 이들 모든 국가가 핵무기를 쉽게 제조할 수 있을 것이라는

---

14 John Mueller, *Atomic Obsession: Nuclear Alarmism from Hiroshima to Al-Qaeada* (Oxford, Oxford University Press: 2010), p.93.

의미는 아니지만 핵잠재력은 비확산과 관련된 중요한 도전 중의 하나로 자리하였다. 실제로 최근의 후쿠시마 핵 재난과 민수용 원자력을 단계적으로 폐기하기로 한 독일의 2011년 결정에도 불구하고 세계적 추세는 미래에 원자력 발전이 축소되기보다는 더 증가하는 추이가 될 것이다. 이론적으로는 민간 원자력 산업이 활발하고 현대적 첨단 군사 기반시설을 갖춘 국가는 핵폭탄을 제조할 수 있다.

물론 특정 국가가 핵폭탄을 제조하기로 결정하더라도 그 제조가 간단하지는 않다. 가장 유리한 국가는 핵연료 주기를 완벽히 통제하는 국가이다. 그런 국가는 핵연료를 농축(우라늄)시키거나 핵분열의 부산물을 분리(플루토늄)시킬 수 있다. 민수용 원자력 발전시설을 보유하지만 핵연료를 해외에서 구입해야 하는 국가는 확산 위험이 적을 수밖에 없다. 왜냐하면 비록 플루토늄이 우라늄 분열의 부산물이지만, 이들 민간 원자력 발전시설은 반드시 국제원자력기구 등의 국제적 기관에 의해 면밀히 감시를 받아야 하기 때문이다. 그러나 기술적 능력은 확산의 하나의 동인일 뿐이고, 핵무기 제조를 위해서는 정치적 결정과 폭탄 제조를 위해 필요한 더 광범위한 기술적 전문성이 결합되어야 한다. 예를 들어 핵탄두를 미사일에 탑재할 수 있도록 소형화하고 비행 시 압력이나 대기권 재진입을 견딜 수 있게 하는 기술은 많은 국가들에게 불가능하지는 않지만 매우 힘든 일이다.[15] 북한은 이런 여러 가지 어려움을 극복하고 현재 사실상의 핵무기 보유국으로 간주되고 있는 것이다.

그런데 북한의 비핵화에 중요한 진전이 없다면 향후 일본의 행보에 주목할 필요가 있다. 일본은 핵잠재력 측면에서 가장 중요한 국가이다. 왜냐하면 일본은 선진적인 민간 원자력 산업, 고농축우라늄 또는 플루토늄(기존에 보유하고 있는 것과는 별도로)을 생산할 능력, 그리고 현대화된 군대를 보유하고 있다. 비록 일본이 당분간 핵보유를 전격적으로 추진할 가능성은 낮고 NPT의 핵심 국가이지만, 일본이 핵무기 보유를 결정할 가능성은 상존한다.[16] 또한 일본은 원한다면 상대적으로 짧은 기간 동안에 투발될 수 있는 핵폭탄을 제조할 수 있다.[17] 특히

---

15 고봉준(역) (2016), pp.96-97.

16 고봉준(역) (2016), p.97.

17 일본은 NPT체제에서 미국에 의해 예외적으로 원자력 발전 이후 발생하는 사용 후 핵연료를 재처리할 수 있도록 인정받은 국가이다. 사용 후 핵연료를 재처리하면 핵무기 제조에 사용할 수 있는 플루토늄이 분리된다. 일본은 2019년 8월 현재 플루토늄 46톤 정도를 보유하고 있으며, 이는 핵무기 약 6천 개를 만들 수 있고 북한 보유량의 1,000배 이상에 달한다.

한 분석에 따르면, 일본이 계속 비핵국가로 남았다는 것이 오히려 예외적인 경우라고 볼 이유가 있다. 일본은 경제적, 과학적, 기술적으로 발전하고 정교한 원자력프로그램을 가지고 있으며, 무력충돌을 경험했던 이웃의 핵무장 국가와 국경을 접하고 있어서 기술과 동기의 측면에서 확실히 핵무기를 획득할 이유가 있다.[18]

아울러 한국의 행보에 대해서도 많은 전문가들이 계속 주목하고 있다. 한국도 일본과 마찬가지로 핵잠재력을 보유한 국가로 인식되고 있다. 한국은 다수의 민간 원자력 발전시설을 운영하고 있고 핵연료 주기를 통제하기 위해 필요한 기술을 획득하는 데에 관심을 표명해온 것이 사실이다.[19] 한국은 1970년대에 폐기된 독자적인 핵프로그램 추구의 경험이 있고, 1991년까지는 한국에 미국의 전술핵무기가 배치되어 있었다.[20] 일부 전문가는 "한국은 의심할 여지 없이 독자적인 핵무기프로그램을 지원할 기반시설과 생산 기반을 보유하고 있다"고 평가하고 있다.[21] 실제로 북한의 핵능력 고도화에 따라 한국의 정치권과 일부 전문가들의 미국의 확장 억지에의 의존을 탈피하고 한국의 독자적 핵무장에 대해 결단을 해야 한다는 주장까지 나오고 있다. 따라서 북미 비핵화 협상의 결과에 따라 한국의 핵무장에 대한 논의의 방향이 달라질 가능성이 분명히 존재하고 미국의 고민에는 이런 점도 포함될 수밖에 없다.

이들 국가 외에 다른 나라도 이론적으로는 원한다면 핵폭탄을 제조할 수 있는 능력을 가지고 있지만, 실질적으로 이들이 핵무기 보유 결정을 내릴 가능성은 크지 않다. 가장 큰 이유는 핵무기 추구에 있어서 비밀유지가 어렵다는 점이다. 핵무기 제조를 원한다면 그 과정에서 IAEA의 사찰과 위성사진 및 다른 형태의 국제적 정보감시를 통과해야만 하는데, 이는 결코 용이한 일이 아니다. 또

---

18 Maria Rost Rublee, *Nonproliferation Norms: Why States Choose Nuclear Restraint* (London, University of Georgia Press: 2009), p.53.

19 Daniel Horner, "S Korea, US at Odds Over Nuclear Pact," *Arms Control Today* (September 2012), www.armscontrol.org/act/2012_09/Sout−Korea−US−at−Odds−Over−Nuclear−Pact.

20 Mark Hibbs, "Will South Korea Go Nuclear?," *Foreign Policy* (15 March 2013), www.foreignpolicy.com/articles/2013/03/15/will_south_korea_go_nuclear 참조.

21 Jonathan Pollack and Mitchell Reiss, "South Korea the Tyranny of Geography and the Tyranny of History," chapter in Kurt Campbell, Robert Einhorn and Mitchell Reiss (eds.), *The Nuclear Tipping Point: Why States Reconsider Their Nuclear Choices* (Washington DC, The Brookings Institution Press: 2004), p.258.

한 신뢰할 수 있는 소형 핵탄두를 개발하는 것이 또 다른 커다란 도전이다. 목표물에 탄두를 투하하도록 신뢰할 수 있는 미사일이나 다른 수단을 개발하는 것도 마찬가지로 쉽지 않은 일이다. 아울러 핵무기능력을 원하는 주체는 그것이 제대로 작동하는지 확인하기 위해 폭탄을 시험할 필요가 있다. 이러한 시험의 함의는 그것이 NPT와 다른 국제적 합의의 위반이라는 것이고, 위에서 설명한 것처럼 비밀유지에도 문제를 발생시킨다는 것이다. 실제로 핵무기 제조를 추진하는 경우 외교적으로는 국제 사회에서 고립되는 상황에 봉착하게 되며 북한과 이란의 경우에서처럼 광범위한 심각한 경제제재에 직면하게 된다.[22]

　무엇보다도 잠재력을 현실화하는 데에는 강력한 정치적 의지와 고도로 선진화된 기술적·과학적 기반시설이 요구되기 때문에 모든 국가가 잠재력을 현실화하기는 힘들다. 바로 이런 이유 때문에 한국의 독자적 핵무장에 대해 한국 내에서도 비현실적이라는 비판이 제기되는 것이다. 결국 핵잠재력은 원자력 에너지 생산과 핵폭탄 제조에 필요한 기술 간의 밀접한 관련성에서 도출되는 자연적인 결과이지만, 핵잠재력이 원자력 발전소, 농축 또는 재처리능력과 관련 기술을 보유한 모든 국가가 쉽게 핵무기를 제조할 수 있다거나 제조할 것이라는 의미는 아니다. 만약 핵무기 제조 결정이 내려진다 하더라도 실제 구현할 수 있는 잠재력에는 다양한 정도가 존재한다. 가장 우려되는 국가들은 핵 연료주기를 통제(농축 및 재처리능력)하고, 선진화된 과학 및 군사기술적 기반(특히 탄도미사일 능력)을 가지며, 현존 또는 미래의 지정학적인 안보 우려를 가지고 있는 국가들이다.[23] 따라서 핵잠재력을 보유한 국가에 대한 국제 사회의 우려는 사실 이들이 핵무기를 가질 수 있느냐가 아니라 그 의지를 상쇄시킬 수 있는지의 문제라고 할 수 있다. 북한의 경우는 여러 이유 때문에 그 의지가 매우 강하게 표출된 것이고, 일본 또는 한국은 아직까지는 그 의지가 표출되지 않도록 억제되고 있다고 할 수 있다.

---

22 고봉준(역) (2016), pp.99 – 100.
23 고봉준(역) (2016), p.100.

가. 핵으로 무장한 북한

주지하다시피 북한은 제2핵시대와 국제 핵질서의 가장 주요한 도전 중의 하나이다. 북한 사례는 한 국가가 핵무기 제조를 정치적으로 결심했을 때 그것을 국제 사회가 막기 힘들다는 점을 보여주는 사례일 수 있기 때문에 북한의 비핵화는 더욱 심각한 이슈로 자리하고 있다. 북한은 2003년에 NPT를 탈퇴하였고, 2006년에 최초로 핵무기실험을 하였다. 관련하여 북한 지도자들은 항상 외부(주로 미국으로부터)의 위협을 핵무기 추구의 주요 이유로 들어왔다. 영변의 원자로는 1965년부터 가동되어왔지만, 북한은 여러 단계의 핵프로그램의 진전을 통해 공개적 핵실험을 하기에 이른 것이다. 물론 그 와중인 1991년에 북한은 한국과 한반도비핵화선언에 합의하였다. 이는 핵무기 시험, 제조, 생산, 접수, 보유, 저장, 배비, 사용을 하지 않고 원자력을 평화적 목적에만 이용하겠다는 선언이었다. 그 선언 이후에 북한은 IAEA 사찰을 대상이 될 시설 7곳을 신고한 바 있다. 그러나 1993년 4월에 IAEA 사찰단이 북한이 NPT 합의사항을 위반했다고 보고하면서 소위 제1차 북핵위기(1993~1994)가 발생하였다. 1994년의 소위 제네바기본합의(Agreed Framework) 협상을 통해 한국을 포함한 서방이 민수용 원자력프로그램을 북한에 지원하고 완공 전까지 필요한 연료를 제공하는 대신 IAEA 사찰단이 복귀하는 합의가 이뤄졌다.

그러나 2002년 말에 북한이 핵프로그램을 본격적으로 가동한다는 우려가 제기되는 상황에서 2003년 1월에 북한이 무기사찰단을 추방하고 NPT 탈퇴를 선언하면서 제2차 핵위기가 시작되었다. 이런 위기를 조정하기 위한 다년간의 다자간 협상인 북핵 6자회담은 결실을 거두지 못한 채 북한의 제1차 핵실험이 2006년 10월에 실시되었다. 이후에 전개되었던 다양한 국제적 노력에도 북한은 제3대 지도자인 김정은 정권하에서도 다양한 군사적 도발을 감행하는 동시에 핵무력의 완성을 선언한 상황이다. 물론 국제적으로 북한은 핵보유국의 지위를 결코 얻을 수 없다. 그러나 국제적 공인 여부와는 상관없이 북한의 핵무기 보유 여부에 대한 논란은 사라진 상태이다. 국제적으로는 북한 비핵화라는 개념이 널리 사용되고 있지만, 그 실상은 일방의 핵군축 혹은 폐기를 의미하는 것이기에 북미 비핵화 협상이 생산적 결과를 도출할 것이라는 전망에 쉽게 동의하기는 힘든 일이다.

나. 미국의 북한 비핵화 추진 기조

이런 가운데, 새로운 북미 비핵화 협상의 계기는 미국이 보다 적극적으로 협상 테이블을 마련하려 노력하면서 마련되었다. 미국 오바마 행정부의 비핵화 정책인 소위 '전략적 인내(Strategic Patience)'를 비판하며 등장한 트럼프 행정부는 강력한 대북제재와 압박으로 북한을 협상장으로 이끌어 내는데 성공하였다는 평가를 일부 받는다.

---

box 1. 전략적 인내

오바마 행정부 시기 미국의 대북정책의 방향으로 북한이 비핵화 약속에 대한 진정성을 가지고 나설 때까지 북한의 도발이나 대화 제안에 대해 먼저 유화책을 제시하지 않고 기다린다는 인식의 방향이다. 이는 이전의 북한의 도발에 대해 섣부른 유인책을 썼지만, 결과적으로 북한이 핵실험을 거듭하는 등 진로를 바꾸지 않았다는 비판에 대한 반응으로 이해할 수 있다. 그러나 결과적으로 단순히 북한의 굴복 혹은 대결의 양자구도를 상정했고, 외교적 노력을 경시하고 기다림 외에 다른 전략이 부재했다는 비판을 받았다.

트럼프 대통령은 여러 외교 이슈에 대해 전통적인 방식의 외교적 노력보다는 자신만의 협상가적 관점을 강조해온 바 있다. 1990년대부터 북핵 문제에 대해 확고한 생각을 가지고 있던 것으로 알려진 트럼프 대통령은 주변 측근 인사들과 다소 정리가 되지 않은 것 같은 논의 속에서도 북한의 핵능력 고도화를 미국의 핵심적 이슈로 판단하고, 자신은 치열한 협상을 진행하고 만약 협상이 실패할 경우 무력을 사용할 수도 있다는 이미지를 북한을 포함한 국제 사회에 전달하였다. 그런 과정에 필요하다면 김정은과 직접 만나 대화를 하겠다는 의사를 표명하였다. 이에 북한 핵 문제와 관련하여 한동안 중단되었던 미국과 북한 간 대화의 전기가 마련되었다고 할 수 있다.

이런 변화를 초래한 이유 중 하나는 북한의 핵능력의 현실적 제고라고 할 수 있다. 즉 트럼프 행정부 들어서 북핵 문제가 미국에게 있어서 지역안보의 하위 이슈가 아니라 최우선적 과제 중의 하나로 자리하게 된 것이다. 이런 가운데, 트럼프 행정부에서의 대북 압박은 경제제재와 군사 및 외교 분야가 병행되어 왔다. 그 수위도 매우 높은 단계까지 치솟은 적도 있다. 예를 들어 2017년 4월에 시리아에 대한 공습을 실시한 직후 칼빈슨(Carl Vinson) 항모가 한반도 전개를 한다는 발표, 틸러슨(Rex Tillerson) 전 국무장관의 재임 시 유엔 안보리 연설에서 북한과 외교관계를 중단 또는 격하해야 한다는 요청, 헤일리(Nikki Haley) 전 유엔 대사 재임 시 다른 국가에 대한 북한과 미국 사이의 선택 촉구 등이 압박의 사례라고 할 수 있다.

트럼프 행정부 대북정책의 특징은 이러한 강한 압박에도 불구하고 북한 또는 김정은을 대화상대로 인정했다는 점이다. 이런 인식은 2017년 5월에 트럼프 대통령이 서명한 소위 대북 4대 기조를 통해 드러났고 오바마 행정부에서와는 달리 대화의 조건도 크게 완화한 것이 사실이다.[24] 즉 트럼프 행정부의 대북정책은 북한을 경제, 외교적으로 고립시킬 수 있도록 최대의 압박을 가하고 북한이 진지한 비핵화 의지를 보이면 관여에 나서겠다는 것이고, 여기에 최종적으로는 대화로 비핵화의 마무리한다는 방향으로 정리된 것으로 볼 수 있다.

협상은 상호작용을 통해 그 내용과 진행 속도가 변화될 수 있는 것인데, 2017년 중반 이후의 전개를 보면 북한이 추가적으로 미국을 위협할 수 있는 핵과 미사일실험을 하지 않는 상황에서 '대화를 위한 대화를 하지 않겠다'는 원칙을 밝혔던 트럼프 대통령이 김정은 위원장을 직접 만나는 수순까지 밟았다는 점에서 정상회담을 결정했다는 점에서 북한이 추가적 핵실험을 하지 않는 한 비핵화 협상에서 미국이 크게 나쁘지 않으리라 판단했다고 볼 수 있다.

다. 북한의 비핵화 인식

북미 비핵화 협상이 좀처럼 접점을 찾지 못해온 이유는 비핵화에 대한 두 나라의 인식에 큰 차이가 존재하기 때문이다. 우선 북한은 비핵화를 미국과는 전혀 다른 관점에서 접근한다. 우선 한반도에 핵무기와 관련된 문제가 있다면 그것은 북한만이 아니라 한반도 전체의 문제라고 보는 것이다. 특히 한반도에서

---

24 4대 기조는 ① 북한을 핵보유국으로 인정하지 않는다, ② 모든 대북제재와 압박을 가한다, ③ 북한의 정권교체를 추진하지 않는다, ④ 최종적으로 대화로 문제를 해결한다는 것이다.

핵과 관련된 위협 요인이 존재한다면 북한은 이것이 미국 때문이라고 간주한다. 현재의 비핵화 위기 국면이 조성된 이유가 북한의 핵프로그램 때문이 아니라 냉전 시기 한반도에 미국이 핵무기를 도입했던 것 때문이라고 인식하는 것이다.

사실 이런 인식은 북한의 1세대 통치자였던 김일성으로부터 답습되어 왔다. 따라서 북한의 언술에서는 이것을 조선반도의 핵 문제라고 표현한다. 이 인식은 미국의 호전성을 억제하는 북한의 핵무기가 평화를 위협하는 것이 아니라 한반도를 보호하고 있다는 생각을 담고 있다. 따라서 이런 주장을 연장하면 북미 적대관계가 근본적으로 변화하고 한반도 평화체제가 공고하게 달성되어야 북한의 비핵화에 접근할 수 있다.[25] 비록 김정일 시기 북한의 선군평화론이 김정은 시기에는 핵무력경제 병진평화로 전환되었지만, 북한의 고민에 핵무기의 중요성이 축소되었다는 증거는 없다.

> **box 2. 선군평화론**
>
> 이는 평화를 깨뜨리는 근원이 전쟁이고 따라서 평화는 전쟁을 막을 수 있는 힘에 의해서만 담보된다는 북한의 주장이다. 이에 따르면 북한의 군사력이 남측의 안전을 도모해준다는 것인데, 결국 북한의 핵이 미국의 북한 침공에 의한 한반도 전쟁 위협을 막아주고 있다는 주장이다.

실제로 북한은 2018년 4월 20일 조선로동당 중앙위원회 결정서에서 '새로운 전략적 노선'으로써 핵억지력 완성으로 병진노선의 한 축을 완성했기에 본격적으로 경제건설을 추진할 것임으로 선언하였다. 이는 일견 선군정치가 핵무기 개발로 인한 대내외적 비용으로 내적 경제 발전과 안정에 오히려 부담되었던 것에 비하면 상대적으로 경제 발전을 강조한 것이라고 볼 수 있는 여지가 있다. 그러나 이런 병진노선은 여전히 핵무기의 중요성을 포기하지는 않은 것이다.[26] 그럼에도 불구하고 경제 발전을 전면에 내세웠다는 점에서 북한이 원하는 완전한 체제보장을 논의하는 과정에서 미국과 협상의 여지는 남겼다.

---

25 황지환, "한반도 평화체제 논의의 귀환: 미국우선평화 대 병진평화,"『한반도와 국제정치』제35권 (1)호(봄) (2019), p.77.

26 황지환 (2019), pp.88－89.

라. 협상의 교착과 쟁점

2018년 6월 12일에 싱가포르에서 있었던 역사적인 북미정상회담 이후에 진행된 북미 비핵화 협상에는 좀처럼 진전이 없었다. 그 이유는 복합적인데, 우선 이후 양국의 반응을 다음과 같은 언술에서 정리해볼 수 있다. 2019년 4월 12일 북한 최고인민회의 시정연설에서 북한 김정은 위원장은 "올해 말까지 인내심을 갖고 미국의 용단을 기다려 볼 것이지만 지난번처럼 좋은 기회를 다시 얻기는 분명 힘들 것... 제재 해제 때문에 목이 말라 미국과의 수뇌회담에 집착할 필요가 없다는 생각을 하게 된다"고 언급한 바 있다. 이에 폼페이오(Mike Pompeo) 미국 국무장관은 2019년 4월 24일 CBS 인터뷰에서 "(비핵화가) 일어나지 않는다면 우리는 경로를 바꿔야 할 것"이라고 대응했다.

여기에 대해 북한의 최선의 외무성 제1부상은 "미 국무장관 폼페오가 CBS 방송과의 인터뷰에서 이른바 '경로변경'을 운운하였다... 미국이 운운하는 이른바 '경로변경'에 대해 말한다면 그것은 미국만의 특권이 아니며 마음만 먹으면 우리의 선택도 될 수 있다... 미국은 우리가 제시한 시한부 내에 자기 입장을 재정립해서 나오지 않는 경우 미국은 원치 않는 결과를 보게 될 수도 있을 것"이라고 강조하였다.

이어서 2019년 6월 30일에 판문점에서 남북미 3국의 정상이 만났지만 이어지는 실질적 결과는 도출되지 않았다. 그 이유는 기본적으로 북미 비핵화 협상 과정에서 협상 양측의 셈법의 서로 다름이 노출되었기 때문이다. 관련한 쟁점을 정리하면 다음과 같다.

① 협상 기대 수준의 차이

우선 북한은 영변의 핵시설을 폐기하는 것에 대한 확실한 대가(체제 안전 보장과 경제제재 해제)를 받으면서 협상을 선순환적으로 구조화시키고자 하지만, 미국의 경우 '선 WMD 및 미사일 폐기 후 제재 해제'라는 소위 '빅딜(Big Deal)' 접근법을 고집하여 왔다. 이런 차이점을 좁히려고 한국 정부는 '굿 이너프 딜(Good enough Deal)'이라는 절충안으로 북한의 단계적 비핵화 조치에 상응하는 일정 제재 완화라는 타협책을 모색하였다. 하지만 미국의 빅딜 원칙 고수에 북한도 새로운 계산법을 요구하였고 한국에 대해서도 중재자가 아니라 민족의 이익을 옹호하는 당사자가 되라고 촉구하면서 다소 부정적 태도를 보인 바 있다.

② 비핵화 개념의 불완정성

미국은 비핵화 협상에서 '완전하고 검증 가능하며 되돌릴 수 없는 비핵화 (CVID: Complete, Verifiable, Irreversible Denuclearization)'를 원칙으로 고수하여 왔다. 이 개념과 관련하여 협상의 양측은 여전히 '완전한' 부분에 대해서만 의견을 같이 하고 검증과 불가역적이라는 부분에 대한 합의에 이르지 못하였다. 그리고 궁극적으로 비핵화의 대상이 무엇인지에 대해 의견이 갈린다. 북한으로써는 미국과의 관계 정상화 이전에는 북한만이 아니라 다른 국가 특히 미국도 핵군축을 해야 한다고 주장할 가능성이 크다. 그런 경우 북한만이 아니라 미국 전략자산의 한반도 전개도 이슈가 될 수 있고, 향후 중국도 이어지는 과정에서 미국의 핵전략에 대한 문제를 제기할 수도 있다.[27] 결국 미국이 북한에 CVID를 요구하는 이상 북한이 '완전하고 검증 가능하며 되돌릴 수 없는 보장(CVIG: Complete, Verifiable, Irreversible Guarantee), '최종적이고 완전하게 검증된 비핵화(FFVD: Final, Fully Verified Denuclearization)'를 요구하면 '최종적이고 완전하게 검증된 보장(FFVG: Final, Fully Verified Guarantee)'을 요구하는 상황이 변화하지 않기 때문에 협상에 실질적 진척이 있기가 힘들어졌다.

③ 북한의 핵활동 지속

아울러 북미 비핵화 협상의 과정에서 미국의 불만은 북한이 핵물질을 여전히 생산하고 있다는 것이다. 즉 미국의 관점에서 보자면 핵을 폐기하겠다는 측이 핵물질을 계속 생산한다는 것은 이해하기 힘들고 이는 핵폐기를 결심한 국가의 행동으로 볼 수 없다는 것이어서 섣불리 북한의 비핵화 의지를 신뢰하기가 힘들다는 것이다.

그러나 북한의 입장에서는 핵활동 중단을 약속한 바가 없다고 주장할 수 있다. 즉 북한 주장대로라면 국제적인 압력에도 불구하고 체제 생존을 위해 구축해왔던 핵프로그램을 실질적 보장 조치 없이 포기하기는 불가능한 것이다. 경제적 손실과 국제적 위상도 고려해야 할 뿐만 아니라 대내적 설득을 위한 시간

---

27 황지환 (2019), pp.75−76.

과 대안도 필요하기 때문에, 미국과의 신뢰를 바탕으로 한 대안이 마련되지 않은 상태에서 구체적 핵폐기 프로그램에 동의하기가 힘들 수도 있다.

④ 포괄적 합의, 단계적 이행

이런 교착상태를 타개하기 위해 한국의 일부 전문가들이 문재인 정부와의 교감을 바탕으로 제시한 방안이 '포괄적 합의, 단계적 이행' 접근법이다. 이는 다음과 같은 3단계 구조로 이뤄져 있다.

1단계에서는 북한이 미래 핵인 핵시설 폐기하고 이에 대해 종전선언과 대북제재 일부 완화가 이뤄진다. 2단계에서는 현재 핵인 핵물질을 북한이 폐기하고 광범위한 대북제재 해제와 남북경협이 추진된다. 3단계에서는 과거 핵인 북한의 핵무기가 폐기되고, 이에 완전한 대북제재 해제, 북미 국교 수립, 평화 협정 체결 등이 진행된다. 이 구상은 단계가 진전될수록 양측의 신뢰도가 높아지고, 불가역성이 높아진다는 주장을 담고 있다.

그러나 여전히 미국의 주장은 핵무기를 포함한 핵물질 및 핵시설 전체에 대한 신고가 우선적이라는 내용을 담고 있으므로 협상의 실질적 진전은 영변 핵시설에 대한 검증으로 협상이 선순환구조를 시작할 수 있는지가 생산적 전망을 가름하는 계기이다.

마. 북미 비핵화 협상에 영향을 미치는 요인들

① 미국의 비핵화정책 전환

향후 북미관계에 대한 비관적 전망 중의 하나는 역사적인 북미정상회담 이후에도 기대감을 충족시키지 못하는 회담의 결과가 악순환의 시작을 의미하는 것일 수 있다는 것이다. 즉 현재까지의 트럼프 행정부의 행보가 결과적으로 비핵화를 향한 북한의 구체적인 행동을 도출하기보다는 북한의 운신의 폭만 넓혀준 것이라는 평가가 가능하고, 그렇다면 실질적인 결과가 나오지 않는 가운데 특히 국내적인 비판에 직면하게 될 트럼프 행정부는 최대 압박과 관여 외의 다른 옵션을 생각하거나 비핵화 자체를 포기할 수도 있다는 전망도 가능하다.

물론 이런 비관론에 대해서는 다음과 같은 반론이 가능하다. 그간 트럼프는

본인의 주장처럼 북한에 대해 최대압박정책을 구사했는데, 북한이 대화에 응한 이후에는 일종의 관여정책으로 변화한 모습을 보여준 것이 사실이다. 이는 북한의 상황 인식에 긍정적 요소로 작용하여 점진적이지만 남북 및 북미관계 개선의 선순환구조를 창출할 여지를 보여준 것이다. 또한 아직까지 북한의 비핵화를 주도하는 미국의 영향력은 공고한 가운데, 북한이 전형적인 양자 사이의 줄타기보다는 비핵화와 평화체제의 구축에 있어서 미국 및 국제 사회의 요구에 신속하게 응하는 모습을 보여준다면 과거와는 다른 결과가 도출될 가능성이 존재한다. 즉 과거에 북한의 비핵화를 논의했던 협상들이 모두 의도했던 결과를 도출하지 못했었지만, 그것이 외교적 방식을 통해 북핵 문제를 해결할 수 없다는 결정적 증거는 되지 못한다.

특히 남북 및 북미정상회담이 지금과 같이 전개된 전례는 없었다. 그 가운데 비록 비핵화의 내용에 대한 해석이 엇갈리는 측면이 있지만, 최고지도자인 김정은 본인의 입으로 비핵화와 한반도의 평화에 대해 공식적으로 언급하고 있는 상황이다. 그리고 김정은 자신이 장기적으로 통치하기를 원하는 북한 내부의 경제 시장화 흐름에 봉착해있어서, 북한이 과거와는 다른 선택을 할 가능성은 상대적으로 크다고 할 수 있다. 냉전 종식 즈음하여 정권과 체제의 안전보장, 서방국가와의 관계 개선, 자본 및 기술 도입으로 경제 회생, 평화적 환경 조성으로 새로운 남북관계 정립이라는 과제를 가지고 있었던 김일성의 고민은 현시점에서 김정은의 고민에 투영되는 부분이 적지 않다고 할 수 있다.

② 북한의 학습 효과와 미국의 국내정치

또 다른 변수는 '기회의 창'의 시효성과 미국외교에 있어서 제왕적 대통령의 역할에 대한 북한의 고려가 될 수 있다.[28] 우선 현 상황은 한미 양국이 모두 비핵화를 위해 북한과 적극적으로 대화하고 협력점을 찾으려고 노력을 하는 전례 없는 경우이다. 이에 대해 민주주의 국가의 특성상 이런 '기회의 창'은 시효가 있음을 김정은이 학습했을 여지가 있다. 아울러 국제정치 현실의 엄중함과

---

28 북미정상회담 논의를 위해 방미한 한국 특사단에 트럼프 대통령이 전임 정부의 대북정책 실패의 이유로 참모들의 의견을 들은 것을 지적했다는 보도가 나온 바 있다. 즉 제도적으로 외교정책에 있어서 제왕적 권한을 보유할 수밖에 없는 미국 대통령의 직위에 이런 생각을 가지고 있는 트럼프가 재직 중이라는 사실은 북한에게 고민을 가중시킬 것이다.

이론적 제언을 무시하는 듯한 트럼프 대통령의 성격상 향후 상황의 진전에 따라서 미국이 실제로 북한에 대한 공격 카드를 꺼내 들 가능성을 김정은이 전적으로 무시할 수는 없을 것이다.

다른 한편, 미국의 국내정치 일정은 비핵화 협상 과정에서의 불확실성을 증가시킬 수 있다. 다양한 국내정치적 이슈에서 수세에 몰리는 트럼프 대통령으로써는 선거에 도움이 되는 시기까지 비핵화의 성과를 취하려고 노력하겠지만, 큰 성과가 나오기 힘들다고 판단한다면 현 수준의 봉합을 기반으로 다른 이슈에서의 득표력을 확장하려는 비핵화에 대한 전술적 무시의 방식을 취할 가능성도 존재한다. 그런 경우 과거와 같은 북한의 '달래주기를 원하는 우는 아이' 행동이 상황을 복잡하게 만들 가능성도 존재한다.

③ 국제 핵군축의 위기와 군비경쟁 가능성

미국이 타국에 제공하는 소극적 안전보장(Negative Security Assurance)이란 NPT 가입 비핵국가로서 NPT의 규범을 준수하는 국가에 대해서는 핵무기를 사용하지 않겠다는 원칙이다. 이에 대한 예외 조항은 비핵국가라고 하더라도 핵보유국과 동맹관계에 있거나 미국이나 미국의 동맹국을 공격하는 경우 해당 비핵국가에 핵무기를 사용할 수 있다는 것이다. 미국의 입장에서는 이러한 행동 시 핵무기를 선제적으로 사용하는 것에 대해 아직도 분명한 입장을 취하지 않는 모호성을 보여줌으로써 실질적으로는 선제적 사용의 위협을 통한 억지 효과를 노리고 있다.

북한 핵무기의 직접적인 위협에 직면한 한국은 비핵화를 유지하기 위해 미국의 안보 공약을 재차 확인하고자 노력하고 있다. 소극적 안전보장은 그런 의미에서 확장 억지의 신뢰성을 높이는 역할을 할 수 있다. 그런데 이렇게 동맹국을 보호하기 위해 안보 공약을 강화(억지력으로써의 핵무기 사용을 포함하여)하는 경우, 이는 NPT 등의 국제규범과 충돌할 가능성이 커지게 된다. 또한 이런 경우에는 미국에 적대적인 비핵국가가 안보상의 이유로 핵무기를 추구하거나 핵폐기를 거부할 명분을 강화시키게 되는 문제가 발생한다. 즉, 규범의 강화와 현실이 항상 같은 방향을 지시하지 않을 수도 있다는 것이 소극적 안전보장 조치의 이면이다.

미국은 2019년 8월에 INF의 공식 종료를 선언하였다. 이 조약은 냉전 말기 미국과 러시아가 500-5,500km 사거리의 모든 지상발사 탄도미사일 및 순항미사일의 보유, 생산, 시험을 금지하는 데 합의하여 체결된 것이었다. 이 조약은 양국 간에 단시간의 타격능력을 가진 핵미사일을 제거하고 주로 유럽에서 재래전의 핵전으로의 자동 확전 위험성을 줄이기 위한 것이었다. 이 조약의 탈퇴로 미국은 지상발사 중거리 미사일을 생산 배치할 수 있게 되었다. 조약의 상대방은 러시아였지만, 미국의 이 조약에서의 탈퇴는 다른 한편으로 중국의 중거리미사일 전력 증강에 대한 대응의 필요성에서 나왔다고 해석하는 의견들이 다분하다. 이를 의식하지 않을 수 없는 중국도 중단기적으로 자국 미사일 전력의 강화에 나설 가능성이 크고, 이는 양국의 군비증강경쟁, 더 나가서는 위기 시 확전 가능성의 증대에 영향을 미칠 수 있다. 아울러 최근 보도에 따르면 미국이 동아시아에 지상발사 중거리미사일 배치를 고려하고 있고, 그 유력한 후보지로 한국과 일본이 거론되었다는 보도가 있었다.

미국의 이런 최근 행보는 또한 미국과 러시아 간 이행이 2018년에 완료된 New START 협정의 미래를 불확실하게 만들었다. 이 협정은 2011년에 미국과 러시아 간에 발표되어 양국 전략 핵탄두 숫자를 1,550개 이하로 감축시키고 운반시스템에도 제한을 가하고 있으나 2021년 2월에 종료될 예정으로 2019년 금년 7월부터 연장 협상을 시작하였다. 미국의 그 연장에 부정적 기류를 노출시키자 러시아도 굳이 협상을 연장하지 않더라도 안보에 지장이 없다는 주장으로 대응하였다. 이런 상황의 고착은 핵보유국들 사이의 긍정적인 군축 노력에 대한 국제적 불신을 가중시키고 결국 비확산이라는 국제 핵질서의 근간을 흔들고 북한의 비핵화라는 어려운 목표의 달성에 또 다른 어려움이 가중시키는 것이다.

④ 맺음말

국제 사회는 현존하는 국제 핵질서에 정면으로 도전하는 북한의 핵무기프로그램의 진전에 대해 강력한 UN제재와 압박을 통해 북한을 비핵화시키려 노력하여 왔다. 현재의 국제 핵질서는 기존 5개 핵보유국 외에 다른 국가의 핵무기 보유를 허락하지 않는 반면 그들의 평화적인 원자력 에너지 사용에 협력하는 것을 원칙으로 하고 있다. 북한은 이런 국제 핵질서의 허점을 이용하여 초기에는 원자력의 평화적 이용을, 본격적인 핵실험 이후에는 대외 억지력을 명분으로 핵 능력을 고도화하여 왔다.

이런 가운데 북미 비핵화 협상은 실질적인 성과를 도출하는 데에 어려움을 경험하여 왔다. 그 중요한 이유는 북한의 비핵화는 사실상 핵군축의 문제이기 때문이다. 핵군축을 둘러싼 가장 큰 도전은 누가 먼저 움직일 것인가의 문제인데, 현재 미국의 확장억지와 북한 핵무기의 대립에서는 결국 안보딜레마의 해소가 관건이다. 특히 북한이 구체적인 핵포기 조치를 했음에도 불구하고 미국은 막강한 핵공격력을 여전히 보유할 것이라는 사실 자체가 북한의 전향적 조치를 방해할 수 있다. 그렇다면 여기서 관건은 김정은이 트럼프 행정부의 의지를 얼마나 신뢰할 수 있는가 여부인데, 트럼프의 흔들리는 국내정치적 기반은 이 점에 있어서 긍정적으로 작용하기 힘들 것이다.

중요한 점은 완전 비핵화한 북한의 체제보장이 확보되지 않는다면 북한의 완전 비핵화를 기대하기는 힘들다는 것이다. 따라서 역설적으로 보이지만 최소한 완전 비핵화한 북한의 체제보장이 어떤 내용을 담아야 하는지에 대한 고민이 한국에 부담으로 작용하게 된다.

제재와 압박이 북한을 협상장으로 이끌어내는 데에 영향을 주었다는 점을 부정하기는 힘들다. 그럼에도 불구하고 북한의 완전 비핵화와 체제보장이 교환되기 위해서는 보다 복합적 고민이 필요할 것이다.[29] 즉 트럼프 행정부의 최대 압박과 관여가 실질적인 결과를 도출하기를 막연하게 기대하기보다는, 과거의 역사에서 경제적 제재나 군사적 대응, 혹은 경제지원이나 관계 개선만으로 문제가 해결되지 않는다는 교훈을 통해 북한이 핵−경제 병진이 아니라 비핵−경제 병진으로 나올 수 있게 하는 별도의 계기가 마련되지 않으면 자칫 역사가 반복될 수 있는 것이다.

---

29 하영선, "북한의 '신전략노선'과 두 정상회담: 비핵화와 체제보장," EAI 하영선 칼럼 (2018.4.23).

토론 및 탐구주제

01 국제 핵질서의 구조에 대해 논의해 봅시다.

02 핵무기로 인해 초래되는 위협에 관해 토론해 봅시다.

03 북한이 비핵화되어야 하는 이유에 관해 토론해 봅시다.

04 통일과 북핵 문제와의 관계에 대해 토론해 봅시다.

05 한미의 북한 비핵화 과정에서의 역할에 대해 논의해 봅시다.

[참고문헌]

하영선. "북한의 '신전략노선'과 두 정상회담: 비핵화와 체제보장."『EAI 하영선 칼럼』 (2018년 4월 23일).

황지환. "한반도 평화체제 논의의 귀환: 미국우선평화 대 병진평화."『한반도와 국제 정치』제35권 제1호(봄) (2019).

Bracken, Paul. *The Second Nuclear Age: Strategy, Danger and the New Power Politics.* New York, St. Martin's Press, 2013.

Cha, Victor D. "The Second Nuclear Age: Proliferation Pessimism versus Sober Optimism in South Asia and East Asia." *The Journal of Strategic Studies* 24−2 (2001).

Fuhrmann, Matthew. "Spreading Temptation: Proliferation and Peaceful Nuclear Cooperation Agreements." *International Security* 34−1 (Summer 2009).

Fuhrmann, Matthew. "Taking a Walk on the Supply Side: The Determinants of Civilian Nuclear Cooperation." *Journal of Conflict Resolution* 53−2 (April, 2009).

Futter, Andrew. *The Politics of Nuclear Weapons.* 고봉준(역).『핵무기의 정치』서 울: 명인문화사, 2016.

Hibbs, Mark. "Will South Korea Go Nuclear?." *Foreign Policy* (March. 15, 2013). www.foreignpolicy.com/articles/2013/03/15/will_south_korea_go_nuclear.

Horner, Daniel. "S. Korea, US at Odds Over Nuclear Pact." *Arms Control Today* (September. 2012). www.armscontrol.org/act/2012_09/Sout−Korea−US−at− Odds−Over−Nuclear−Pact

Knopf, Jeffrey W. "Nuclear disarmament and nonproliferation: examining the linkage argument." *International Security* 37−3 (2012).

Mueller, John. *Atomic Obsession: Nuclear Alarmism from Hiroshima to Al−Qaeada.* Oxford: Oxford University Press, 2010.

Norris, Robert S. and Hans M. Kristensen. "Global Nuclear Weapons Inventories, 1945-2010." *Bulletin of the Atomic Scientists* 66−7 (July/August 2010).

Pollack, jonathan. and Reiss, Mitchell. "South Korea the Tyranny of Geography and the Tyranny of History." *chapter in Kurt Campbell*, Einhorn, Robert. and Reiss, Mitchell (eds.). *The Nuclear Tipping Point: Why States Reconsider Their Nuclear Choices.* Washington DC, The Brookings Institution Press, 2004.

Rublee, Maria Rost. *Nonproliferation Norms: Why States Choose Nuclear Restraint*. London, University of Georgia Press, 2009.

Sagan, Scott D. "Why Do States Build Nuclear Weapons?: Three Models in Search of A Bomb." *International Security* 21−3 (1996/97).

제5장 남북 정부당국 간 합의와 신뢰

고유환(동국대학교)

① 머리말

분단 이후 남과 북은 많은 당국 간 합의를 이루어냈다. 그러나 대부분의 합의문은 채택 이후 곧바로 사문화의 길을 걸었다. 합의문을 채택하기까지 많은 노력을 기울였지만 합의 직후부터 합의내용의 해석을 둘러싸고 갈등하거나, 합의 불이행의 책임을 둘러싼 논쟁을 벌이기 일쑤였다. 남북합의문에 나타난 통일의 원칙·방법은 북측이 주도하려 하였고, 교류협력과 공동체 형성과 관련한 내용은 남측이 주도적으로 반영하고자 했다.

남북합의가 이행되지 못한 배경에는 서로 상대를 믿지 못하는 신뢰 문제가 있다. 분단 이후 남과 북은 전쟁을 겪었고, 흡수통일과 적화통일의 희망을 버리지 않았기 때문에 상대 의도를 불신하고 경계를 늦추지 않았다. 또한 남과 북이 서로 다른 이념과 체제를 운영하기 때문에 같은 용어를 사용하더라도 뜻을 달리하는 경우가 있다.

이 글에서는 먼저, 분단 이후 남북 정부당국 사이의 주요 합의가 만들어진 배경을 살펴본다. 다음으로, 합의 이행이 어려웠던 원인을 신뢰에서 찾고 신뢰 조성을 위한 방안이 무엇인지 알아보고자 한다. 끝으로, 남북관계 개선과 한반도 비핵평화 프로세스 진전의 상관관계를 밝혀보고자 한다.

남과 북이 이념과 체제를 달리하는 분단국가 수립 이후 곧바로 전쟁을 치르고 세계적인 냉전이 진행되면서 70여 년간 분체체제가 지속되고 있다. 남한만의 단독선거로 집권한 이승만 정부는 1948년 8월 15일 수립한 대한민국이 한반도의 유일합법 정부라고 선포했다. 이에 따라 북한은 유엔(UN)의 결의에 따라 자유선거를 실시하여 대한민국에 합류해야 한다는 입장을 견지했다. 이승만 대통령은 북한이 이를 수락하지 않는다면 통일을 위해서 무력을 포함한 모든 수단을 사용하는 것도 정당화된다고 하면서 '북진통일'을 공공연히 주장했다. 대한민국이 한반도 유일합법 정부론을 펼 경우 북진통일과 흡수통일이 정당화될 수 있다는 것이다.

1948년 9월 9일 38도선 이북에 조선민주주의인민공화국을 수립한 김일성 수상은 표면적으로는 '평화 통일'을 주장하면서 1950년 6월 25일 '민주기지노선'에 따라 남조선해방전쟁(6·25전쟁, 한국전쟁)'을 감행했다.[1] 동족상잔의 3년 동안의 치열한 전쟁을 치르는 동안 유엔군과 중국인민지원군(중공군)이 참전하면서 내전으로 시작한 '6·25전쟁'이 국제전인 '한국전쟁(Korean War)'으로 비화했다. 한국전쟁은 아직도 끝나지 않은 전쟁으로, 한반도에는 70여 년 동안 정전 협정에 기초한 정전체제가 자리 잡고 있다. 따라서 한반도 문제는 남북 당국 간 합의로만 풀 수 없고 정전 협정 당사자들이 함께 풀어야 한다. 한반도 문제는 남북, 북미, 북중, 북일 등 양자회담과 함께 남북미 3자회담, 남북미중 4자회담, 남북미중일러 6자회담 등 다자회담과 합의를 통해서 정전 협정을 평화 협정으로 바꾸고 북한 핵 문제를 해결해 나가야 한다.

한국전쟁은 남북불신의 근원이라고 해도 과언이 아니다. 남과 북은 전쟁을 치렀기 때문에 대화제의를 '평화공세'로 보며 순수성을 의심하는 경우가 많았다. 한국전쟁 이후 한동안 남북관계는 이른바 '대화 없는 대결시대'였다. 5·16 군사쿠데타로 집권한 박정희 정부는 '선 건설 후 통일'을 표방하고 북한과 대화를 추진하지 않고 '조국근대화'론에 입각한 경제발전에 주력했다. 북한은 1950~60년

---

1 민주기지론과 남조선해방론에 입각한 온 사회의 주체사상화(김일성-김정일주의화)는 현재까지 북한의 통일전략으로 유지되고 있다.

대 빠른 전후복구와 함께 사회주의적 개조를 끝내고 남측보다 앞선 생산력을 무기로 남측에 '연방제 및 교류협력 제의'를 하는 동시에, 남조선혁명론에 따라 통일혁명당 건설을 시도하는 등 대남강경노선을 견지했다.

1970년대 초 데탕트가 진행되면서 남북 사이에도 1972년 '7·4 남북공동성명'을 채택하고 화해와 공존을 모색했다. 하지만 남북 모두 헌법 개정을 추진하여 박정희 유신체제와 김일성 유일체제를 확립하고 외부위협을 강조하면서 내부권력 강화에 주력하는 '적대적 공생관계'를 형성했다. 남과 북은 7·4 공동성명에서 통일3원칙인 자주, 평화통일, 민족대단결을 합의했다. '조국통일3대원칙'은 김일성 수상이 주장한 것인데, 박정희 대통령이 받아들여 남북합의로 통일3원칙으로 천명한 것이다.

북한은 조국통일3대원칙을 이행하기 위한 방안으로 남북 사이의 군사적 대치상태를 해소할 것을 제의하면서 그 구체적 조치로서 ① 무력증강과 군비경쟁의 중지, ② 모든 외국군대의 철거, ③ 군대와 군비의 축소, ④ 외국으로부터의 무기반입의 중지, ⑤ 평화 협정의 체결 등을 제안했다. 그리고 북한은 남북 사이의 정치, 군사, 외교, 경제, 문화 등 여러 분야에 걸친 다방면적인 합작과 교류를 실시할 것을 제안했다.[2]

7·4 공동성명에서 통일3원칙에 대한 합의 이후 북한은 자주는 미군철수와 외세간섭 배제, 평화통일은 군사시설 보강, 장비현대화, 군사연습 등의 중지, 민족대단결은 반공법 철폐를 의미한다고 주장하여 남북 사이의 심각한 해석상의 차이를 노출했다. 이후 6·15 남북공동선언(2000), 10·4 선언(2007), 4·27 판문점선언과 9월 평양공동선언(2018) 등 주요 남북합의에는 통일3원칙의 근간인 '자주'의 원칙을 재확인하고 있다.

냉전시대인 1970년대와 1980년대 두 차례 남북대화가 시도됐지만 이른바 '대화 있는 대결시대'였다. 1984년 남한 수해에 대한 북한 적십자사 수재물자 지원을 계기로 남북 사이에는 경제회담(1984.11.15), 남북적십자회담 예비회담(1984.11.20), 남북국회예비회담(1985.7.23), 고향방문단 및 예술단 교환방문(1985.9.20-23), 체육회담(1985.10.8) 등이 연이어 이뤄지면서 이른바 '제2대화시대'를 여는 듯했지만, 대화를 이어가지 못했다. 북한은 1983년 버마(미얀마) 암살

---

2 고유환, "북한의 대남·통일정책의 기조와 전개과정," 북한연구학회(편), 『북한의 통일외교』 (서울: 경인문화사, 2006), pp.11-59.

폭파사건, 1987년 KAL기 폭파사건 등 국가가 지원하는 테러를 통한 남한 사회의 혼란을 꾀하였다.

1980년대 중반 이후 소련과 동구 사회주의권 체제개혁이 시작되고 남북 사이의 국력격차가 커지면서 북한은 1988년을 기점으로 대남 테러를 자제하면서 남한과의 공존과 화해를 모색하기 시작했다. 북한이 1988년을 기점으로 대남정책에 변화를 꾀한 것은 체제유지에 대한 위기감과 남측 노태우 정부의 '북방정책'과 '화해협력정책'에 영향을 받은 것으로 보인다. 1988년 동서화합의 서울올림픽을 계기로 남북관계에도 변화의 조짐을 보이기 시작했다. 당시 노태우 정부는 '민족자존과 통일번영을 위한 특별선언(7·7 선언)'[3]을 발표하고 북한을 적대·타도의 대상이 아닌 화해·협력의 대상으로 자리매김했다.

1989년에서 1991년 사이에 일어난 사회주의권 붕괴와 냉전해체라는 세계사적인 대변혁, 그리고 북한의 핵개발 의혹이 불거지면서 1990년대 초 남북대화와 북미대화가 이뤄졌다. 사회주의권 붕괴가 진행되던 1990년대 초 남과 북은 '남북 사이의 화해와 불가침 및 교류협력에 관한 합의서(남북기본합의서)'와 '한반도 비핵화공동선언'을 채택(1991.12)·발효(1992.2)하고,[4] 1991년 9월 17일 유엔 동시가입을 실현함으로써 남북공존에 관한 남북합의와 국제법적 보장 장치를 마련했다. 남북기본합의서 채택과 남북한 유엔 동시가입을 계기로 남북관계에서 공존이 제도적 형태로 현실화했다. 남북기본합의서는 남북관계를 '통일을 지향하는 과정에서 잠정적으로 형성되는 특수관계'로 규정함으로써 공존과 통일관계를 개념화했고, 남북한 유엔 동시가입은 대외적으로 한반도에 두 개의 국가가 공존함을 알리는 것이다.[5]

---

3 1988년 7월 7일에 노태우 대통령이 발표한 '민족자존과 통일번영을 위한 대통령 특별선언'은 자주·평화·민주·복지의 원칙에 입각하여 민족구성원 전체가 참여하는 사회·문화·경제·정치공동체를 이룩함으로써 민족자존과 통일번영의 새 시대를 열어 나갈 것을 천명하고, ① 남북동포 간의 상호교류 및 해외동포의 자유로운 남북왕래를 위한 문호 개방, ② 이산가족의 서신왕래 및 상호방문 적극 지원, ③ 남북 간 교역을 위한 문호 개방, ④ 비군사물자에 대한 한국의 우방과 북한 간의 교역 찬성, ⑤ 남북 간의 소모적인 경쟁대결외교 지양 및 남북대표 간의 상호협력, ⑥ 북한과 한국 우방과의 관계 개선 및 사회주의 국가와 한국과의 관계 개선을 위한 상호협조를 할 의사가 있음을 밝혔다.
4 남북기본합의서와 비핵화공동선언 채택에 대해서는 임동원, 『피스메이커』 (서울: 중앙 books, 2008), pp.223-238을 참고바람.
5 김연철, 『70년의 대화: 새로 읽는 남북관계사』 (서울: 창비, 2018), pp.304-305.

1990년대 초 채택한 남북기본합의서와 한반도 비핵화공동선언은 남한이 주도해서 만든 합의서이다. 당시 북한은 수세적이었다. 독일 통일과 사회주의권 붕괴를 목도한 북한은 체제를 확대하기보다는 체제유지가 급선무였다. 남북기본합의서의 불가침합의와 유엔 동시가입은 남북공존을 모색하는 것이기에 남측이 주도했지만, 북측이 받지 않을 이유가 없었던 것이다. 북한은 남북공존과 체제안전에 관한 보장 장치를 마련한 이후 정권과 체제를 유지하기 위한 '물리적 힘'을 갖추기 위해 핵·미사일개발에 주력했다. 1992년 9월 17일 제8차 남북고위급회담에서 남북기본합의서의 이행과 준수를 위한 부속합의서를 채택·발효시킨 이후 남북기본합의서는 곧바로 사문화의 길로 접어들었다. 북한의 핵·미사일 등 대량살상무기(WMD)개발 문제가 불거지고 북미 직접대화가 성사되면서 북한은 남북기본합의서 이행에 관심을 두지 않았다. 사회주의권 붕괴 이후 북한은 미국과의 관계 개선을 '생존의 중심고리'라고 판단하고 미국과의 직접대화에 주력했다.

1990년대 초 북한이 생존전략 차원에서 핵·미사일 등 대량살상무기개발을 서두르면서 북미 직접대화가 이뤄졌다. 미국의 관심인 WMD개발을 통해서 북미 직접대화가 성사되자 북한이 남한을 배제하고 미국과 직거래하는 이른바 '통미봉남(通美封南)'을 구사하기도 했다. 1993~4년 1차 북핵위기를 해소하는 과정에서 미국 지미 카터 대통령의 중재로 남북대화가 이뤄지고 첫 남북정상회담을 1994년 7월 25일 평양에서 개최하기로 합의했다. 그러나 1994년 7월 8일 김일성 주석의 사망과 조문 문제를 둘러싼 갈등으로 김영삼 정부 시기 남북화해는 이뤄지지 못했다. 김영삼 대통령은 취임사에서 "어느 동맹국도 민족보다 더 나을 수는 없다"고 밝히고 민족우선론을 폈지만, 곧바로 '핵을 가진 자와 악수할 수 없다'며 북한이 내민 손을 잡지 않았다. 특히 김일성 사후 '북한붕괴론'이 부상하고 이에 대비해야 한다는 논리가 득세하면서 남북화해협력 노력을 위축시켰다. 김일성 주석 사후 조문 문제 등으로 남북관계는 경색됐지만, 북미 사이에는 1994년 10월 21일 북미제네바기본합의서를 채택하고 핵 동결과 에너지 지원을 보상하는 협상을 타결했다.[6]

---

6 북미제네바기본합의서에는 핵 특별사찰을 통한 핵 의혹 해소 문제, 핵 동결과 관련시설 해체, 국제원자력기구(IAEA)에 의한 감시 보장, 핵확산금지조약(NPT) 복귀, 핵연료봉 처리, 경수로 건설 지원, 대체에너지 제공, 남북대화 재개, 북·미관계 개선 등이 언급되어 있다. 이

1998년 2월에 출범한 김대중 정부는 '한반도 냉전구조 해체 구상'과 햇볕론에 입각한 화해협력정책('햇볕정책')을 통해서 북한 WMD 문제의 근원적 해결을 모색했다. 김영삼 정부 시기 외환위기를 겪은 다음이라 김대중 정부는 북한의 급격한 붕괴를 감당하기 어려울 것으로 보고 햇볕정책을 통해서 안보위기 해소를 추진했다. 미국 클린턴 행정부는 김대중 정부의 햇볕정책에 대해 '관여와 확대(Engagement and Enlargement)정책'으로 화답했다. 클린턴 미국 대통령은 윌리엄 페리 전 국방장관을 대북정책조정관으로 임명하고 김대중 정부의 한반도 냉전구조 해체 구상을 전면적으로 수용한 '페리 프로세스(Perry Process)'를 입안하여 북한에 대한 적극적 포용을 시도했다.

이로써 탈냉전 이후 유일패권국가로 부상한 미국의 세계전략과 붕괴위기에 봉착한 북한의 생존전략 사이의 충돌을 피하고 북한과 서방세계가 대타협을 추진하기 시작했다. 남과 북은 2000년 6·15 남북공동선언을 통해서 화해협력을 위한 패러다임 전환을 모색했다. 6·15 남북공동선언에서 남과 북은 통일문제의 자주적 해결, 통일방안의 공통성 인정, 인도적 문제 조속한 해결, 경제협력을 통한 민족경제의 균형적 발전과 상호신뢰 조성, 당국대화 개최 및 김정일 국방위원장의 서울 방문 실현 등에 합의했다. 북한과 미국은 2000년 10월 '북미공동콤뮤니케'를 발표하고 적대관계 해소를 통한 공존과 관계정상화를 위한 초석을 놓았다. 일본의 고이즈미 정권은 2002년 9월 17일 '평양선언'을 통해서 납치문제해결과 북일국교정상화를 모색했다. 서울을 거쳐 워싱턴, 도쿄로 가려던 북한의 서방과의 대타협정책은 미국의 정권교체, 9·11 테러, 북한의 고농축우라늄(HEU) 개발추진 등으로 뜻을 이루지 못했다.

6·15 공동선언의 핵심은 남북 사이에 통일방안의 공통성을 인정하고 공존에 대한 합의를 이룬 것이다. 김대중 대통령과 김정은 국방위원장이 통일방안의

합의에 따라 100MW 용량의 경수로 2기를 2003년까지 건설하고, 완공 때까지 매년 50만톤의 산업용 중유를 북한에 제공하기로 했다. 이후 북한의 우라늄 농축을 통한 핵개발 의혹이 불거지면서 신포에 건설 중이던 경수로 공사와 중유지원이 중단되고 제네바합의도 파기됐다. 북미제네바기본합의서 채택에 대해서는 윌리엄 J. 페리 지음, 정소영 옮김, 『핵 벼랑을 걷다』(서울: 창비, 2015), pp.186–196을 참고바람.

중간 단계인 남측의 연합제와 북측의 낮은 단계의 연방제의 공통성을 인정하고 화해협력·공존공영을 모색함으로써7 남북공존의 획기적 전기를 마련했다고 할 수 있다. 김대중 대통령과 김정일 국방위원장이 합의한 6·15 공동선언을 충실히 이행했다면 지금쯤 민족공동체 통일방안의 1단계인 화해협력 단계를 실현하고 남북연합의 초기 단계에 진입했을지도 모른다.

2001년 미국의 정권교체를 계기로 한반도 냉전구조 해체 구상과 페리 프로세스는 본격화하지 못했다. 조지 W. 부시 행정부가 이전 빌 클린턴 행정부가 추진했던 정책들을 전면적으로 부정하는 정책(ABC: Anything But Clinton)을 추진했다. 부시 행정부가 이란, 이라크, 북한을 '악의 축(Axis of evil)'으로 규정하고 반테러전쟁을 감행함으로써 북미관계는 다시 갈등관계로 되돌아갔다. 북한은 6·15 공동선언 채택으로 남북공존과 민족공조체제를 마련하고 서울을 통해서 서방과 대타협을 하고 자본주의 세계경제로 부분적인 편입을 모색했지만, 미국의 정권교체와 9·11 테러라는 복병을 만나 뜻을 이루지 못했다. 북한은 내부적으로 2002년 '7·1 경제관리 개선 조치'를 단행하여 사회주의적 '실리'를 추구하는 조치를 취하고, 남북관계를 화해협력관계로 전환시킨 다음 미국과 관계 개선, 일본과 국교정상화를 추진했다.

그러나 2002년 1월 29일 부시 대통령이 이란, 이라크와 함께 북한을 악의 축으로 규정함과 동시에 반테러전쟁을 수행하고, 존 볼턴 등 '네오콘'8들이 득세하면서 북한의 서방세계와의 대타협정책은 좌초하고 페리 프로세스는 가동을 멈췄다. 미국의 조지 W. 부시 행정부는 북한을 악의 축으로, 김정일 정권을 '폭정의 전초기지'로 부르며 대북 적대시정책을 강화했다. 2005년 6자회담에서 동결 대 보상 방식의 동시행동원칙에 입각하여 비핵화와 평화체제를 구축하기로 한 '9·19 공동성명'을 합의했다.9 그러나 합의 직후 미국이 방코델타아시아(BDA)

---

7 6·15 남북공동선언 2항에서 "남과 북은 나라의 통일을 위한 남측의 연합제안과 북측의 낮은 단계의 연방제안이 서로 공통성이 있다고 인정하고 앞으로 이 방향에서 통일을 지향시켜 나가기로 하였다"고 합의했다.

8 네오 콘서버티브(Neo-conservatives)의 줄임말로, 미국 공화당의 신보수주의자들, 관료, 학자 등을 통틀어 일컫는다.

9 9·19 공동성명은 ① 북한은 핵을 포기하고, 5개국은 북한의 핵 포기 환경을 조성하기 위한 상응 조치(미국과 일본은 외교관계를 정상화하고, 에너지 경제지원을 하며 한반도와 동북아에서 평화체제를 구축하는 등)를 취하는 포괄적 접근, ② '공약 대 공약', '행동 대 행동'의 동시병행원칙을 견지하는 병행적 해결, ③ 쉬운 문제부터 우선해결하고, 민감하거나 어려운 문

의 2,500만 달러를 동결하는 금융제재를 취하고 북한이 이에 반발하여 2006년 10월 9일 1차 핵실험을 단행함으로써 핵무기보유를 위한 실험을 본격화하기 시작했다.

노무현 정부는 한반도 평화체제 구축을 제1의 국정과제로 제시하고 햇볕정책의 계승을 표방했다. 그러나 남북관계는 대북송금과 관련한 특검, 북한의 핵과 미사일시험 추진 등으로 가다 서다를 반복했다. 노무현 정부는 북한의 1차 핵실험 이후 2007년 '2·13 합의'를 통해서 폐쇄 → 불능화 → 폐기 수순으로 이어지는 북핵해법을 마련하고 남북정상회담을 추진했다. 노무현 정부 임기 말 2007년 10·4 선언을 채택하고 남북연합으로 진전할 수 있는 많은 합의들과 평화체제로 나아갈 수 있는 정치선언인 '종전선언'을 3자 또는 4자 정상회담을 통해서 추진하기로 했다. 10·4 선언에서 주목을 끈 남북합의는 서해에서의 남북 갈등과 충돌을 방지하기 위해 해주 지역과 한강하구 지역 및 주변해역을 포괄하는 '서해평화협력특별지대'를 설치하기로 합의한 것이다. 남과 북이 경계를 허물고 공동번영을 모색했다는 점에서 '경계와 탈경계'의 관점에서 보면 아주 획기적인 합의로 볼 수 있다. 합의대로 서해평화협력특별지대를 설치하고 이행했다면 천안함 폭침과 연평도 포격 사태 등 북한의 도발을 억제했을지도 모른다. 서해평화협력특별지대 합의가 실천된다면 '경계 허물기'의 세계적인 사례가 될 수 있을 것이다.[10]

'친북좌파 정권의 잃어버린 10년'을 표방하고 집권한 이명박 정부가 6·15 공동선언과 10·4 선언의 이행을 거부하고 남북기본합의서 이행을 강조하자 북한이 반발했다. 2008년 7월 11일 금강산관광객 피격사건을 계기로 이명박 정부가 햇볕정책의 상징 사업인 금강산관광 사업을 중단하면서 남북관계는 단절됐다. 2008년 8월 김정일 국방위원장의 뇌졸중을 계기로 '북한붕괴론'이 다시 부상하고, 북핵해결을 위한 6자회담이 검증 문제로 갈등을 빚다가 2008년 12월 이후 중단됐다. 이명박 정부는 '상생·공영의 남북관계'와 '비핵·개방·3000'을 표방했지만, 김정일 뇌졸중 이후 북한붕괴라는 '희망적 사고(Wishful thinking)'를 반영해서 때론 기다

제는 상호신뢰를 바탕으로 점차적으로 해결해나가는 단계적 접근의 특징을 가진다. 김연철 (2018), pp.229 – 230.

10 고유환, "서해평화협력특별지대 재론과 경계 갈등," 김용현(편), 『남북한 군사충돌로 본 분단 70년사』 (서울: 선인, 2019), pp.49 – 76.

리는 것도 전략이라며 남북관계를 단절하고 '기다리는 전략'으로 일관했다. 미국 오바마 행정부가 이명박 정부의 기다리는 정책에 '전략적 인내(Strategic Patience)'로 화답함으로써 결과적으로 북한 핵·미사일 고도화를 막지 못했다.

박근혜 정부는 '한반도 신뢰프로세스'와 '동북아 평화협력 구상'을 내놓고 햇볕과 채찍을 넘어 제3의 길을 가겠다고 했지만, 북한이 핵개발을 멈추지 않자 결국 채찍의 길을 선택했다. 박근혜 정부는 '통일은 대박이다'라는 구호 아래 남북관계 재설정을 모색했지만, 북한이 체제 통일을 지향한다며 신뢰프로세스를 신뢰하지 않아 남북관계는 단절됐다.

박근혜 정부는 '핵을 머리에 이고 살 수 없다'며 선비핵화론에 입각한 제재와 압박에 주력했지만, 남북관계 복원에 실패하고, 북한의 4차, 5차 핵실험과 광명성 4호 로켓발사 등 핵·미사일 고도화를 막지 못했다. 북한이 연이어 핵실험과 미사일발사를 강행함으로써 박근혜 정부는 개성공단을 전면 중단하고 사드(THAAD, 고고도미사일방어체계)배치를 결정했다. 박근혜 정부의 선 비핵화정책에 북한이 반발하고 김정은 정권이 핵보유 의지를 꺾지 않음에 따라 남북관계 복원도 이뤄지지 못했다.

④ 남북합의와 북미합의의 연계 및 한반도 비핵평화 프로세스

문재인 정부는 '오직 평화(Only Peace)'란 말로 함축할 수 있는 평화우선의 한반도정책을 추진하면서 남북관계 개선과 비핵화 및 평화체제 구축 노력을 병행 추진해왔다.[11] 문재인 정부는 "평화는 우리가 추구해야 할 최우선의 가치이자 정의이며, 번영을 위한 토대"라며 "평화 없이는 아무것도 할 수 없다"고 밝혔다.[12]

---

11 문재인 정부는 "평화가 일상이 되는 새로운 안보환경을 정착시키기 위해서는 무엇보다 한반도 비핵화와 평화체제 구축에 실질적 진전이 이루어져야 한다"고 밝혔다. 국가안보실, 『문재인 정부의 국가 안보 전략』 (2018), p.11.
12 통일부, 『문재인의 한반도정책』 (2018), p.6.

문재인 대통령은 평화공존과 공동번영의 한반도 비전을 '베를린구상'[13]을 통해서 밝히고 남북 신뢰회복을 위해 노력한 결과 2018년 4월 27일 '판문점선언'을 채택했다. 남북정상회담이 성사된 것은 김정은 국무위원장이 비핵화 의지를 밝혔기 때문이다. 평창동계올림픽을 계기로 마련한 대화 분위기에 따라 남과 북은 특사를 교환하고 '한반도 비핵평화 프로세스'를 가동하기 시작했다. 2018년 3월 5일 김정은 위원장이 남측 특사면담에서 '군사적 위협이 해소되고 체제안전이 보장된다면 핵을 보유할 이유가 없다'고 밝히면서 '조건부 비핵화 의지'를 분명히 했다. 김정은 위원장이 체제안전보장 등 조건이 충족되면 핵을 버릴 수 있다고 밝힘으로써 대화를 통한 북핵 해결의 가능성을 열었다.

4·27 남북정상회담에서 가장 관심을 끈 부분은 북한의 '완전한 비핵화' 의지를 김정은 위원장 입을 통해서 확인하고 명문화한 것이다. 판문점선언에서 "남과 북은 완전한 비핵화를 통해 핵 없는 한반도를 실현한다는 공동의 목표를 확인하였다"고 합의했다. 남북정상회담에서 비핵화 문제를 본격적으로 다룸으로써 남북정상회담과 북미정상회담은 한반도 비핵평화 프로세스의 한 꾸러미로 엮었다. 남북정상회담에서는 비핵화와 체제안전보장 등과 관련한 '공약 대 공약'을 함으로써 이어지는 북미정상회담과 실무회담에서 비핵화와 체제보장을 교환하는 '행동 대 행동'의 이행방안을 합의하고 실천하는 수순을 밟게 됐다.

북한이 북미 적대관계에서 핵개발의 동기를 찾아왔기 때문에 북한의 비핵화를 실현하려면 북미 적대관계 해소를 통해 북한의 핵보유 동기를 없애야 한다. 판문점선언에서 종전을 선언하고 정전 협정을 평화 협정으로 전환하기 위해 3자 또는 4자회담을 추진키로 한 것은 비핵화 수순에 상응하는 체제안전보장 조

---

13 문재인 정부의 대북정책 구상의 핵심은 2017년 7월 6일 베를린에서 밝힌 '신 한반도 평화비전'('베를린구상')에 잘 나타나 있다. 한반도 냉전구조 해체와 항구적인 평화정착을 이끌기 위한 베를린구상은 ① 북한붕괴, 흡수통일, 인위적인 통일을 추구하지 않는 오직 평화 추구, ② 북한체제의 안전을 보장하는 한반도 비핵화 추구, ③ 항구적인 평화체제 구축, ④ 한반도 신경제 구상 실현, ⑤ 정치·군사적 상황과 분리해서 비정치적 교류협력 사업의 일관성 있는 추진 등이다. 문재인 대통령은 베를린구상을 통해서 "올바른 여건이 갖춰지고 한반도의 긴장과 대치국면을 전환시킬 계기가 된다면 언제 어디서든 북한의 김정은 위원장과 만날 용의가 있다"고 밝혔다. 당시 북한의 핵·미사일실험으로 남북관계가 경색돼 있었지만 문재인 대통령은 평화공존과 공동번영의 한반도 비전을 베를린구상에 담아 발표하고 남북 사이의 신뢰 회복을 위해 노력했다. 안보리 대북제재로 한반도 신경제 구상 실현 등과 관련한 남북경협은 제약을 받고 있지만 베를린구상은 대부분 현실화하고 있다.

치를 마련하는 동시행동 조치의 일환으로 볼 수 있다.

　2018년 6월 12일 싱가포르에서 역사적인 첫 북미정상회담이 열림으로써 70년 동안 유지해 왔던 북미 적대관계를 종식하기 위한 첫발걸음을 내디뎠다. 동서냉전의 종식과 새로운 평화시대의 개막을 알렸던 1989년 '몰타선언(몰타미소정상회담)'과 비견되는 북미공동성명 채택[14]으로 한반도 냉전구조 해체를 위한 단초를 마련했다.

　북미공동성명의 채택은 '문재인-김정은-트럼프 비핵평화 프로세스'의 밑그림을 완성하고 '기둥'을 세웠다는 의미를 가진다. 북미공동성명의 핵심은 북미 적대관계 청산과 상호신뢰 구축을 통해 한반도의 완전한 비핵화와 항구적인 평화체제를 달성하는 것이다. 북한의 요구사항(체제안전 보장)과 미국의 우려사항(완전한 비핵화)을 교환하는 한반도 비핵평화 프로세스의 원칙과 방향을 합의했으니 추가 실무 협상을 통해서 단계별로 이행로드맵을 만들고 실천하면 될 것이다.

　4·27 판문점선언과 6·12 북미공동성명 이후 한반도 비핵평화 프로세스가 정체국면에 빠진 것은 합의내용을 둘러싼 해석 차이와 '오독'에 기인한 것일 수 있다. 김정은 위원장이 판문점선언 채택 당시 모두발언에서 지난 시기 합의불이행의 문제점을 지적하고 구속력 있는 합의를 만들자고 했고, 북미공동성명 채택 당시 "과거 그릇된 편견과 관행들로부터 벗어나야 한다"고 했다. 판문점선언과 북미공동성명 이후 한반도 비핵평화 프로세스가 본격화하지 못한 데는 합의문에 숨어있는 북한의 의도를 읽어내지 못한 데서도 원인을 찾을 수 있다. 북미공동성명의 2항 평화체제 구축 문제와 3항 완전한 비핵화 문제는 단계별 동시행동 원칙에 따라 포괄적으로 일괄타결할 의제임에도 불구하고 미국이 합의 내용을 연계된 포괄적 의제로 보지 않고 '4개의 기둥(Four Pillars)'이라고 하면서 완전한 비핵화 우선론과 제재유지론을 펴면서 북핵 협상이 교착국면에 빠졌다. 사회현상을 미시-행태적으로 보는 실증주의와 역사-구조적으로 보는 역사주의 방법

---

14 북한이 발표한 6·12 북미공동성명의 내용은 다음과 같다. 1. 조선민주주의인민공화국과 미합중국은 평화와 번영을 바라는 두 나라 인민들의 념원에 맞게 새로운 조미관계를 수립해나가기로 하였다. 2. 조선민주주의인민공화국과 미합중국은 조선반도에서 항구적이며 공고한 평화체제를 구축하기 위하여 공동으로 노력할 것이다. 3. 조선민주주의인민공화국은 2018년 4월 27일에 채택된 판문점선언을 재확인하면서 조선반도의 완전한 비핵화를 향하여 노력할 것을 확약하였다. 4. 조선민주주의인민공화국과 미합중국은 전쟁포로 및 행방불명자들의 유골발굴을 진행하며 이미 발굴확인된 유골들을 즉시 송환할 것을 확약하였다. 미국 국무부는 4개의 합의를 '4개의 기둥(Four Pillars)'이라고 밝힌 바 있다.

론의 차이가 반영된 해석의 차이일 수 있다.

　교착국면에 빠진 한반도 비핵평화 프로세스에 새로운 동력을 불어 넣은 것은 2018년 9월 평양 남북정상회담이다. 북미 비핵평화 협상이 난관에 봉착하자 남한이 대북특사를 파견하여 남북정상회담을 성사시키고 '9월 평양공동선언'에서 미국이 상응 조치(종전선언, 연락사무소 설치, 제재완화 등)를 취한다면 북한도 비핵화 초기 조치로 영변 핵시설을 영구폐기 할 수 있다는 합의를 도출했다. 9월 평양공동선언에서 북한이 미사일 엔진시험장과 발사대를 유관국 전문가들 참관 하에 영구적으로 폐기하기로 하고, 미국이 상응 조치를 취하면 영변 핵시설의 영구 폐기와 같은 추가적인 조치를 계속 취해나갈 용의가 있음을 표명했다. 이는 미국이 비핵화 초기 조치로 요구한 신고·검증 요구를 사실상 남북합의란 형식으로 거부하고 북한이 대안으로 영변 핵시설 영구폐기를 비핵화 초기 조치로 내놓은 것이다. 북한은 미국이 요구한 비핵화 초기 조치로 신고와 검증을 우선할 경우 미국에 공격좌표를 제공하는 것과 다름없다고 인식하고 대안으로 북한 스스로 '핵시설의 심장'이라고 부르는 영변 핵시설의 영구폐기를 비핵화 초기 조치로 제시했다. 북한이 미국이 요구하는 신고·검증 우선을 거부하는 또 다른 이유는 2007년 2·13 합의 이후 진행했던 비핵화 프로세스 이행 과정에서 신고·검증을 둘러싼 북미갈등으로 6자회담이 2008년 12월 이후 중단된 전례를 되풀이하지 않기 위한 것이다.

　김정은 국무위원장이 평양 남북정상회담에서 "조선반도를 핵무기도, 핵위협도 없는 평화의 땅을 만들기 위해 적극 노력해 나가기로 확약"했다. 남북정상회담에서 비핵화 문제를 본격적으로 다루고 합의를 도출한 것은 남북 사이에 신뢰가 쌓였기 때문에 가능한 일이다. 2018년 9월 5일 평양을 방문한 남측 특사단에게 김정은 국무위원장이 트럼프 대통령 첫 임기 중에 비핵화를 실현할 수 있다며 비핵화 시한을 밝혔다. 9월 평양공동선언에서는 미국이 상응 조치를 취한다면 영변 핵시설의 영구폐기를 할 수 있다는 비핵화 초기 조치 내용을 밝혔다. 미국이 요구한 신고·검증 우선을 받을 수 없다고 버텨왔던 북한이 남북합의를 통해 내놓은 비핵평화 프로세스의 초기 조치는 미국이 종전선언, 제재완화, 관계 개선 등 상응 조치를 취할 경우 영변 핵시설을 영구폐기하겠다는 것이다. 북한이 9월 평양공동선언을 통해서 비핵화 초기 조치 방안을 제시함으로써 북한이 수용할 수 있는 '상응 조치'를 미국이 내놓을 수 있느냐 여부가 향후 한반도 비핵평화 프로세스를 본격화할 수 있느냐 여부를 결정하게 될 것이다.

9월 평양공동선언에서는 한반도 비핵평화 프로세스 가속화를 위한 중재안 뿐만 아니라 평화번영의 새 시대를 열기 위한 합의를 담고 있다. 특히 남과 북이 '사실상 불가침선언'으로 의미부여를 한 9·19 '판문점선언 이행을 위한 군사 분야 합의서' 채택은 '운용적 군비통제'로 이어질 수 있는 것으로, 획기적인 군사적 긴장완화와 신뢰 구축을 위한 큰 진전으로 평가할 수 있다. 남과 북은 군사 분야 합의서를 통해서 군사적 긴장이 해소되고 상호 군사적 신뢰가 실질적으로 구축되는 데 따라 단계적으로 군축을 실현해 나가기로 하였다. 남북군사당국은 군사 분야 합의서를 통해 지상과 해상, 공중을 비롯한 모든 공간에서 상대방에 대한 일체의 적대행위를 전면 중지하는 조치를 실천해 나가고 있다. 또한 비무장지대를 평화지대로 만들기 위해 실질적인 군사대책을 강구하는 한편, 서해 북방한계선 일대를 평화수역으로 만들어 우발적인 군사적 충돌을 방지할 군사적 대책을 취하기로 했다. 문재인 정부는 향후 "한반도 비핵화 및 평화체제 구축과 연계해 군사적 신뢰 구축과 군비통제 문제를 협의할 것"이라고 밝혔다.15

⑤ 신뢰 부족과 합의이행의 반복된 갈등

김대중 대통령의 베를린선언과 한반도 냉전구조 해체 구상이 6·15 공동선언으로 이어졌듯이, 문재인 대통령의 베를린구상의 비핵화와 평화체제 구상은 4·27 판문점선언을 통해서 한반도 비핵평화 프로세스로 진화하고, 6·12 북미공동성명에서 재확인됐다. 판문점선언에서 한반도 평화체제와 비핵화를 위한 밑그림을 그리고, 북미공동성명을 통해서 4개의 기둥을 세웠으나, 2차 북미정상회담에서 지붕을 씌우고 기초 작업을 본격화하기 위한 이행 로드맵과 초기이행 조치를 만드는 합의에 도달하지 못했다.

하노이 2차 북미정상회담에서 확인한 것처럼 북미 사이의 상호 신뢰부족을 극복하는 것이 무엇보다 시급하다. 북한은 4·27 판문점선언과 6·12 북미공동성

---

15 국가안보실 (2018), pp.41−42.

명에서 합의한 한반도에서의 항구적이고 공고한 평화체제 구축과 완전한 비핵화를 동시행동원칙에 따라 단계적으로 이행할 것을 염두에 둔 안보 – 안보 교환의 '한반도 평화비핵 프로세스'를 추진하고자 했다. 그러나 미국이 추가적인 선비핵화 행동인 신고·검증을 요구하고 북한은 비핵화 추가 조치에 상응하는 제재완화, 종전선언을 요구하는 등 북미 사이에 신뢰부족을 드러냄에 따라 한반도 비핵평화 프로세스는 본격화하지 못하고 있다.

2019년 2월 말 하노이에서 열린 2차 북미정상회담에서 합의도출에 실패했다. 북한은 실무 협상을 통해서 잠정합의를 도출한 상황에서 정상들의 담판을 통해 비핵화 범위와 방법에 합의하고 제재완화를 이룰 수 있을 것이란 희망을 가지고 북미정상회담에 임했다. 하지만 트럼프 대통령이 잠정합의를 무시하고 사실상 '리비아 모델'에 가까운 일괄타결식 빅딜 안을 내놓고 '최종적이고 완전히 검증된 비핵화(FFVD)'를 요구함으로써 협상이 결렬됐다. 하노이 북미회담의 결렬로 김정은 위원장은 리더십의 상처를 입었다. 김정은 위원장은 미국이 셈법을 바꿀 때까지 기다리겠다고 했다. 그리고 김정은 위원장은 9월 평양공동선언에서 합의했던 내용을 북미 협상에서 관철하지 못한 책임을 남측에 돌리고 남측을 비난했다.

김정은 국무위원장은 2019년 4월 12일 최고인민회의 시정연설에서 미국이 경제제재에 집중하는 것을 "선 무장해제, 후 제도전복야망을 실현할 조건"을 만들기 위한 것이라고 주장했다. 김정은 위원장은 북미대치의 '장기성'을 언급하며 제재 지속에 맞설 자력갱생을 강조했다. 김정은 위원장은 최고인민회의 시정연설에서 남측 당국에 대해서 "오지랖 넓은 '중재자', '촉진자' 행세"하지 말고 "민족의 이익을 옹호하는 당사자가 되어야 한다"고 주장했다. 김정은 위원장이 시정연설을 통해서 남측 정부의 역할에 대해 노골적인 불만을 드러낸 것은 한미동맹을 유지하고 있는 남측이 미국과 한편이 돼 북측의 의도를 잘 반영하지 못하고 있다는 불만의 표시로 보인다. 김정은 위원장은 남측에 대해 미국의 속도조절론에서 벗어나 독자적으로 남북합의를 이행하고 대북압박제재 공조에서 이탈할 것을 요구했다.

김정은 위원장은 2019년 신년사에서 미국이 선비핵화론을 펴면서 비핵화 추가 조치를 요구하거나 제재와 압박으로 일관할 경우 "새로운 길을 모색하지 않을 수 없게 될 것"이라고 밝혔다. 북한은 평화체제 – 비핵화 교환을 단계별 동시행동원칙에 따라 이행하기를 희망하고 있다. 북미 사이에 신뢰가 없기 때문에 단계별로 동시행동을 추진하면서 신뢰를 쌓아가자는 것이다. 미국은 북한의 완전한 비핵화 의지를 확신하지 못하고 핵과 미사일에 생화학무기를 포함하여 WMD 전반을 비핵화 범주에 넣어 빅딜을 요구하고 있다. 미국은 모든 북한위협을 한꺼번에 해소하는 검증 가능한 비핵화를 실현해야 제재를 해제할 수 있다는 입장을 견지하고 있다. 북한은 비핵화를 '평화담판'의 범주에 넣어 항구적이고 공고한 평화체제 구축 차원에서 '조선반도 비핵화'를 다뤄야 하고, 미국의 전략 자산 전개와 한미군사연습 중단 등 군사적 위협이 해소되고, 체제안전 보장을 위한 종전선언과 상호연락사무소를 개설 및 제재완화가 이뤄져야 한다는 입장을 견지하고 있다.

비핵화 검증 단계에 들어가면 신뢰 문제는 더욱 심각하게 부각될 수밖에 없다. 이미 북핵 문제는 과학적 신고·검증이 어려운 단계에 접어들었는지도 모른다. 그래서 우선 믿고 신뢰하면서 가동되고 있는 핵·미사일프로그램 가동을 먼저 중단시키는 동결 조치부터 서두를 필요가 있다. 비핵화 개념과 포괄적 합의 부분에서도 단번에 무장해제에 가까운 선비핵화 달성을 위한 일괄타결은 쉽지 않을지도 모른다. 포괄적 합의와 단계별 이행의 로드맵을 만드는 데 남북미가 상호이익의 공통점을 찾아 나가야 할 것이다.

문재인 정부 들어서 3차에 걸친 남북정상회담을 통해서 판문점선언과 평양공동선언을 채택했지만, 이행을 둘러싼 갈등을 반복하고 있다. 남북 사이에 많은 합의를 했지만, 유엔의 대북제재와 미국, 일본 등 개별 국가의 제재로 인해 합의 이행이 지체되고 있다. 남과 북은 '판문점선언 군사분야 이행합의서'에서 적대행위 전면 중지와 우발적 충돌 방지, 비무장지대의 평화지대화 등에 합의하고, 판문점공동경비구역(JSA) 완전 비무장화와 휴전선 감시초소(GP) 시범적 철수, 남북 공동유해발굴 등을 추진했다. 그러나 북미 비핵화 협상이 지체되고, 북한이 한미군사연습과 남측의 F35－A 스텔스기 등 첨단무기 도입을 문제 삼으면서 합의이행이 지체되고 있다.[16]

---

16 북한은 "북남관계가 교착상태에 빠지게 된 근본원인은 한마디로 말하여 남조선당국의 배신적 행위에 있다. 남조선당국은 앞에서는 북남관계 개선과 조선반도의 긴장완화를 위해 공동으로 노력할 것을 합의해놓고 뒤돌아 앉아서는 외세와 야합하여 은폐된 적대행위에 계속 매달리면서 북남관계 발전을 엄중히 저해하였다"고 주장했다. 『로동신문』, 2019년 10월 2일.

합의 이행을 둘러싸고 신뢰부족을 드러내고 있지만 4·27 판문점선언과 9월 평양공동선언은 새로운 한반도시대를 열어나가기 위한 기본합의임에 분명하다. 한반도 평화시대가 본격화되려면 비핵화와 평화체제 구축을 교환하는 한반도 비핵평화 프로세스를 본격화해야 한다. 북한은 핵 문제를 북미 적대관계의 산물이라고 주장하면서 남북회담에서 비핵화 문제를 다루려 하지 않았다. 그러나 판문점선언과 평양공동선언에서 평화체제 구축과 비핵화를 연계하여 안보－안보 교환의 합의를 도출했다. 판문점선언은 6·12 싱가포르 북미공동성명에서 재확인됐다. 향후 남북합의의 이행 여부는 한반도 비핵평화 프로세스 진전 여부에 달렸다고 해도 과언은 아닐 것이다.

⑥ 맺음말

1972년 7·4 공동성명 이후 남북 사이에 많은 합의서를 채택했지만, 거의 대부분 사문화됐다. 합의 이후 합의문에 대한 해석 차이와 합의 불이행의 책임 문제를 둘러싼 갈등을 반복해 왔다. 합의 불이행의 원인은 이념과 체제의 차이에 따른 해석의 차이, 상호 신뢰부족에서 오는 오해, 한국과 미국의 정권교체, 북한 지도자 사망, 북한의 핵무기개발, 사회주의권 붕괴 등 국제정세 변화 등에서 찾을 수 있다. 특히 북한의 핵개발 문제가 불거지면서 남북합의는 북핵 문제와 연관성을 가지게 됐다. 북핵 문제의 해결전망이 보일 때 남북정상회담을 개최하고 남북합의를 도출한 경우가 대부분이다. 따라서 남북합의 이행은 북핵 문제해결 여부와 밀접한 연관성을 가질 수밖에 없다. 남북합의를 이행하고 한반도 평화시대를 본격화하려면 비핵화와 평화체제 구축과 관련한 한반도 비핵평화 프로세스를 본격화해야 한다.

어렵게 마련한 한반도 비핵평화 프로세스가 성공하기 위해서는 신뢰조성이 무엇보다 시급하다. 지금까지 진행되고 있는 한반도 비핵평화 프로세스의 특징은 남북관계가 북미관계를 추동하면서 한반도 비핵평화 프로세스의 윤곽을 잡아나가고 있다는 것이다. 문재인 정부 출범 이후 북핵 문제가 남북대화의 주요 의제로 들어왔다. 북한이 남북대화에서 비핵화와 관련한 의지와 방향을 먼저 밝히고 이를 북미대화로 연결시키고 있다. 판문점선언에서 비핵평화 프로세스 밑그림을 그리고, 북미공동성명에서 비핵평화 프로세스의 기둥을 세웠다. 북미공동성명 채택 이후 선행동선순환에서 동시행동으로 나아가지 못하고 교착국면에 빠지자 9월 평양공동선언에서 북한이 추진할 비핵화 초기 조치 방안을 제시하고 미국의 상응 조치를 요구하는 등 북미대화가 교착되면 남북대화를 통해서 돌파구를 열어나가고 있다.

싱가포르 북미공동성명 이후 한반도 비핵평화 프로세스가 정체 국면에 빠진 것은 북미 사이에 신뢰조성에 실패했기 때문이다. 싱가포르 북미회담 이후 1년 반이 지나는 동안 한반도 비핵평화 프로세스가 진전을 보지 못한 것은 북한의 '완전한 비핵화' 약속과 미국의 '밝은 미래 보장'에 대한 진정성을 확인할 수 없다는 상호 불신 때문일 것이다. 미국이 북한의 비핵화 의지를 믿을 수 없다며 완전한 비핵화 때까지 제재를 유지하겠다는 입장을 견지하는 등 북미 사이의 신뢰부족으로 선행동 선순환에서 단계별 동시행동으로 나아가지 못하고 정체 상태에 빠졌다.

북한은 경제위기를 극복하기 위해 2018년 당중앙위원회 4월 전원회의에서 경제건설과 핵무력건설의 병진노선을 결속하고 경제 발전총력집중노선을 채택했다. 북한은 경제 발전을 위해 비핵화 결단을 하고 체제안전 보장과 제재완화가 이뤄지면 완전한 비핵화를 실현하겠다는 입장인 데 비해, 미국은 북한의 비핵화 의지를 확신할 수 없다고 보고 제재를 비핵화를 이끌어내는 핵심역량으로 인식하고 완전한 비핵화 때까지 제재를 풀 수 없다는 입장을 견지하고 있다. 북한의 비핵화 의지를 여러 경로로 확인한 한국 정부는 불가역적인 비핵화 수준에 이르면 상응하는 제재완화가 이뤄져야 한다는 입장이지만 서방측 안보리 상임이사국들의 강한 반대에 봉착하여 완전한 비핵화 때까지 제재를 유지한다는 입장을 유지하고 있다.

판문점선언과 북미공동성명을 통해서 한반도 비핵평화 프로세스의 원칙과 방향을 합의했다. 실무 협상을 통해서 단계별로 이행로드맵을 만들고 북미정상회담에서 실천을 확약하면 한반도 비핵평화 프로세스가 본격적으로 가동될 것이다. 남북합의와 북미합의의 이행 여부는 신뢰에 달렸다고 해도 과언은 아닐 것이다. 북미가 신뢰의 문제로 비핵화 목표에는 동의하면서도 접근방법에 차이를 보였다. 북미 비핵화 협상의 진전 여부는 비핵화 개념을 어떻게 설정하고, 북한의 단계별 동시행동과 미국의 동시병행 사이의 접근방식의 차이를 어떻게 좁혀나가느냐에 달렸다고 볼 수 있다. 남북합의의 이행을 위해서는 북미 비핵화 협상의 진전과 함께 남북관계의 독자성을 확보하여 신뢰를 쌓아나가야 할 것이다.

토론 및 탐구주제

01 남북합의 과정은 어렵고 합의 이후 곧바로 사문화 과정을 되풀이하는 이유가 무엇인지 탐구해 봅시다.

02 남북합의 채택이 국제정세(서울올림픽, 평창동계올림픽, 사회주의권 붕괴 등)와 북핵 관련 합의 등과 연관하여 이뤄지는 경우가 많은데 왜 그럴까?

03 보수 정부와 진보 정부의 대북정책 차이에 따른 남북합의 숫자의 차이를 어떻게 볼 것인가?

04 한반도 비핵평화 프로세스 성공을 위한 신뢰조성 방안에 대해서 토론해 봅시다.

[참고문헌]

고유환. "북한의 대남·통일정책의 기조와 전개과정." 북한연구학회(편). 『북한의 통일
　　외교』 서울: 경인문화사, 2006.

고유환. "문재인 정부의 평화우선주의와 비핵평화 프로세스." 『북한학연구』, 제14권
　　제2호 (2018).

고유환. "2018 남북정상회담과 비핵평화 프로세스." 『정치와 평론』 제22집 (2018).

고유환. "서해평화협력특별지대 재론과 경계 갈등." 김용현(편). 『남북한 군사충돌로
　　본 분단 70년사』 서울: 선인, 2019.

국가안보실. 『문재인 정부의 국가안보전략』 서울: 국가안보실, 2018.

김연철. 『70년의 대화: 새로 읽는 남북관계사』 서울: 창비, 2018.

윌리엄 J. 페리. 정소영(역). 『핵 벼랑을 걷다』 서울: 창비, 2015.

임동원. 『피스메이커』 서울: 중앙books, 2008.

통일부. 『문재인의 한반도정책: 평화와 번영의 한반도』 서울: 통일부, 2017.

제6장 남북 사회문화교류의 특징과 과제*

① 머리말: 남북관계 전환과 사회문화교류

2018년 북한의 평창올림픽 참가와 4월과 9월의 남북정상회담 계기로 남북관계가 바뀔 것으로 기대하는 사람이 늘어났다. 2000년 정상회담 이후 진전되었던 남북관계는 남한의 보수 정권 집권과 북한의 핵개발, 미사일발사 등으로 남북한 간에는 한국전쟁 이후 다시 전쟁이 일어날 수도 있다는 우려가 적지 않았다. 따라서 2018년 이후의 상황 변화는 남북한 주민 모두에게 바람직한 일이다. 그러나 분단 이후의 역사를 살펴보면 남북은 '동족상쟁'이라는 전쟁을 경험하였고 적대적 갈등이 반복되었지만, 그 과정에서 '7·4 공동선언(1972)'이 상징하듯이 관계 개선 노력도 계속하여 왔다. 이후에도 남북관계가 항상 좋았던 것은 아니지만 1992년에는 남북기본합의서가 채택되었고, 2000년과 2007년 두 차례의 남북정상회담에서 6·15, 10·4 공동선언이 발표되는 등 남북관계는 갈등과 긴장 속에서도 평화를 지향하는 방향으로 진행되었다고 볼 수 있다.

여전히 북한의 핵 문제해결이 필요하고 한반도 평화정착까지는 가야 할 길이 쉽지 않겠지만 평화와 통일을 달성하기 위해 분단 이후 70여 년 동안 남북관계 발전을 가로막는 장애들을 따져보고 이를 극복할 방안들을 고민할 필요가 있다. 왜냐하면 분단에서 생겨난 문제는 이념투쟁이나 군사적 대치뿐 아니라 문화적 이질화, 일상의 차이에 이르기까지 다양하기 때문이다. 이러한 맥락에서 남

---

* 이우영, "남북정상회담과 사회문화교류,"『통일정책연구』제27권 (1)호 (2018)을 수정·보완한 것임.

제6장_남북 사회문화교류의 특징과 과제 109

북한 당국의 대북·대남정책이나 한반도 주변의 국제정치적 맥락을 이해하는 것만 아니라 남북한 지도부의 지향이나 각각의 사회경제적 현실 변화 등을 올바르게 이해하여야 한다는 것이다. 이러한 맥락에서 이 글에서 주목하는 것은 남북한 사회문화교류이다.

남북관계가 좋지 않았던 기간 동안 멈춰 있었던 사회문화교류가 평창올림픽을 계기로 10여 년 만에 성사된 남북한 간 공연예술단의 교환 방문을 통해 다시 활성화될 가능성이 높아졌다. 그리고 남북정상회담의 합의문에도 이산가족 상봉을 포함한 다양한 사회문화교류가 언급된 까닭에 앞으로 사회문화교류는 활성화될 것으로 예상할 수 있다.[1] 그럼에도 불구하고 앞으로의 사회문화교류가 과거보다는 발전된 수준으로 진행될 것인가에 대해서는 의문의 여지가 있다. 왜냐하면 2000년대 활발하게 추진된 사회문화교류들이 남북관계 발전이나 상호 증진에 기여한 바가 생각보다 많지 않았기 때문이다. 따라서 이 글에서 일차적으로 기존 사회문화교류의 문제점은 무엇인가를 따져 보고 이를 바탕으로 발전적인 사회문화교류는 어떠한 방향으로 이루어져야 하고 이를 위해서 어떤 요소들을 고려하여야 할 것인가를 제시하고자 한다.

② 남북관계 진전과 사회문화교류

대한민국의 공식 통일방안은 '민족공동체통일방안'이다. 1989년 노태우 정

---

1 판문점선언에서 사회문화관련 조항은 다음과 같다. 1-③ 남과 북은 당국 간 협의를 긴밀히 하고 민간교류와 협력을 원만히 보장하기 위하여 쌍방 당국자가 상주하는 남북공동연락사무소를 개성 지역에 설치하기로 하였다. ④ 남과 북은 민족적 화해와 단합의 분위기를 고조시켜 나가기 위하여 각계각층의 다방면적인 협력과 교류 왕래와 접촉을 활성화하기로 하였다. 안으로는 6·15를 비롯하여 남과 북에 다같이 의의가 있는 날들을 계기로 당국과 국회, 정당, 지방자치단체, 민간단체 등 각계각층이 참가하는 민족공동행사를 적극 추진하여 화해와 협력의 분위기를 고조시키며, 밖으로는 2018년 아시아경기대회를 비롯한 국제경기들에 공동으로 진출하여 민족의 슬기와 재능, 단합된 모습을 전 세계에 과시하기로 하였다. ⑤ 남과 북은 민족 분단으로 발생된 인도적 문제를 시급히 해결하기 위하여 노력하며, 남북 적십자회담을 개최하여 이산가족·친척상봉을 비롯한 제반 문제들을 협의 해결해 나가기로 하였다. 당면하여 오는 8·15를 계기로 이산가족·친척 상봉을 진행하기로 하였다.

부가 '한민족공동체통일방안'을 제시했고, 1994년 김영삼 정부에서 마련한 민족공동체통일방안은 평화적 수단에 의한 통일, 단계적·점진적 통일을 지향하고 있다. 구체적으로, ① 화해·협력 단계, ② 남북연합 단계, ③ 통일국가 완성 3단계로 설정하고 있다.[2] 민족공동체 통일방안이 발표된 후 30여 년이 지났고 그동안 정권이 수차례 바뀌었지만 민족공동체통일방안이 폐기된 적은 없으며, 근본 철학이나 원칙이 바뀔 가능성도 높지 않다.[3] 민족공동체통일방안에 따르면, 남북관계가 단계적으로 진전하는 경우 한반도의 냉전구조도 해체되면서 평화체제가 구축된다(그림 6-1 참조).

그림 6-1 남북관계 진전구도

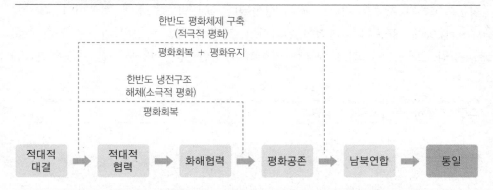

출처: 이우영·손기웅·임순희, 『남북한 평화공존을 위한 사회·문화, 교류·협력의 활성화 방안』
(서울: 통일연구원, 2001).

이 통일안에서 사회문화교류가 중요한 것은 남북한이 적대와 대립을 화해와 협력관계로 전환해 나가는 과정의 중요한 수단이기 때문이다. 즉, 남북은 상호 두 체제를 인정·존중하는 가운데 경제·사회·문화 등 각 분야의 교류와 협

---

2 김상범·김종수, "민족공동체통일방안"의 계승, 발전 방안 연구," 『북한학연구』 제12권 (1)호 (2016), p.153.

3 대북정책이나 통일정책을 둘러싼 남남갈등이 극심하였음에도 불구하고 통일방안은 지속되어 왔다는 것은 의미가 있다. 이것은 민족공동체통일방안이 다양한 국민들의 의견을 수렴하여 만들어졌으며 무엇보다도 점진적이고 평화적인 통일이 대다수 국민들의 지지를 받고 있기 때문이라고 볼 수 있다. 이와 관련해서 이창현, "한민족공동체 통일방안의 특징과 평가," 『통일문제연구』 제9권 (1991), pp.78-81. 고유환, "민족공동체 통일방안의 이행과정과 추진전략 재검토," 『통일인문학』 제60집 (2014).

력을 통해 신뢰를 쌓게 되어 있는데 이 과정에서 경제협력과 사회문화교류가 필요하게 된다.[4]

　사회문화교류는 화해협력 단계를 넘어 남북연합과 통일국가 단계에서도 중요한 역할을 한다. 화해협력 단계에서 사회문화교류를 통해 사회문화공동체가 형성되면 경제협력을 통해 이룩된 경제공동체와 연합 단계의 토대가 마련되고, 이를 바탕으로 정치공동체가 형성되면 통일국가가 완성되기 때문이다.

　사회문화교류와 남북관계를 구체적으로 설명한 것이 아래의 <그림 6-2>이다. 순환구조의 처음은 아랫부분의 남북한체제 내 변화에서 비롯되는 경향이 있는데, 민주화와 산업화에 성공한 남한이 민족공동체방안을 마련하고 적극적으로 남북관계 개선을 시도하였고, 기본합의서와 정상회담을 거치면서 남북 간 사회문화교류의 확대를 위한 조건이 형성됐다. 교류확대를 통해 접촉면이 넓어지면 상대방에 대한 기존 관점이 변화하고, 통일에 대한 국민적 관심을 증대시킬 수 있다. 또 남북사회문화교류에 참여하는 주민들은 '인간통합'을 경험하게 된

그림 6-2 사회문화교류와 남북관계

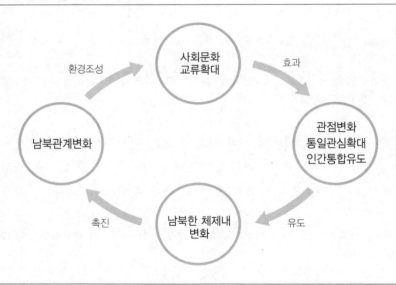

출처: 이우영, "남북정상회담과 사회문화교류," 『통일정책연구』 제27권 (1)호 (2018), p.51.

---

4 이기동, "통일환경의 변화와 「민족공동체 통일방안」," 『한국동북아논총』 제71호 (2014), p. 194.

다. 이러한 과정을 통해 남북한은 교류확대를 위한 세부 제도를 마련하는 등 체제 내부 변화를 겪으면서 사회문화 공동체 형성을 위한 선순환구조를 반복하게 된다.

통합의 중추적 역할을 할 사회문화교류는 통일국가 단계에서도 지속돼야 한다. 독일 등 분단국가의 통일 과정에서 보듯 사회문화적 갈등은 통일 이후 중요한 문제였으며, 이를 극복하기 위한 정책적이고 사회적인 노력이 필요하기 때문이다.

그림 6-3 통일 이후 사회문화통합 과정

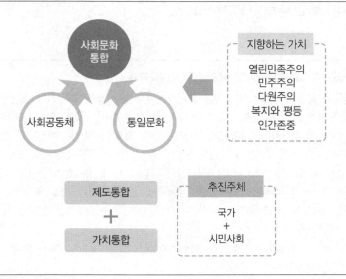

출처: 이우영 (2018), p.52.

사회문화교류가 통일 과정이나 통일 이후에도 필요하지만 모든 사회문화교류가 <그림 6-3>처럼 남북관계 개선이나 통합 과정에 순기능만 있는 것은 아니다. 남북한과 같이 적대적인 관계를 유지하면서 상대체제뿐 아니라 주민들과 문화에 대한 배타적인 태도를 유지해온 경우, 교류 과정에서의 접촉이 상호 이해가 아니라 거리감을 확대시킬 수 있기 때문이다.[5] 중요한 것은 단순한 교류

---

5 반공교육과 반자본주의교육을 받아온 남북한 주민들은 냉전문화에 길들여져 있고, 서로 다른 문화를 형성해온 까닭에 사회문화교류 과정이 이질성을 확인하는 계기가 될 수 있다는 것이다.

와 상호영향의 확대가 아니다. 흔히 사회문화교류 확대가 상호이해 증진으로 이어지고 평화공존과 통일에 긍정적인 영향을 미칠 것으로 생각하지만 이것은 지나치게 단순하고 순진한 사고다. 역사적으로 볼 때, 독자적으로 구조화된 문화들이 만나서 공존하는 사례보다 충돌하는 경우가 많았고, 결과적으로 사회갈등으로 비화된 일이 많았다. 따라서 단순히 사회문화교류 확대를 강조하기보다는 긍정적인 결과를 동반하는 사회문화교류를 지향하는 일이 필요하다.

③ 기존 사회문화교류의 성찰

---

box 1. 이산가족 고향방문단 및 예술공연단 상호교환

1984년 한국이 북한의 수혜지원 제의를 받아들이면서 남북 화해 분위기가 조성됐고 이듬해인 1985년 8월에 남북이산가족 고향방문과 예술공연단 교환 행사를 갖기로 남북이 극적으로 합의했다. 남북 이산가족 고향방문단 규모는 남북 각각 50명으로 확정됐고 선발된 사람들은 부푼 마음으로 9월 20일 오전 판문점을 거쳐 각각 평양과 서울로 향했다. 9월 21일 사상 첫 이산가족 상봉을 했다. 이산가족상봉단과 함께 남과 북 예술공연단이 각각 서울과 평양을 상호 방문하여 서울예술단은 평양대극장에서, 평양예술단은 서울 중앙국립대극장에서 공연을 했다. 분단 후 처음 이뤄진 남북 이산가족 상봉과 예술공연단 상호 교류로 통일에 대한 희망이 더욱 커졌다.

출처: http://world.kbs.co.kr/special/northkorea/contents/news/koreamoment_
        view.htm?lang=k&No =275255)

분단 이후 30여 년 동안 남북 사회문화교류는 한반도의 냉전 기류 속에서 좀처럼 돌파구를 찾을 수 없었다. 1950년대와 60년대에 걸쳐 북한이 남북 언론인교류(1957), 제17차 올림픽대회 단일팀 구성(1958), 남북 공동 영화제작 및 연극경연대회(1965), 기자 및 과학자교류(1966) 등 수 차례의 대남 제의를 한 바 있으나, 통일전선 전략차원의 '선전성 제안'에 불과할 뿐 실천적 의지가 부족했다. 1980년대 들어 남북교류는 체육회담, 적십자회담 등 당국 간 논의가 진행된 가운데 이산가족 고향방문단 및 예술공연단 상호교환(1985)이 첫 번째로 성사된 사회문화교류였다. 그러나 남북 사회문화교류는 1988년 한국 정부의 '7·7 특별

선언'으로 새로운 전기를 맞았다.6 '7·7 선언'으로 남북교류의 적극화 의지가 대내외적으로 표명된 이래 '남북교류협력에 관한 기본지침' 시행(1989), '남북교류협력 추진협의회' 발족(1989), '남북교류협력법'과 '남북협력기금법' 제정(1990), '남북문화교류의 5대원칙' 발표(1990),7 '남북기본합의서'와 '부속합의서' 채택·발효(1992), '남북사회문화협력사업처리에 관한 규정' 제정(1997), '남북교류협력에 관한 법률 시행령' 개정(1998) 등 일련의 법·제도적 장치가 마련됐다. 1998년 출범한 김대중 정부는 '평화·화해·협력'실현과 남북관계 개선을 대북정책의 목표로 설정하고, 그동안 간헐적으로 이뤄진 사회문화교류 역시 2000년 남북정상회담 이후 급격한 변화를 맞았다.

1985년 처음 열린 이산가족 상봉이 15년 만에 재개됐고, 정상회담 직전 북한 소년예술단과 평양교예단이 서울을 방문해 공연을 펼쳤다. 8·15 광복절을 기념하는 음악회에서는 조선국립교향악단의 단독공연, KBS교향악단과 합동공연을 선보였다. 남한의 언론사 사장단은 북한을 방문해 적대적 언론보도를 지양한다는 약속을 했고, KBS가 추석을 맞아 백두산 현지에 생방송을 진행하기도 했다. 삼성 탁구단은 평양에서 시합을 벌였고, 그 장면은 생방송으로 전파를 탔다. 이 외에도 대중가수들의 평양공연과 TV프로그램 합작 등 대중문화교류, 북한 미술품의 남한 전시 같은 순수예술교류가 활발하게 전개됐다. 문화재교류를 포함한 다양한 분야의 학술교류, 일반인에서 국가대표에 이르는 체육교류 등 사회문화와 관련된 대부분의 분야에서 교류가 이루어졌다.8

과거와 비교해 2000년 정상회담을 계기로 이뤄진 사회문화교류는 다음과 같이 몇 가지 차이가 있다.

첫째, 제3국이 아닌 남북한 현지에서 사회문화교류가 이루어졌다는 점이다. 과거 사회문화교류 중심은 남북한보다 일본이나 중국 등 제3국이었다. 그러나 2000년대 사회문화교류는 남한(소년예술단·평양교예단·평양교향악단)과 북한(탁구시

---

6 7·7 선언은 남북교류의 적극추진, 남북한 간 신뢰 구축 및 긴장 완화를 통한 관계 개선과 평화정착을 목표로 하였다.

7 문화교류 과정에서 분단 이전의 민족전통문화를 우선적으로 교류, 승부 및 경쟁적 분야의 배제, 전통문화의 원형을 변형, 또는 훼손하는 표현방식의 지양, 쉽고 작은 일부터 시작, 공동 실행을 위한 지속적인 노력 경주 등을 내용으로 하고 있다.

8 민족화해범국민협의회, 『남북 사회문화교류 중장기 로드맵 설정 및 추진 전략 연구』 (서울: 통일부 용역보고서, 2007) 3장.

합·백두산 현지방송)에서 진행됐다. 단순히 장소 문제만은 아니다. 제3국의 사회문화교류는 참여자에 국한된 교류지만, 현지에서 이루어진 사회문화교류는 충분한 인원은 아니지만, 남북의 문화를 상대편 사람들이 직접 경험할 수 있는 기회를 제공한다는 점에서 질적으로 다른 차원의 교류로 볼 수 있다.

둘째, 교류장소를 비교할 때 남한에서 추진된 사회문화교류가 과거에 비해 많아졌다. 비교적 남북교류가 활발했던 1990년대 초 총리급 회담과 기본합의서 체결을 전후한 사회문화교류 장소는 제3국이나 북한이 많았다. 북쪽 사람들이 남한을 방문해 공연을 펼친 것은 1985년 이산가족 방문단을 교환할 당시 동반한 예술단 공연 이후 전무했지만, 2000년대 초 소년예술단과 평양교예단, 북한의 예술작품 및 문화재교류는 남한에서 이루어졌다. 6·15와 8·15 행사 역시 남북을 오가며 개최됨으로써 남한을 방문하는 북한 사람도 과거에 비해 크게 늘었다고 볼 수 있다.

셋째, 국가가 사회문화교류에 직접 관여하는 정도가 많아졌다는 점이다. 정상회담을 계기로 이뤄진 문화교류는 외면적으로는 민간이 주도한 것으로 보인다. 그러나 정상회담 직전 소년예술단과 교예단 방한은 정부가 일정한 역할을 했고, 평양교향악단 공연 역시 남한 정부의 영향력이 적지 않았던 것으로 알려져 있다.9 뿐만 아니라 정상회담 이후 통일부와 문화관광부 등 관련 부처는 사회문화교류를 적극적으로 주도했다. 직접 지휘하지 않았다고 해도 통일부의 협력기금 등을 통해 사회문화교류에 영향력을 행사하는 경우도 적지 않았다.

넷째, 자본의 결정력이 높아졌다는 점을 들 수 있다. 평양교예단이나 평양교향악단의 공연 등 북한예술단 초청뿐 아니라 북한을 방문하는 공연 등에도 필요한 경비 외에 북한은 별도 대가를 요구하면서 자본의 영향력이 높아졌다. 경비 문제는 남한에서 소위 '퍼주기'라는 정치적 논란으로 번지기도 했다.10

다섯째, 언론이 결합되는 등 사회문화교류가 복합적인 성격을 띠었다. 시민들이 공연이나 행사를 직접 참여하지 못해도 신문과 방송을 통해 사회문화교류를 경험할 수 있게 되면서 사회문화교류의 경험을 확산시킨다는 의미를 가진다.

---

9 교향악단의 경우 KBS가 초청대상자였으나, 이미 한 민간단체가 4월에 북측과 방문공연에 계약한 적이 있으며, 이로 인해 법적인 분쟁도 야기되었다.

10 이화여대 통일학연구원(편), 『남북관계사: 갈등과 화해의 60년』 (서울: 이화여대 출판부, 2009), p.507.

물론 언론교류 자체도 의미가 있지만 이에 못지않게 사회문화교류의 성과를 확대했다는 점은 주목해야 할 부분이다.

여섯째, 사회문화교류의 다양성이 확대되었다는 점이다. 소년예술단, 교예단, 교향악단, 방송 그리고 체육에 이르기까지 정상회담을 전후한 각종 사회문화교류는 종류가 다양하다. 특히 교류의 중심지가 남한이 됨으로써 과거에는 접하지 못하였던 북한문화를 직접 체험할 수 있는 기회가 되었다.

정상회담을 통해 2000년대 사회문화교류가 폭발적으로 늘어난 것은 궁극적으로 남북관계의 성격 변화에 기인한다. 즉, 정상회담을 계기로 남북관계가 개선되면서 자연적으로 사회문화교류가 활성화되었다는 분석이다. 그러나 양적으로 확대된 사회문화교류는 다음 몇 가지 문제도 갖고 있었다.

첫째, 사회문화교류가 활성화됐다고 하지만 반대로 정치의 예속성은 더욱 높아졌다. 2000년대 사회문화교류는 정상회담 개최와 합의문 도출이라는 남북관계의 개선에 힘입은 바 크다. 즉, 과거에는 정부가 민간의 사회문화교류를 막아왔던 것과 마찬가지로 역으로 2000년대 이후에는 정부가 정치적 필요에 따라 사회문화교류를 독려했다고 볼 수 있다. 이후 정부의 정치적 입장에서 따라 사회문화교류가 좌우되는 결과로 이어졌다.

둘째, 남북관계가 정부의 적극적인 정책 추진에 비롯된 만큼 사회문화교류에서도 정부의 몫이 확대돼 민간 부문이 위축되었다는 점이다. 비록 남북관계에서 정부의 영향력이 막대하다고 하더라도 국가가 사회문화교류에 적극적으로 개입한 것은 바람직하지 않다. 기본적으로 문화의 자발성을 강조한다면 남북사회문화교류도 예외가 될 수 없으며, 국가가 개입하는 교류는 정치적 홍보로 전락해 남북한 주민들 간의 상호이해 증진이나 사회문화통합이라는 본질적 의미가 퇴색될 수밖에 없다.

셋째, 사회문화교류에 대한 자본의 영향력이 확대되면서, 사회문화교류에서 상품성이 지나치게 강조됐다는 점이다. 출연료나 공연료 등의 사례는 어느 공연에나 필요한 지출이지만 적절한 가격과 동떨어져 과도한 비용을 지불했다면 문제가 될 수 있다. 크게 두 가지 차원으로 볼 수 있는데, 사회문화교류마저 대 자본에 종속될 수 있다는 점, 향후 사회문화교류도 시장원리가 적용돼 상품성 있는 문화만이 교류의 대상이 될 수 있다는 지적이다.

넷째, 반세기에 걸친 적대적 분단상황으로 상대 문화를 받아들일 준비가 거의 되어 있지 못했다는 점이다. 남북이 경험한 분단은 단순히 둘로 나뉘어 있었다는 것을 넘어 정치·군사적 적대관계가 지속됐다. 남북한 주민의 만남이 곧 위법이었고, 당연히 상대 문화는 '인정할 수 없다'는 논리가 형성됐다. 특히 남한에서는 북한의 문화를 접촉하는 것 자체가 보안법위반이었고, 이는 반 국가사범이라는 것을 의미했다.[11] 이와 같이 상대 문화에 대한 기본적인 이해는커녕 경험도 전무한 상태에서 문화적 적개심을 유지한 채 갑자기 새로운 문화를 접하게 되는 것은 일시적인 호기심 충족 수준에 머무르거나, 과거의 문화적 편견을 확인하는 결과를 가져올 수 있다는 것이다. 평양교예단의 공연을 보면서 북한독재 체제의 무서움을 이야기하는 것이 대표 사례다.[12] 그렇지 않다고 하더라도 사회문화교류를 통해 '문화적 거리감 → 인간적 거리감'을 확인할 수 있다는 것이다.

④ 2018년 정상회담과 사회문화교류

평창올림픽과 이후 성사된 판문점, 평양의 남북정상회담을 계기로 이명박·박근혜 정부 기간 동안 단절되었던 사회문화교류가 교류가 재개되었다(표 6-1 참조).

▼ 표 6-1 2018~2019 주요 남북한 사회문화교류

구분	사업명	날짜	장소	교류형태	비고
1	北 예술단 공연	18.2.8, 11	강릉, 서울	예술	
2	남·북 마식령스키장 공동훈련	18.1.31~2.1	마식령스키장	체육	

---

11 북한의 경우는 다소 다르다. 남북한문화의 본질적인 차이, 즉 남한의 문화가 상대적으로 다양하였기 때문에 남한문화 가운데 일부분은 북한에서 적극적으로 소개된 경우가 있다. 예를 들어 황석영의 작품이 대표적이며, 이 밖에도 주로 민중문학 계열의 작품들은 북한 주민들이 접할 수 있었다.

12 북한의 '교예단원이 실수하면 아오지 탄광에 끌려가기 때문에 잘할 수밖에 없다'거나 소년예술단의 공연을 보면서 '어릴 때부터 가혹하게 훈련시킨 결과'라고 생각하는 식이다.

3	평창동계올림픽	18.2.	평창	체육	北 선수단 참가, 남북 선수단 개회식 동시 입장 등
4	평창동계올림픽 남북 여자아이스하키 단일팀	18.2.	평창	체육	
5	남북 태권도시범단 합동공연	18.2.9~14	평창 올림픽 스타디움, 속초 강원진로교육원, 서울시청, MBC 상암홀	체육	
6	평창동계패럴림픽대회	18.3.	평창	체육	북 선수단 참가, 개회식 공동성화봉송 진행
7	남측 예술단 평양공연	18.4.1	동평양대극장	예술	
8	남측 태권도시범단 공연	18.4.1	평양 태권도전당	체육	
9	남북 태권도시범단 합동공연	18.4.2	평양대극장	체육	
10	남북 예술단 합동공연	18.4.3	평양 류경정주영체육관	예술	
11	2018 탁구 세계선수권대회 여자 단일팀	18.5.	스웨덴	체육	
12	남북 통일농구경기대회	18.7.3~6	평양	체육	
13	남·북·러 공동세미나	18.7.14	北 나선시	철도	러시아철도공사 주최 '나진-하산 프로젝트 발전 전망' 세미나 불참, 러시아측 북측 인사들을 각각 따로 만나 논의 진행
14	국제탁구연맹 투어대회 '코리아오픈' 남북단일팀 4개조 구성	18.7.	대전	체육	
15	남북 철도 동해선/경의선 북측 연결구간 공동점검	18.7.20, 24	금강산청년역-군사분계선 개성역-군사분계선	철도	

16	아시아경기대회 단일팀 참가	18.8.	인도네시아 자카르타	체육	• 아시안게임 개회식 공동입장 • 카누, 조정, 농구 단일팀 참가
17	현대 故 정몽헌 회장 15주기 추모식 관련 금강산 방문	18.8.3	금강산		
18	산림병해충 피해 공동점검	18.8.8	금강산	환경	
19	국제유소년축구대회 참가차 방북	18.8.10~19	평양	체육	
20	남북노동자 통일축구대회	18.8.10~12	서울	체육	
21	경의선 도로(개성－평양) 현지 공동조사	18.8.13~20	개성－평양	도로	
22	이산가족 상봉행사	18.8.20~26	금강산	인적 교류	
23	범민족 평화포럼	18.8.22~24	중국 선양	학술	
24	장애인아시안게임 단일팀 공동훈련	18.9.3~6	베이징	체육	탁구, 수영
25	남북 유도 세계선수권 대회 공동출전	18.9.20~27	아제르바이잔 바투	체육	
26	10.4 선언 11주년 기념 민족통일대회	18.10.4~6	평양		주요시설 참관 및 문화공연 관람
27	개성 만월대 공동발굴 재개	18.10.22 ~12.10	개성	문화 재	
28	제5회 아리스포츠컵 국제유소년축구대회 참가차 방남	18.10.~11.3	춘천, 인제	체육	
29	세계태권도연맹 총재단 및 시범단, 태권도 시범 공연차 방북	18.10.30 ~11.3	평양	체육	
30	제주산 귤 200톤 전달	18.11.11~12		대북 지원	
31	남북 한강(임진강) 하구 공동조사	18.11.5 ~12.9			

32	2018 아시아태평양의 평화번영을 위한 국제대회	18.11.14~17	경기 고양		주최: 경기도·(사)아태평화교류협회 북측 리종혁 아태위 부위원장 등 참가
33	해외동포 기업인 평양대회	18.11.15~18	평양		
34	금강산관광 20주년 기념행사	18.11.18~19	금강산		
35	남북 씨름 인류무형문화유산 공동 등재	18.11.26		문화재	
36	소나무재선충병 약제 전달 및 공동방제 실시	18.11.29	개성	환경	
37	경의선 철도 현지조사	18.11.30 ~12.5	개성－신의주	철도	
38	동해선 철도 현지조사	18.12.8~17	동해선	철도	
39	국제탁구연맹 월드투어 그랜드파이널스 대회 참가차 방남	18.12.11~17	인천	체육	
40	제26회 세계남자핸드볼 선수권대회 남북단일팀 참가	18.12.22 ~19.1.20	독일	체육	
41	현대아산 창립 20주년 기념행사	19.2.8~9	금강산		
42	남북선언 이행을 위한 2019년 새해맞이 연대모임	19.2.12~13	금강산		
43	2020년 도쿄올림픽 남북단일팀 구성	19.2.15	스위스 로잔	체육	북단일팀 구성 등 협의
44	남북태권도 시범단 유럽 합동공연	19.4.5~12	빈·로잔·제네바	체육	
45	2019 아시아 태평양의 평화와 번영을 위한 국제대회	19.7.24~26	마닐라		경기도·아태협

2018년과 2019년에 걸쳐 이루어진 사회문화교류의 내용은 단일팀, 방문경기, 공동응원 등 체육교류나 예술단 교차 방문 등 문학예술교류 대부분이고, 내용상으로는 과거와 크게 차이는 없다. 그러나 구체적으로 따져 본다면 그동안의 사회문화교류와 차이가 없다고는 할 수 없다. 첫째, 평창올림픽을 계기로 남한을 방문한 평양예술단의 강원도 공연은 최초의 지방 공연이고, 둘째, 문학예술이나 학술 등과 비교할 때 체육교류가 상대적으로 활성화되었고, 셋째, 2000년대에 사회문화교류에 소극적이었던 북한의 입장이 적극적으로 바뀌는 경향이 있으며, 넷째, 평창올림픽 단일팀에 대한 부정여론 형성과 같이 남북교류에 대한 한국사회의 소극적인 분위기가 드러났다는 점이다.

2018년 정상회담 이후 기간의 가장 상징적인 남북한 예술단 상호 교차 방문 공연 과정도 세밀하게 들여다보면 다음의 몇 가지 특징을 갖고 있다. 첫째, 예술단 공연의 구성이나 진행 과정은 과거와 차이가 크지 않지만, 한국에 온 북한 예술단이 140명이나 된다는 점은 방남한 공연단 규모에서 최대였다는 점이다. 둘째, 그동안 북한 공연단은 주로 북한 예술작품을 선보였지만 이번 공연은 남한의 대중가요를 공연에 포함시켰고, 사회자인 한국의 대중가수 소녀시대 서현이 북한 측 공연에 직접 참여하였다는 것이다. 셋째, 과거 선곡 등 공연 진행과 관련한 협상 과정에서 남북 간에 이견이 많았는데 이번 공연에서는 '모란봉' 표현을 포기하고 일부 가사를 개사하는 등 북한이 적극적으로 협조하는 태도를 보였다는 점이다. 넷째, 귀국 이후 북한의 공연단이 남한에서의 구성과 동일한 내용으로 평양공연을 실시하여 남북한 청중이 동일한 공연을 관람할 수 있었다는 점이다. 다섯째, 평양에서 이루어진 남한 공연에서 복장 등 남한 공연단과 공연내용에 대한 규제가 축소되었다는 점이다. 공연 이후 김정은 위원장 부부와 남한 공연단의 사진이 「로동신문」 1면에 실렸는데, 청바지를 입은 남측 참가자가 있다. 자본주의 '황색문화'를 상징하는 청바지는 2000년대 북한을 가는 사람들에게 가져가는 것도 안되는 품목이었다는 점을 생각한다면 이 한 장의 사진은 북한 변화를 상징하는 것이라고 볼 수 있다.

⑤ 남북관계 발전을 위한 사회문화교류의 방향

분단 이후 현재까지 진행된 사회문화교류를 살펴보면, 기본적으로 남북관계에 영향을 받을 수밖에 없었다는 것을 알 수 있다. 즉, 화해 분위기가 고양되면 사회문화교류가 활성화되고 반대로 경색되면 사회문화교류도 위축됐다는 사실이다. 사회문화교류가 전 방위적으로 활성화되기 위해선 남북한 간의 화해협력의 분위기가 정착돼야 한다. 이러한 맥락에서 본다면 2018년 평창올림픽과 4·27 판문점 정상회담은 교류 활성화를 위한 토대를 마련했다. 그러나 사회문화교류가 남북한 상호이해를 위한 중요한 수단이라고 해도 그 자체가 충분조건은 아니다. 통일 과정에서 사회문화교류는 역기능을 수행할 가능성도 배제할 수 없다. 중요한 것은 사회문화교류의 바람직한 요소를 확대하면서 파생되는 여러 문제점을 신속하게 해소하는 일이다.[13] 이와 같은 차원에서 발전적인 사회문화교류를 위해 다음 몇 가지 기본방향을 정립할 필요가 있다.

첫째, 사회문화교류를 통해 남북 사이의 차이를 인정하는 바탕에서 공동의 요소들을 확보해 민족공동체를 새롭게 구성해야 한다. 지난 70년은 체제의 차이로 인한 문화와 생활방식 전반에서 이질화가 강화된 과정이라 할 수 있다. 같은 말을 쓰면서도 남북한 간 용례가 다르고, 정치체제의 차이에서 오는 문화 차이가 갈등의 대상이 되기도 한다. 북한에 다녀온 사람들이 많이 느끼듯 그 사회를 지탱하는 김일성-김정일 두 지도자의 초상과 동상, 구호 등은 북한에 대한 생경한 인식을 심화시키는 대표적인 기제들이다. 이러한 문화 차이는 곧바로 남한

---

13 백영철 외, 『21세기 남북관계론』 (서울: 법문사, 2000), p.371.

사회의 갈등으로 비화되기도 하는 것이다. 사회문화교류는 이러한 상호 이질성을 확인하는 과정이 아니라, 우리 문화가 단일민족성을 유지하면서도 다양한 문화형식을 축적시켜 왔음을 이해하는 과정이 되어야 한다.

둘째, 이해와 신뢰 형성 과정의 축적이라는 관점에서 사회문화교류, 협력을 추진해야 한다. 사회문화교류를 둘러싼 남북 사이의 관점 차이는 시대별로 변화해왔다. 북한이 체제경쟁에서 우위에 있었던 1950년대에는 사회문화교류에 적극적이었다.[14] 그러나 체재경쟁에서 남한이 우위를 점하게 된 1990년대에는 남한이 사회문화교류에 공세적이었다.[15] 이러한 역사가 보여주는 것은 남북 사회문화교류가 자칫 서로의 체제 우월성을 선전하는 공간으로 자리하게 될 가능성이 있음을 보여준다. 사회문화교류는 체제경쟁이 아닌 그 과정 하나하나를 통해 신뢰를 구축하는 과정이 되어야 한다.

셋째, 남북관계 발전과 사회문화교류도 제도화 단계로 가야 한다. 사회문화교류 제도화란 공동기구 구성을 비롯해 공동의 준거 틀을 마련하고 이를 토대로 법제화해 남북 간 교류가 일회성에 머물지 않고 지속적으로 이루어지도록 하는 것을 의미한다. 2000년 남북정상회담에도 불구하고 남북관계의 단절과 재개가 반복되면서 사회문화교류도 불안정했던 이유는 제도화 부족의 탓이 크다. 그런 점에서 2018년 남북정상회담은 남북관계의 불안정성을 극복하고 제도화로 진입하는 기회를 제공하고 있다.

넷째, 남한 사회에서 민주주의를 확대하고 평화문화를 정착시키는 한편, 남북 사회문화의 전반적인 발전을 이끌어 가는 과정이 되어야 한다. 사회문화교류가 사회통합과 사회문화공동체의 구성이라는 목표를 향해 간다고 할 때 그 지향

---

14 1954년 4월 27일 제네바회담에 나온 북한 대표 남일은 "조선의 민족 통일을 실천하기 위해 경제 및 문화교류, 즉 통상, 재정회계, 운수, 경계선 관계, 주민의 통행 및 서신의 자유, 문화 및 과학교류 및 기타를 설정, 발전시킬 대책들을 즉시 취하자"고 주장하였다. 이수석, "북한의 대남사회문화교류정책에 관한 연구," KOREASCOPE 연구논문자료 제5권 (서울: 경남대학교 출판부, 2000), <www.koreascope.org/gnuboard> (검색일: 2007.11.25).

15 당시 남한은 "남과 북은 신문, 라디오, 텔레비전 및 출판물의 상호개방을 통해 민족구성원들이 서로 상대방의 실상을 알 수 있도록 한다"라거나 "남과 북은 민족전체의 복지향상과 균형발전을 도모하기 위하여 교통·체신, 학술·교육, 언론·출판, 종교, 보건, 환경, 체육, 과학·기술 등 여러 분야에서 상호교류와 협력을 실시한다."는 매우 강한 안을 제시하였다. 이에 대해 북은 남한이 제기한 안에서 신문, 라디오, 텔레비전 등을 빼는 안을 제기하면서 "악취를 풍기는 썩은 문화의 오염"으로부터 보호하기 위한 것"이라 주장하였다. 최대석, "남북한 사회문화교류협력 추진방향," 『통일연구논총』 제4권 (2)호 (1995), p.80.

은 보다 나은 미래임이 분명하다. 그런 점에서 현 단계 사회문화교류가 남과 북에 존재하는 것들만의 교류가 되는 것은 부족하다. 남과 북의 사회현상, 문화현상에서 분단의 잔재들을 남아있기 때문이다. 북한이 '유격대 국가'적인 성격을 갖고 있는 전쟁지향적이고 권위주의 체제라고 해서 남한의 입장에서 사회문화교류를 '북한 변화'로 규정하는 것도 문제가 있다. 남한이 민주화를 이뤘다고 하나 여전히 분단 문제에 자유롭지 않기 때문이다.[16] 분단을 극복하고 통일을 지향하는 문화는 새롭게 형성되어야 할 필요가 있다는 의미다. 그 바탕은 민주주의의 확산과 평화문화의 정착이라 할 수 있다. '접근을 통한 변화'가 북한을 일방적으로 변화시키는 것이라면 이와 반대로 남북한이 모두 '변화를 통한 접근'을 지향해야 한다. 사회문화교류를 통해 남북은 더 가까워질 것이고, 북한의 변화는 스스로 하는 것인 만큼 남한도 남북통합의 미래 구상 위에서 발전적으로 변화하는 일이 중요하다.[17]

다섯째, 점진적, 단계적 방향 하에 민·관이 협력해 모든 영역에서 통합을 실현해야 한다. 사회문화교류가 사회통합의 큰 틀 속에 있음은 물론, 단계적이면서도 점진적인 통일의 과정과도 부합되어야 한다. 그런 점에서 정부와 남북 사회문화교류 협력 단체 간의 조정, 협력기구를 시급히 형성해 정책과 사업을 추진해야 한다.

기본 방향을 바탕으로 사회문화교류를 진행하는 과정에서는 아래와 같은 사항을 고려해야 한다.

첫째, 남북관계의 진전과 부합해야 한다. 적대적 상황인지, 아니면 화해협력의 상황인지, 평화정착의 단계인지에 따라 사회문화교류의 주안점과 구성은 다를 수 있다. 또 남북관계 진전은 남북 당국 간 회담을 포함해 제도화를 동반한다는 점도 생각할 필요가 있다.[18] 기본합의서 채택 후 사회문화 관련 부속합의서가 체결된 것처럼, 향후 남북관계 개선이 가속화되면 문화 협정이 체결될 수 있고, 사회문화교류의 기본 틀은 협정 내용에 따라 좌우될 수 있다.

둘째, 남북한 체재의 현실을 고려해야 한다. 2000년대 이후 북한은 시장화

---

16 조한혜정·이우영, 『탈분단 시대를 열며: 남과 북, 문화공존을 위한 모색』 (서울: 도서출판 삼인, 2000).
17 대표적으로 국가보안법 같은 경우가 있다. 국제적으로도 비난을 받는 이 법의 문제점을 과감히 고치는 것이다. 통일교육에 대해 평화문화를 확산시키는 교육으로 변화시키는 일도 있다.
18 판문점선언의 개성 공동사무소의 설치가 대표적인 경우이다.

가 진전됐고, 이 과정에서 '한류'를 포함한 외부문화의 유입도 가속화됐다.[19] 김정은 집권 이후에는 '모란봉 악단'이 상징하듯 문화정책의 변화도 적지 않다.[20] 남한은 범지구화가 빠르게 진행되고, 문화적 다양성은 확대되고 있는 반면 젊은 세대의 민족 및 통일의지는 약화되고 있다. 남북한의 사회문화적 현실을 반영하지 않는 교류 사업은 추동력을 얻기 어려울 것이다.

셋째, 실현가능성이 있는 사회문화교류가 되어야 한다는 점이다. 남북관계나 남한 내부의 상황뿐만 아니라, 교류를 추진하는 주체나 교류 상대인 북한의 역량 등을 고려할 필요가 있다. 과거 지방자치단체가 경쟁적으로 사회문화교류를 추진했지만, 북한의 지방자치단체가 독자적으로 남북교류 사업을 추진할 수 없다는 점에서 현실성이 떨어졌다. 이산가족 상봉 문제도 다르지 않다. 남한에서 이산가족은 월남자를 생각하는 경향이 크지만, 역설적으로 북한에서는 '체제 배신자'에 속한다. 인도적이지만 정치적으로 민감한 사안이라는 이유가 여기에 있다. 이 밖에 교류 아이템을 남북한이 실질적으로 소화할 수 있는지 여부도 고려 대상이다.[21]

넷째, 사회문화교류의 개념을 확대해야 한다. 일반적으로 사회문화교류를 인적교류와 동일시하는 경향이 있지만, 실제 그 성격은 매우 복합적이고 인적인 접촉이 없이도 가능하다. 예를 들어, 북한소설을 남한에서 출판한다거나 북한영화를 남한 TV에서 방영하는 것도 중요한 사회문화교류가 될 수 있다. 인터넷을 포함한 뉴미디어(New Media)를 통한 교류도 생각할 수 있다는 의미다. 이와 같은 교류는 북한의 사정과 상관없이 추진할 수 있다는 장점이 있다.

다섯째, 사회문화교류 발전을 위한 남한체제 내부의 정비부터 서두를 필요가 있다. 통일부와 문화체육관광부, 교육부 등 사회문화교류와 관련 있는 정부부처 간 업무분장이 시급하고, 지방 정부를 포함한 사회문화교류 관련 정부·민간·기업의 협력체제를 다져야 한다. 또 업무 담당 공무원의 의식전환을 추진하는 것은 물론 보안법과 저작권법 등 사회문화교류를 저해할 수 있는 제도적 장

---

19 박영정, "북한에 부는 '한류 열풍'의 진단과 전망," 『제주평화연구원』 12호 (2011).

20 강동완, 『모란봉악단, 김정은을 말하다』 (서울: 도서출판 서인, 2014), 1부 1장.

21 예를 들어 한때 윤이상 음악제를 남북이 개최하는 것을 검토한 적이 있었다. 당시는 남북관계가 악화되어 음악제가 성사되지 못하였지만, 당시 남한의 어떤 오케스트라도 윤이상의 주요 작품을 완주할 수 있는 편성을 갖고 있지 못하여 기술적인 차원에서도 문제가 될 수 있었다.

치를 장비하는 일도 빼놓을 수 없다. 필요하다면 가칭 '사회문화교류 진흥원' 같은 법적 기구를 설치하는 것도 검토해야 할 것이다.

⑥ 정상회담 이후 단계별 사회문화교류 방안

정상회담 이후 사회문화교류를 추진하는 과정은 단계별로 이루어지는 것이 바람직하다. 세부 단계는 아래와 같다.

① 협력 단계: 남북한이 부분적으로 관계를 개선하는 단계다. 상대방에 대한 경계를 늦추지는 않지만, 공동이익이 구현되는 분야에는 적극적으로 협조할 수 있다. 제한적이나마 교류협력 사업이 활성화될 수 있다. 남북 당국은 내부적으로 사회문화교류와 관련된 제도를 정비하는 동시에 사회문화교류를 뒷받침할 수 있는 제도적 장치를 강구해야 한다. 대표적으로 '문화 협정' 체결을 들 수 있다. 이 시기 사회문화교류는 두 가지 차원으로 다뤄야 한다. 하나는 남북한이 사회문화교류를 통해 유무형의 이익을 달성한다는 것으로, 기계적인 상호주의의 개념을 의미하는 것은 아니다.

또 북한이 체제위기를 겪고 있는 만큼, 북한이 상대적으로 장점을 갖고 있는 분야나 북한에게 가시적으로 이익이 구현될 수 있는 분야의 교류를 우선 시도하는 것이 바람직하다. 동시에 사회문화교류의 활성화를 위해 상대편의 사회문화체제를 체계적으로 소개하는 프로그램도 필요하다.

이 기간에는 정부와 민간단체가 협조하면서 사회문화교류를 추진하는 것이 타당하다. 정부는 사회문화교류 활성화를 위한 제반 여건을 확충하는 데 집중하고, 민간단체가 점차 사회문화교류의 주체가 되는 방안이다.

② 평화공존 단계: 남북한이 상호체제를 인정함으로써 공존의 토대가 마련된 단계다. 한편으로는 상호 적대감을 해소하는 등 분단구조를 청산함으로써 대결구도로 복귀하려는 시도를 미연에 차단하는 데 기여하여야 할 것으로 보인다. 또 통일을 대비해 남북한 주민의 공동체의식 함양과 통일문화 구현에 대비하는 방향으로 추진되어야 할 것이다. 이 단계에서 사회문화교류는 광범위하게 실시할 수 있으며, 인적교류와 공동작업에 초점을 맞추는 것이 필요하다. 교환방문

공연을 포함해 문학예술작품의 공동창작 그리고 인적교류도 빼놓을 수 없다.

평화공존 단계의 남북한 사회문화교류도 민간단체가 주도하는 것이 바람직하다. 정부는 문화재교류와 같이 정부가 직접 나설 수밖에 없는 경우를 제외하고, 사회문화교류의 지원역할에 역량을 집중하는 것이 중요하다. 정부가 사회문화교류의 내용이나 방향에 적극적으로 개입하기보다 상업성이 없어도 필요한 교류 사업을 지원하는 방식으로 부분적으로 개입할 수는 있다.

③ 남북연합 단계: 이 단계는 상이한 이념과 이질적인 정치·경제체제 및 두 정부를 유지하면서 긴밀한 협력기구를 형성해 분단상황을 평화적으로 관리하는 한편, 통합 과정을 효율적으로 관리해 나가는 제도적 장치를 의미한다. 남북정상회담과 각료회의가 구성되는 등 남과 북이 실질적인 통합 단계에 들어섰음을 의미한다. 따라서 사회문화교류도 사회문화적 통합을 전제로 이루어져야 한다.

이 단계의 사회문화교류는 일차적으로 사회문화 관련 공동 조직에 초점을 맞추어야 한다. 남북연합의 의의에 부합하기 위해서는 고유의 기구나 조직을 유지하면서 동시에 남북이 공동의 참여하는 단체나 기구를 구성해야 한다는 것이다. 가령, 남북한 체육단체들은 기존의 조직을 유지하면서 남북체육위원회를 구성하고, 남북체육위원회가 국가대표 선발 운용, 국제대회 파견을 담당하는 방식이다. 정부 관련 기관뿐만 아니라 민간 부분도 남북이 공동으로 참여하는 조직을 구성하고 관련된 사회문화교류를 추진할 수 있을 것이다.

④ 통합 이후: 단일국가가 탄생해 명실상부한 사회문화공동체의 형성이 가능해진다. 기존의 단계가 충실하게 이루어졌다면 사회문화통합 과정에서 커다란 문제는 발생하지 않을 수 있다. 그러나 단일한 생활공동체가 형성되고 전면적인 접촉과 교류가 진행됨에 따라 새로운 문제가 발생할 가능성도 있다.

기본적으로 이 단계에서는 사회갈등의 해소에 주안점을 두면서, 제도 정비 내지는 새로운 제도 구축이 중심이 되어야 한다. 정부뿐만 아니라 시민 사회도 조직 차원의 정비가 시도되어야 할 것이며, 개인도 사회갈등을 처리할 수 있는 역량을 갖추도록 하여야 한다. 특히 통합 과정에서 상대적으로 불이익을 당하는 집단이나 문화가 소외되지 않도록 하는 노력이 경주돼야 한다. 당연히 정부와 민간이 공동으로 주체가 되어야 한다.

▼ 표 6-2 **사회통합을 지향하는 단계별 사회문화교류**

구분	협력 단계	평화공존 단계	남북연합 단계	통합 이후
주안점	• 화해분위기정착 • 상대문화 접촉기회 확대를 통한 상호이해증진	• 사회문화교류의 양적 확대 및 정례화 추진 • 남북한 주민의 공동체의식 함양 • 통일문화 구현대비	• 사회문화관련 공동 조직 구성 • 사회문화 통합에 대한 실질적 대비	• 통일문화 구축 • 일상생활의 사회통합 추진 • 사회문화갈등의 최소화
제도정비	• 보안법등 교류저해 법령개폐 • 저작권등 관련법령정비 • 남북문화협정체결 • 사회문화교류창구 정비 • 사회문화교류협의 (가칭) 발족	• 사회문화교류지원법 제정 • 사회문화교류 지원기금 확충 • 문화유통기구 설립 • 사회문화교류지침 작성	• 사회문화관련 공조직의 남북공동 조직 구축 • 사회문화관련 법령 및 제도 전면적 정비	• 사회문화관련 법의 통일 • 교육을 포함한 제도의 통합
주요사업	• 북한문화국내출판 사업 • 교류행사 (음악회, 전람회 등) • 분야별 남북한 공동연구 확대 • 상대편 각종 행사에 참여 확대 • 방송, 인터넷 등 교류활성화를 위한 기술 문제 검토	• 각종교류행사의 정례화 추진 • 남북이 공동으로 주최하는 행사 확대 • 국제기구에 남북한 공동진출 • 국제대회의 공동 개최 • 민족문화사 복원을 위한 공동연구 • 공동창작 실시 • 언론인을 포함하여 상대 지역에 장기 파견 및 연수	• 통합단체의 설립 • 남북통신망 구축 • 각종 문화행사의 단일화 추진 • 통일문화사 추진 • 언어를 비롯하여 각종 부분의 표준화 추진	• 통일문화교육 프로그램 구축 • 각종 단일 조직 구성 및 운용 • 사회문화갈등 해소프로그램 구축 • 분단시기 문화사 정비
교류주체	• 정부와 민간단체 공동 주도 • 정부는 기반확충, 민간단체는 실질적 주체로	• 특정 분야를 제외하고 민간단체가 중심 • 정부는 지원체제 확충에 치중	• 정부와 민간부분이 역할 분담하여 공동으로 추진	• 정부와 민간 공동 참여
기타 고려사항	• 교류 사업이 상호 이익에 부합하도록 추진 • 경쟁적 교류 사업 경계	• 문화충격 대비 • 상업화 경향 경계	• 미래지향적인 사회문화교류 추진	• 사회운동과 결합

⑦ 정상회담 이후 사회문화교류의 전망

　　그동안 정치환경이 남북관계에 큰 영향을 끼쳤다는 점에서 4·27 판문점 남북정상회담을 계기로 사회문화교류의 가능성이 커진 것은 분명하다. 더욱이 현재 문재인 정부는 화해협력을 기반으로 하는 김대중·노무현 정부의 대북정책을 계승한다고 밝혔고, 시민의 자율성이나 중요성을 지지하고 있기 때문에 민간이 주도하는 사회문화교류 활성화에는 긍정적인 정치적 환경이 조성됐다고 볼 수 있다. 판문점선언에서 합의한 대로 남북연락사무소가 운영되면 교류협력을 위한 남북한 제도화 수준을 높이는 효과도 있을 것이다. 또 경제협력 사업과 달리 대북제재와도 무관하게 추진될 수 있는 분야가 사회문화교류다. 그럼에도 사회문화교류 확대에 부정적인 요인들도 있다는 점도 직시할 필요가 있다.

　　첫째, 사회문화교류를 추동할 수 있는 남한 사회 내 동력이 약화되었다는 점이다. 1990년대 이후 사회문화교류는 남한이 주도해왔다. 그러나 최근 북한에 적대적인 보수 정권이 10년 가까이 유지되는 가운데 북한에 대한 시민들의 인식도 악화돼 사회문화교류에 대한 사회적 지지도 낮아질 가능성이 크다는 것이다.[22] 2000년대 10여 년 동안 이루어진 사회문화교류 사업에서 얻은 교훈 가운데 하나는 남북사회문화교류가 상업적으로 성공하기 어렵다는 점이다. 시장을 기초로 한 남한 사회에서 사회문화교류 사업을 민간부분에서 독자적으로 추진하는 것은 쉽지 않다는 것을 의미한다. 평창올림픽과 더불어 예술단 교환 방문이 관심을 끌었던 것은 지난 10여 년 동안 남북한 간 교류 이벤트가 없었기 때문이었다. 더욱이 북한에 대한 부정적인 인식이 지배하는 현실에서 사회문화교류를 추진하는 것은 쉬운 일이 아니다.

　　둘째, 사회문화교류를 추진할 시민 사회의 환경이 열악한 현실에서 국가가 개입하는 사회문화교류가 심화될 가능성이 있다. 과거 사회문화교류에 적극적이었던 시민 사회단체들은 장기간 걸친 교류단절로 관련 사업을 포기한 경우가 많았고, 실무자로 교류의 경험을 쌓았던 인적자원들의 손실도 적지 않았다. 사회적 지지도 부족하고 물적 토대도 약화된 시민 사회가 정상회담 이후 사회문화교

---

22 남한 정부의 적대적 대북정책과 더불어 북한의 핵개발 및 미사일실험 반복으로 반공(反共)을 넘어서서 혐북(嫌北) 분위기가 확산되고 있다. 강호제, "혐북은 어떻게 작동하는가," (통일뉴스, 2017.4.10); http://www.tongilnews.com/news/articleView.html?idxno=120376.

류를 적극적으로 담당하지 못하면 2000년대 초반과 같이 정부 주도의 사회문화교류가 중심을 잃을 수도 있다. 국가나 공공부분의 적극적인 사회문화교류가 꼭 나쁘다고 볼 수는 없지만, 정치적 이해에 좌우되거나 정치적 논란의 대상이 될 여지가 있다는 의미다.

셋째, 2000년대와 최근의 북한의 모습은 다르다는 점이다. 특히 경제적인 안정이 이루어지면서 과거 사회문화교류에 북한을 유인했던 경제적 동기가 더 이상 효과가 없을 가능성이 크다. 예를 들어 과거 사회문화교류에서 대북지원사업이 역할이 적지 않았는데,[23] 현재 북한은 1990년대 후반이나 2000년대 전반과 같이 긴급구호가 절실하지 않다.[24] 과거 대중문화공연을 비롯한 문화교류에도 북한이 비용을 받았지만, 경제난이 해소된 오늘날에도 과거와 같은 입장을 지속할지 의문이다. 체제경쟁에서 열세에 있는 북한이 접촉이 동반되는 사회문화교류에 소극적인 현실에서 북한을 유인할 수 있는 중요한 수단의 효력이 떨어졌다는 것이다.

북한 핵 문제가 해결의 길로 들어서고 판문점선언에서 합의했듯 남북정상회담이 정례화되면 상대적으로 정치적 부담이 적은 사회문화교류부터 활성화될 가능성이 크다. 그러나 지난 사회문화교류에 대한 성찰이 없이 진행되면 문제점은 반복될 것이고, 사회문화교류의 의미도 퇴색될 수 있다. 과거사례에 대한 구체적인 분석과 발전적인 교류방안을 모색하는 로드맵을 구축하면서 교류를 시행하는 것이 어느 때보다 필요하다는 지적이다. 이와 더불어 통일 개념에 대한 근본적인 고민도 사회문화교류 발전을 위해서 필요하다. 통일이라는 말은 하나로 된다는 것을 의미한다. 실제로 대부분의 사람들이 분단이 하나였던 체제가 둘로 나누어진 것을 의미한다면 원상회복은 당연히 하나로 되는 것이라고 생각한다. 그러나 하나로 된다는 것이 어떤 의미를 갖는가에 대해서는 보다 진지한 논의가 필요하다. 전체체제라는 관점에서 보면 통일을 커다란 개념으로 받아들인다고 해도 사회 각 부문이나 하위체제에서도 통일을 적용할 수는 없을 것이다. 사회체제에서는 통합이 적절한 개념이 될 수 있지만 문화 수준에서는 적절

---

23 북민협, 『대북지원 20년사』 (서울: 북민협, 2016).

24 최근 대북지원단체들은 개발지원으로의 성격전환을 논의하고 있으나, 당장 추진되기에는 적지 않은 문제가 있다. 김석진, "개발협력 국제규범과 북한적용 문제," ; 정구연, "시민사회의 대북개발협력 가이드라인 및 협력 방향," ; '대북개발협력의 경험과 새로운 패러다임' 초록우산어린이재단·통일연구원과 대북개발협력 학술회의 자료집. 2018.4.20.

하지 않다. 흔히 '통일문화'라는 말을 쓰지만 문화적 통일, 문화적 통합은 전체주의에서나 가능한 것으로, 제국주의 문화론에서나 지향하는 일이다. 문화는 통합도 아니고 통일도 아니며 공존이 되어야 한다는 의미다. 우리가 일상적으로 쓰는 통일은 제도적 통일, 사회적 통합, 문화적 공존이 되어야 한다. 이러한 인식이 토대가 되어 사회문화교류를 추진해야 할 것이다.

토론 및 탐구주제

01 사회문화교류는 남북관계 변화에서 어떠한 역할을 하고 있을까?

02 사회문화교류에서 국가와 사회는 어떠한 관계를 가져야 할까?

03 2000년대 이후 이루어진 남북사회문화교류의 특징에는 어떤 것들이 있을까?

04 사회문화교류가 발전하기 위해서 생각해 보아야 할 것들은 어떤 것이 있는가? 토론해 봅시다.

[참고문헌]

강동완.『모란봉악단, 김정은을 말하다.』서울: 도서출판 서인, 2014.

강호제, "혐북은 어떻게 작동하는가," http://www.tongilnews.com/news/articleView.
html?idxno=120376 (2017.4.10)

고유환. "민족공동체 통일방안의 이행과정과 추진전략 재검토."『통일인문학』제60권
(2014).

김상범·김종수. "민족공동체통일방안"의 계승, 발전 방안 연구."『북한학연구』제12권
1호 (2016).

김석진. "개발협력 국제규범과 북한적용 문제." ; 정구연. "시민사회의 대북개발협력
가이드라인 및 협력 방향." ; '대북개발협력의 경험과 새로운 패러다임' 초록우산
어린이재단·통일연구원과 대북개발협력 학술회의 자료집. (2018.4.20).

민족화해범국민협의회, "남북 사회문화교류 중장기 로드맵 설정 및 추진 전략 연구."
『통일부 연구용역 보고서 07』(2007).

박영정. "북한에 부는 '한류 열풍'의 진단과 전망."『제주평화연구원』12호 (2011).

백영철 외.『21세기 남북관계론』서울: 법문사, 2000.

북민협.『대북지원 20년사』서울: 북민협, 2016.

이기동. "통일환경의 변화와「민족공동체 통일방안」."『한국동북아논총』 제71호
(2014).

이수석. "북한의 대남사회문화교류정책에 관한 연구." KOREASCOPE 연구논문자료,
제5권. 서울: 경남대학교 출판부, 2000.

이우영·손기웅·임순희.『남북한 평화공존을 위한 사회·문화, 교류·협력의 활성화 방
안』서울: 통일연구원, 2001.

이우영. "남북정상회담과 사회문화교류."『통일정책연구』제27권 1호 (2018).

이창헌. "한민족 공동체 통일방안의 특징과 평가."『통일문제연구』제9권 (1991).

이화여대 통일학연구원(편).『남북 관계사: 갈등과 화해의 60년』서울: 이화여대 출판
부, 2009.

조한혜정·이우영.『탈분단 시대를 열며 : 남과 북, 문화공존을 위한 모색』서울: 도서
출판 삼인, 2000.

최대석. "남북한 사회문화교류협력 추진방향."『통일연구논총』제4권 2호 (1995).

제7장 남북 경제교류·협력의 경험과 과제

① 머리말

지난 1988년 한국 정부의 '민족자존과 통일번영을 위한 특별선언(이른바 7·7 선언)'을 계기로 막이 오른 남북 경제교류·협력(이하 남북경협으로 줄여서 씀)은 어느덧 32년의 역사를 가지게 되었다. 남북경협은 그동안 많은 우여곡절과 함께 발전과 침체, 후퇴를 경험하며 오늘날에 이르게 되었다.

현재는 남북경협 32년의 역사에 있어서 최대의 위기 상황에 놓여 있다. 지난 2010년 북한에 대한 경제제재 조치인 5·24 조치가 취해진 이후 개성공단을 제외한 모든 남북경협 사업은 10년 가까이 중단되었다. 그리고 몇 년 동안 유일한 남북경협 사업으로 남아 있던 개성공단 사업조차 2016년부터 전면 중단되는 사태가 발생했다. 이에 따라 모든 남북경협 사업은 중단되었고, 이러한 '남북경협 사업 제로'시대는 4년째 지속되고 있다.

한편, 지난 2018년 초부터 북한의 비핵화선언, 남북정상회담, 북미정상회담 등으로 한반도의 해빙 무드가 조성되면서 남북경협의 재개에 대한 기대감이 고조되었다. 하지만 올해 2월 하노이 북미정상회담의 결렬 이후 북미 간 핵 협상이 소강국면으로 접어들면서 남북경협의 재개도 다시 안개 속으로 빠져들고 있다.

이 글은 남북경협 32년의 경험에 대해 정리하고 이에 대한 평가를 통해 향후 남북경협의 재개 및 활성화를 위한 과제에 대해 토론하기 위한 기초 자료를 제공하는 것이 목적이다.

② 남북경협의 전개 과정

가. 남북경협의 개념과 제 범주

남북경협은 여러 범주로 구성된다. 대상(즉 사업)에 따라서는 경제협력과 인도적 지원으로 구분할 수 있고, 주체에 따라서는 민간과 정부, 민관합동으로 구분할 수 있다. 물론 민간도 기업과 NGO, 정부도 중앙 정부와 지방 정부 등으로 보다 세분할 수 있다. 크게 보아 아래의 <표 7-1>과 같이 6개의 범주로 나누어 볼 수 있다.

남북경협이 개별 범주는 그 목적과 성격, 추진원칙이 상이할 수 있음에 유의해야 한다. 인도적 지원은 정치 경제적 목적과 무관하게 말 그대로 인도적 차원에서 이루어지는 것이다. 기업 차원의 경협은 기본적으로 비즈니스로서 수익성의 원칙에 입각해 이루어져야 하고 또 실제로도 그러한 측면이 강하다. 정부 차원의 경협은 남북한 간의 긴장 갈등관계를 해소함과 동시에 점진적이고 평화적인 통일의 기반을 조성하는 데 목적이 있다.

▼ 표 7-1 **남북경협의 제 범주**

		대상(사업)	
		경제협력	인도적 지원
주체	민간	단순교역, 위탁가공, 투자 등	NGO의 대북지원 등
	정부	철도·도로 연결 등	식량·비료 지원 등
	민관합동	개성공단, 금강산관광 등	• NGO의 대북지원 • (정부지원 있는 경우) 등

나. 남북경협의 기원

남북경협은 1988년 이른바 7·7 선언을 계기로 공식적으로 막이 올랐다. 이 시기에 구소련을 비롯한 사회주의권의 붕괴와 독일의 통일 등 일련의 변화들로 냉전체제가 종식되고 새로운 국제질서가 태동하게 되었다. 이런 새로운 국제질서 태동을 배경으로 한국 정부는 1988년부터 남북한 경제관계의 새로운 장을 열게 되는 일련의 조치들을 취하게 되었다. 우선 그해 7월 7일에 노태우 대통령은 '민족자존과 통일번영을 위한 특별선언'을 통해 "남과 북은 분단의 벽을 헐고 모든 부문에 걸쳐 교류를 실현할 것"을 천명했다. 이어 그해 10월에 '남북경제개방조치'를 발표, 북한과의 교역을 공식적으로 허용했다.

이에 따라 40년 만에 남북한 공식교역이 재개되기에 이르렀다. 1988년 11월에 ㈜대우가 처음으로 북한 물품(도자기)의 반입 승인을 획득하고 그해 12월 말까지 4건의 반입 승인이 이루어졌다. 이어 한국 정부는 남북경협이 이루어질 수 있는 법적·제도적 기반 마련에 착수했다. 1989년 6월, '남북교류협력에 관한 지침'을 제정해, 부분적이지만 제3국을 통한 북한 주민접촉과 교역이 이루어질 수 있는 제도적 틀을 마련했다. 나아가 1990년 8월에는 '남북교류협력에 관한 법률'과 '남북협력기금법'을 제정했다.

1992년부터는 위탁가공교역이라는 새로운 남북경협 형태가 등장해 그해 9월 코오롱상사가 최초의 위탁가공교역 물품인 셔츠의 반입을 성사시켰다. 이어 1996년부터는 한국 기업의 대북 투자가 시작되어 ㈜대우가 남포공단에 북한의 삼천리 총회사와 합영회사를 설립기로 합의했다. 아울러 1995년에 북한에 대한 인도적 지원이 성사되었다. 다만 인도적 지원은 이후 중단되었다가 2000년부터 재개, 본격화되었다. 이어 1998년에 현대에 의한 금강산관광 사업이 막을 올렸고, 2000년에는 남북한이 개성공단개발 사업에 합의했다.

다. 김대중·노무현 정부시대의 남북경협

1988년부터 시작된 남북교역은 이명박 정부 출범 전까지 양적으로 크게 성장했다. 전체 교역액은 1989년 0.19억 달러에서 2007년 17.98억 달러로 무려 95배나 증가했다(그림 7-1 참조). 내용적으로 보아도 그 발전양상을 짐작할 수 있다. 1988년 남북경협이 공식 개막한 직후에는 일반 물자교역이 중심이었으나 점차 위탁가공교역, 직접투자 등으로 발전했다.

그림 7-1 남북 교역액 추이

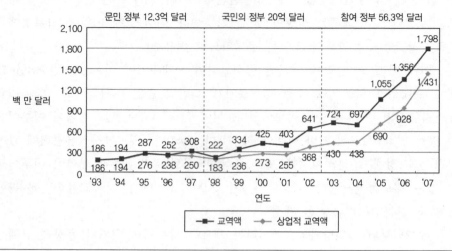

출처: 통일부.

2000년 남북정상회담 이후 남북경협은 중심축이 민간의 경협에서 공적 협력(정부차원 혹은 민관합동의 경협)으로 이동했다. 개성공단, 철도도로연결, 금강산관광 등 3대 경협 사업 및 후속의 경공업지하자원협력이 대표적이다. 물론 일반 물자교역, 위탁가공교역 등 순수 민간 차원의 경협도 지속되었다.

---

box 1. 개성공단 사업과 금강산관광 사업

개성공단 사업과 금강산관광 사업은 남북경협 32년의 역사에서 가장 대표적인 사업들이다. 개성공단 사업은 주로 남한의 기업이 개성이라는 북한 땅에 들어가 북한 사람들을 고용해 제품을 생산하는 공업단지를 개발·운영하는 사업이다. 당초 3단계에 걸쳐 총 2,000만 평(66.1㎢) 규모의 공업단지 및 배후도시를 개발하는 구상을 가지고 있었으나 여러 가지 제약으로 인해 지금까지 1단계 사업(100만 평)만 진행된 상태이다.

2000년 8월 현대와 북측의 사업 합의서 체결로 막이 오른 후 2003년 6월에 공단착공식을 가졌고, 2007년 10월에는 1단계 사업 준공식을 개최했다. 2016년 2월 공단이 전면중단될 당시 국내의 123개 업체가 입주해서 5만여 명의 북한 근로자들을 고용해 연간 5억 달러 이상의 제품을 생산하고 있었다.

금강산관광 사업은 1998년 11월 현대 '금강호'의 출항으로 닻을 올리면서 북한 지역에 대한 최초의 정기적인 관광이라는 기대감 속에 출발했으나 2001년에 사업자인 현대아산의 자금난 등으로 중단위기에 직면하기도 했다. 2003년 9월부터는 육로를 통한 관광이 본격 개시되면서 안정적 성장의 궤도에 들어섰다.

그러던 중 2008년 7월에 관광객 피격 사건이 발생, 이후 현재까지 관광은 11년 넘게 중단된 상태이다. 중단 당시 누적 관광객 수는 193만 명에 달했었다.

라. 이명박·박근혜 정부시대의 남북경협

이명박·박근혜 정부시대 들어 남북경협은 최대의 위기를 맞게 되었다. 무엇보다도 이명박 정부시대에 남북경협은 개성공단 사업을 제외하고는 중단되었다. 이는 5·24 조치의 영향이 가장 크다. 지난 2010년, 북한에 대한 경제제재 차원에서 취해졌던 이 조치로 인해 직접적으로는 일반물자교역, 위탁가공교역 등이 중단되었으며, 또 그 여파로 금강산관광 사업의 중단상태도 지속되었다.

---

box 2. 5·24 조치

한국 정부가 2010년 5월 24일, 천안함 사건(2010.3.26)의 조사결과를 발표하면서 북한에 대해 취한 최초의 경제제재 조치이다. 주요 내용으로 △북한선박의 우리 해역 운항 전면 불허, △남북교역 중단, △우리 국민의 방북 불허, △북한에 대한 신규투자 불허(개성공단 제외), △인도적 차원의 대북지원 사업 원칙적 보류 등을 담고 있다.

이 조치로 인해 직접적으로는 일반물자교역, 위탁가공교역, 북한 내륙 지역 투자 사업 등이 중단되었다. 또한 금강산관광 사업은 이미 2008년 7월부터 한국인 관광객 피격 사건을 계기로 중단된 상태였는데, 5·24 조치가 취해짐에 따라 금강산관광의 재개도 어렵게 되었다.

5·24 조치가 취해진 이후 이명박·박근혜 정부시대에 남북한 당국은 5·24 조치의 해제를 둘러싸고 여러 차례 협의를 벌였으나 결국 합의에 도달하지 못했다. 그리로 문재인 정부시대 들어 한국 정부는 5·24 조치 해제에 대해 전향적 태도를 보였지만 이제는 유엔의 대북제재 문제에 묶여 뚜렷한 해결책을 찾지 못하고 있다. 이에 따라 5·24 조치는 당초 예상보다 훨씬 오랜 기간 지속되고 있다.

그러나 이명박 정부시대의 남북경협 상황은 5·24 조치만으로는 전부 다 설명이 되지 않는다. 이명박 정부 출범 이후 남북관계가 경색되면서 이는 남북경협에 직접적인 타격을 가했다. <표 7-2>, <그림 7-2>에 나타나 있듯이 5·

24 조치 이전에도 이명박 정부 출범 이후 남북교역 총액은 정체 및 감소 추세[1]를 나타냈다.

박근혜 정부시대 들어 남북경협의 상황은 더욱 악화되었다. 2013년에는 개성공단 사업이 6개월 가까이 중단되었으며 2016년 2월부터는 개성공단 가동이 아예 전면 중단되기에 이르렀다.

그림 7-2 남북교역 총액 추이

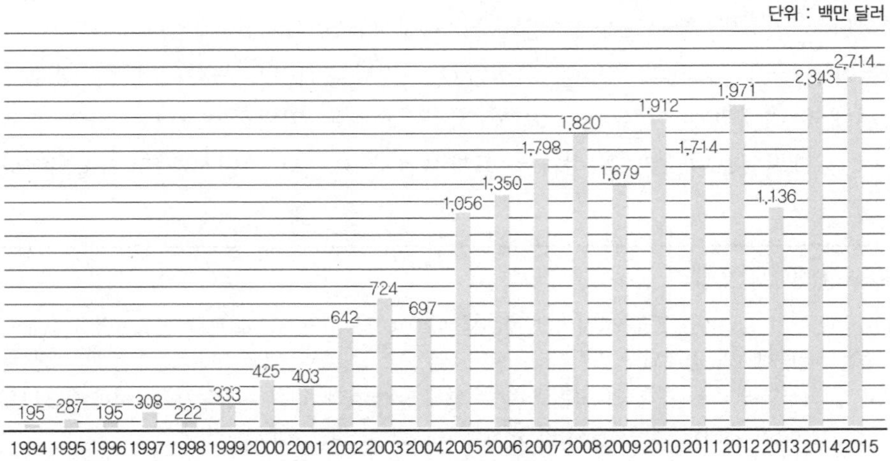

단위 : 백만 달러

출처: 통일부.

---

1 남북교역 총액의 해석에는 주의를 요한다. 특히 남북교역 총액에서 개성공단 사업이 차지하는 비중이 높아질수록 이는 교역총액을 과대평가하는 경향이 있음에 유의해야 한다. 이는 남측기업이 개성공단에 원부자재를 반출할 때 교역통계에 포함되고, 이 원부자재를 가공한 제품이 남측에 반입될 때 다시 한번 교역통계에 포함된다는 이른바 이중 계산 문제에 따른 것으로써 불가피한 측면이 있다.

▼ 표 7-2 유형별 남북교역액 및 남북교역 총액 추이

(단위: 백만 달러, %)

구분	2007	2008	2009	2010	2011	2012	2013	2014	2015
일반 교역	461 (51.7)	399 (−13.4)	256 (−35.9)	118 (−54.0)	0.2 (−99.8)	0.8 (273.0)	0.6 (−30.1)	0.2 (−69.7)	− (−)
위탁 가공	330 (30.4)	408 (23.8)	410 (0.3)	318 (−22.5)	4 (−98.8)	0 (−100.0)	− (−)	− (−)	− (−)
개성 공단	441 (47.5)	808 (54.5)	941 (16.3)	1,443 (53.4)	1,698 (17.7)	1,961 (15.5)	1,132 (−42.3)	2,338 (106.5)	2,704 (15.7)
기타	566 (14.6)	204 (−63.9)	73 (−64.4)	34 (−53.2)	12 (−64.0)	9 (−26.3)	3 (−66.0)	5 (50.9)	10 (100.0)
합계	1,798 (33.2)	1,820 (1.2)	1,679 (−7.7)	1,912 (13.9)	1,714 (−10.4)	1,976 (15.3)	1,136 (−42.4)	2,343 (106.3)	2,714 (15.8)

주: 기타는 금강산관광 관련 반·출입, 인도적 지원 등. ( )는 전년동기 대비 증감율.
출처: 통일부, 한국무역협회.

▼ 표 7-3 금강산/개성/평양 관광객 현황

(단위: 명)

구분		1998	1999	2000	2001	2002	2003	2004	2005	2006	2007	2008	계
금강산 관광	해로	10,554	148,074	213,009	57,879	84,727	38,306	449	−	−	−	−	552,998
	육로	−	−	−	−	−	36,028	267,971	298,247	234,446	345,006	199,966	1,381,664
	합계	10,554	148,074	213,009	57,879	84,727	74,334	268,420	298,247	234,446	345,006	199,966	1,934,662
개성관광		−	−	−	−	−	−	−	1,484	−	7,427	103,122	112,033
평양관광		−	−	−	−	−	1,019	−	1,280	−	−	−	2,299

※ 금강산(08.7.12) 및 개성(08.11.29)관광 중단.
출처: 통일부.

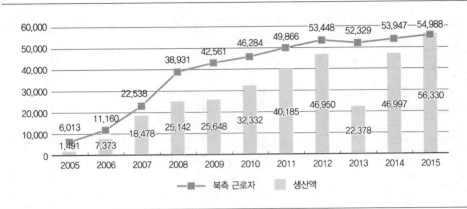

그림 7-3 개성공단 사업 실적

(단위: 만 달러, 명)

출처: 통일부.

가. 한국 정부정책에 대한 평가

① 전제적 논의

역사적으로 보면 남북경협이 대북정책에서 차지하는 위상은 정권에 따라 상이했음을 발견할 수 있다. 김대중·노무현 정부에서는 남북경협이 결정적으로 중요했다. 대북정책은 교류협력 우선 정책이었으며, 교류협력을 통한 북한의 변화가 최대 목표였다. 반면 이명박·박근혜 정부 들어서는 남북경협의 위상이 다소 하락했다. 남북관계의 정상화, 북한의 정상국가화가 우선적인 목표였는데 사실상 안보 우선 정책이었다고 볼 수 있다.

이하에서는 정부의 정책목표를 기준으로 역대 정부의 남북경협정책을 평가하기로 한다. 여기서는 보수적 시각과 진보적 시각으로 구분해서 논의를 전개한다. 물론 보수와 진보가 모든 사안에 대해 동일한 견해를 가지고 있는 것도 아니고 또 보수와 진보 내에서도 다양한 스펙트럼이 존재하지만, 이 글에서는 독자들의 이해를 돕기 위해 보수와 진보로 구분한다. 실제로 김대중·노무현 정부는 진보 정권으로, 이명박·박근혜 정부는 보수 정권으로 규정되고 있으며, 각 정부의 대북정책에는 정권의 성격이 가장 큰 영향을 미쳤음은 주지의 사실이다. 한편, 대북정책에서 남북교류협력에 높은 우선순위를 두는 김대중·노무현 정부의 남북경협정책에 대한 평가는 '남북경협' 자체, 특히 남북경협의 효과에 대한 평가와 맥을 같이 한다.

② 김대중·노무현 정부의 남북경협정책에 대한 평가

(1) 남북관계 개선

진보적 시각에서는 남북경협이 남북관계를 개선시키는 효과가 존재한다고 평가하고 있다. 즉 남북경협을 통해 북한의 경제난이 완화되고 남북경협 확대에 따라 남한에 대한 북한의 경제적 의존도가 높아지면 당연히 남북관계에도 긍정적 영향을 미친다는 것이다. 이들은 남북경협이 남북한 정치·군사적 갈등의 분출을 제어하는 안전판 역할을 했고, 아울러 남북경협은 남북 간 긴장을 완화하고 화해와 협력 분위기를 촉진해, 한반도 정세를 안정적으로 관리하고 남북관계를 개선시키는 중요한 수단으로 기능했다고 보고 있다.

이에 반해 보수적 시각에서는 이른바 '퍼주기론', '북한불변론', '경협무익론', '경협위해론' 등의 견해를 표명하고 있다. 남북경협을 통해 북한을 변화시키려고 했지만, 우리에게 돌아온 것은 핵과 미사일 위협뿐이며, 남북관계의 근본적인 적대적 성격은 바뀌지 않았다는 것이다. 이들은 남북경협의 남북관계 개선효과란 존재하지 않거나 일시적·제한적일 뿐이라고 평가하고 있다.

(2) 남북경제공동체 형성

진보적 시각에서는 남북경협이 남북 경제공동체의 초석을 놓았다고 평가하고 있다. 남북 당국 간 회담, 4대 경협합의서, 금강산 및 개성공단 관련 법률 등을 통해 남북한 경제는 제도적 연계를 실현하기 시작했다는 것이다. 물론 제도적 연계가 아직 걸음마 단계에 불과하다는 것은 이들도 인정하고 있다. 아울러 이들은 남북경협을 통해 남북한 경제가 기능적 연계도 실현하기 시작했다고 보고 있다. 두 나라 간 분업구조에서 가장 표준적인 유형의 하나가 각국이 비교우위가 있는 생산요소를 결합하는 것이고 이는 남북한 간에도 적용될 수 있는바,

남한의 자본·기술과 북한의 토지·노동이라는 분업구조가 바로 그것이다. 위탁가공교역은 이런 분업구조의 가장 초보적인 단계이고, 개성공단은 이보다 한 걸음 더 나아간 단계라고 이들은 파악하고 있다.

반면 보수적 시각에서는 남북경협이 아직까지 남북 경제공동체 형성 효과가 없다고 보고 있다. 남북한 간에 합의된 것도 극히 제한적이고, 이마저 제대로 이행되지 않고 있기 때문에 남북한 경제 간에 제도적 연계는 없다는 것이다. 일반물자교역, 위탁가공교역, 금강산관광 사업 등은 남북한 주민 및 기업 간 교류 효과가 없었으며 단지 북한 정부가 외화수입을 얻는 통로로만 기능했다고 이들은 평가하고 있다. 남북한 경제 간 기능적 연계라는 측면에서 볼 때 가장 앞서 있는 것은 개성공단이지만, 이것 역시 북한 내부 경제와의 연계가 없었다는 한계가 있다고 이들은 보고 있다.

(3) 북한의 개혁·개방

진보적 시각에서는 남북경협이 비록 제한적이지만 북한의 경제개혁을 촉진하는 효과가 존재한다고 평가하고 있다. 남한에서 제공한 각종 자원이 북한 시장에 유입되고, 이를 매개로 남북경협이 북한 내에서 시장 확대의 물적 토대를 제공한다는 것이다. 또한 남북경협 가운데 북한 주민과의 접촉면적이 비교적 넓고 접촉기간도 긴 사업, 특히 개성공단 사업 등은 직간접적으로 북한 주민들의 시장경제 학습에 기여한다고 이들은 파악하고 있다. 또한 북한 입장에서 보면 남한과의 경협은 다른 나라와의 경협보다 더욱 강력하고 두려운 대외개방이기 때문에 남한의 입장에서는 북한과의 경제교류협력을 확대하는 것 자체만으로도 북한의 대외개방을 확대하는 효과가 분명히 존재한다는 것이다. 특히 금강산 육로관광, 개성공단 사업은 북한 대외개방 확대의 대표적인 사례로 평가되어야 한다고 이들은 주장하고 있다.

이에 반해 보수적 시각에서는 남북경협이 북한 정부로 하여금 시장을 억제하는 방향으로, 즉 반(反)개혁적인 방향으로 정책을 취하도록 여건을 조성했다고 보고 있다. 특히 2000년대 초중반 남한의 대북 쌀·비료 지원은 북한 정부가 배급제를 부활시키고 시장을 억제할 수 있게 한 여건을 조성해 주었다고 주장하고 있다. 아울러 남북경협을 통해 북한으로 이전된 자원이 북한 정부에 유입됨으로써 북한 정부가 계획경제를 정상화하고 시장을 억제할 수 있는 물적 토대를 제공했다고 이들은 보고 있다. 개성공단도 북한의 내부경제에는 별 영향을 미치지 못하는 폐쇄적 특구에 불과했다고 이들은 평가하고 있다.

(4) 남한경제에 대한 기여

진보적 시각에서는 남북경협이 남한경제에 직접적으로 기여한다고 평가하고 있다. 기업들에게 신규 사업 기회를 제공하고, 경쟁력을 제고하는 효과가 존재한다는 것이다. 또한 간접적 기여도 무시하지 못하는바, 한반도 긴장 완화, 남북관계 개선을 통해 남한경제 및 기업에 대한 대외적 신인도를 제고하는 효과가 있다고 보고 있다.

반면 보수적 시각에서는 지금까지 남북경협은 기업의 입장에서 볼 때 잠재력보다는 리스크가 훨씬 컸다고 평가하고 있다. 이는 △경제협력에 대한 북한 정부의 몰이해, △북한의 취약한 인프라, △국제 사회의 대북경제제재, △남북관계의 불안정성 등이 주된 원인이라는 것이다. 또한 남북경협이 남북관계를 개선하는 효과가 일시적·제한적이기 때문에 남북경협이 남한경제 및 기업에 대한 대외적 신인도를 제고하는 효과도 거의 없었다고 보고 있다.

이처럼 기존의 남북경협 또는 김대중·노무현 정부의 남북경협정책에 대한 진보적 시각과 보수적 시각의 평가는 매우 대조적이다. 즉 <표 7-4>에 나타나 있듯이 진보적 시각에서는 남북경협이 △남북관계를 개선하는 효과가 있으며, △남북경제공동체 형성에 기여하며, △북한의 개혁개방을 촉진하며, △남한경제에 대해 기여했다고 보고 있다. 반면 보수적 시각에서는 기존 남북경협이 △남북관계를 개선하는 효과가 없으며, △남북경제공동체 형성에 기여하지 못하며, △북한의 개혁개방을 촉진하지 않으며, △남한경제에 대해 기여하지 못했다고 보고 있다.

▼ 표 7-4 기존의 남북경협에 대한 평가

평가기준/구분	진보적 시각	보수적 시각
남북관계를 개선	○	×
남북경제공동체 형성에 기여	○	×
북한의 개혁개방을 촉진	○	×
남한경제에 대해 기여	○	×

③ 이명박·박근혜 정부의 남북경협정책에 대한 평가

(1) 보수적 시각

보수적 시각에서는 이명박·박근혜 정부의 남북경협정책의 가장 큰 성과로서 '원칙의 고수' 또는 '원칙의 견지'를 내세우고 있다. 제대로 된 남북관계를 정립하기 위해 "원칙 있는 대북정책을 일관성 있게 추진"했다는 것이다. 북한이 대남 강경정책을 폈지만 이에 흔들리지 않고 의연하게 대처했으며, 특히 일관된 대북원칙을 견지했다는 점을 높이 평가해야 한다고 주장하고 있다.

개성공단 사업의 경우, 이명박 정부시대에 북한 정부가 임금, 토지임대료 등에 대해 기존 합의를 파기하며 무리한 요구를 할 때 한국 정부는 국제규범 확립, 경제원리 추구, 미래지향적 발전 등 '개성공단 발전3원칙'에 따라 북한의 요구를 수용할 수 없다는 입장을 견지했다. 금강산관광 사업도 관광재개에 대한 안팎의 압력에도 불구하고, 관광객 피격사건에 대한 진상규명, 재발방지, 신변안전보장 등 3대 선결요건이 충족되지 않으면 관광 사업을 재개할 수 없다는 원칙을 견지했다는 점을 높이 평가했다.

이들은 과거 10년간의 정책적 오류로 인해 남북관계가 잘못되어 있던 것을 이제는 바로잡게 되었으며, 이에 따라 남북관계도 정상화되는 과정에 들어서게 되었다고 보고 있다. 이에 따라 남한은 북한에 더 이상 끌려다니지 않게 되었고, 북한에 대해 할 말은 다 하는 당당함을 보여주고 있으며, 북한이 남한에 대해 협박을 하고 생떼를 쓰는 종전의 방식은 더 이상 통하지 않는다는 인식을 심어주게 되었다는 것이다. 결국 '제대로 된' 남북경협을 추진할 수 있는 여건이 마련되었다고 이들은 평가하고 있다.

또한 박근혜 정부시대인 2013년 봄 개성공단 잠정폐쇄, 2015년 여름 DMZ 목함지뢰 사건 등을 통해 북한이 위기조성 전략을 구사할 때 우리 정부가 단호하게 원칙을 고수함으로써 위기를 관리하는 데 성공했다는 것이다.

(2) 진보적 시각

반면 진보적 시각에서는 이명박·박근혜 정부는 결국 교류협력보다는 안보우선의 정책을 폈다는 점을 강조한다. 또한 이명박·박근혜 정부의 남북경협정책이 '과정'으로써는 높이 평가할 수 있을지 모르지만 '결과'로서는 낙제점이라는 평가를 하고 있다. 특히 정부정책은 기본적으로 결과, 즉 성과로 평가받을 수밖에 없다는 현실을 고려해야 한다고 강조하고 있다. 보수적 시각의 주장처럼 이명박·박근혜 정부의 대북경협정책이 북한의 인식 변화를 이끌어 냈는지에 대해서는 논란의 여지가 많다. 나아가 이명박·박근혜 정부가 김대중·노무현 정부의 대북경협정책이 북한의 '변화'를 이끌어내지 못했다고 비판했지만, 이명박·박근혜 정부 또한 북한의 '변화'를 이끌어내지 못했다는 비판에 노출되어 있다고 이들은 평가하고 있다.

아울러 김대중·노무현 정부의 남북경협정책을 평가할 때 기준으로 설정했던 정책의 목표를 이명박·박근혜 정부에 동일하게 적용하면, △남북관계 개선, △남북경제공동체 형성, △북한의 개혁개방, △남한경제에 대한 기여 등 모든 면에서 초라한 성적표가 될 수밖에 없다고 이들은 보고 있다. 물론 남한 정부는 북한에게 모든 책임을 돌리려 하겠지만 과연 남한 정부도 책임에서 자유로울 수 있는지 미지수라고 이들은 주장하고 있다.

한편, 이명박·박근혜 정부의 남북경협정책이 가져온 가장 큰 문제점은 남북관계의 후퇴, 남북경협의 위기라고 이들은 보고 있다. 과거 김대중·노무현 정부 10년간 대화와 화해협력정책을 통해 남과 북이 힘들게 신뢰를 쌓아놓았지만, 이명박·박근혜 정부시대에 남북 간의 대치, 대립으로 공든 탑이 와르르 무너졌고, 남북관계는 냉전시대로 회귀했다는 것이다. 특히 박근혜 정부는 남북경협의 최대 현안인 5·24 조치 문제도 풀지 못했으며, 더욱이 북한 핵 문제를 남북경협과 연계시키면서 남북경협의 마지막 끈인 개성공단 사업마저 전면 중단시키면서 남북관계를 더욱 악화시켰다고 비판하고 있다.

아울러 남북경협기업들은 갑작스러운 5·24 조치로 큰 피해를 보고 있다는 점을 결코 간과할 수 없다고 이들은 주장한다. 도산한 기업도 있는가 하면 매출 격감, 적자 누적으로 신음하게 된 기업도 부지기수이며, 5·24 조치로 인한 장기간의 경영난으로 인해 대북 사업을 재개할 '여력'이 있을지도 의문시되고 있다.

게다가 이명박·박근혜 정부 들어 남북관계가 얼어붙으면서 남북경협이 침체의 늪에 빠진 반면 북한과 중국은 더욱 밀착하고, 북중경협은 확대일로의 길을 걸었다. 특히 남한의 5·24 조치 이후 남북경협은 사실상 중단된 반면 북중경협은 폭발적으로 늘어나면서 북한에서는 중국 일변도의 기형적 교역구조가 심화되는 경향을 나타내고 있다는 점을 이들은 강조하고 있다.

나. 최근의 남북경협 위기의 원인

　　최근 남북경협의 개별 사업들이 순차적으로 중단되는 과정을 되돌아보면 몇 가지 공통점을 발견할 수 있다(표 7-5 참조). 즉 우발적 사고이든 의도적 행동이든 북한에 의해 돌출적 상황이 발생하고, 이에 대해 남한이 남북경협 사업 중단으로 응수한 것이다. 특히 북한에 의해 야기된 상황이 일반의 예상 범위를 벗어나고 남한의 대응 또한 예상 범위를 벗어난 것이 눈에 띈다. 달리 보면 최근의 남북관계의 게임구조, 특히 일방이 강(强)으로 나오면 타방도 강(强)으로 대응하는 구조가 남북경협 사업에까지 침투한 것이다. 또한 민간이 운영하는 남북경협 사업에 대해 정부가 직접적으로, 더욱이 사업중단이라는 극단적 형태로 개입한 것이다.

▼ 표 7-5 **남북경협 사업 중단의 직접적 계기**

구분	중단시점	북한의 조치 및 사건	남한의 조치
일반물자교역, 위탁가공교역	2010.5.	천안함 사건	5·24 조치 (남북교역 중단)
금강산관광 사업	2008.7	남측 관광객 피격 사건	금강산관광 중단
개성공단 사업	2013.4	사업의 잠정 중단선언 및 북측 근로자 철수	남측 주재원 철수
개성공단 사업	2016.2	북측의 4차 핵실험 및 장거리 로켓발사	개성공단 전면중단

　　물론 이들 사업이 중단된 이후 남북한 당국 간 대화 등을 통해 사업을 재개하기 위한 노력이 전개되었지만 거의 다 실패했다. 일반물자교역 및 위탁가공교역이든, 금강산관광 사업이든, 개성공단 사업이든 공통점은 사업 정상화를 위해 남한은 북한에 대해 전제조건을 내세우고 있고, 북한은 이를 수용하지 않고 있는 측면이 있다. 아울러 북한이 남한에 대해 기대하는 바를 남한이 사실상 무시하는 측면도 존재한다. 그리고 이는 크게 보아 경제의 영역이라기보다는 정치의 영역이다. 또한 사업의 주체인 민간은 뒤로 빠져 있고 당국이 전면에 나서 있는 상황이다.

　　한편, 금강산관광 사업, 일반물자교역, 위탁가공교역, 개성공단 사업이 순차적으로 중단되었다는 것은 남북한 간 게임구조에 편입되는 남북경협 사업의 범위가 점차 확대되었다는 것을 말해준다. 즉 남북경협에서 정경분리 원칙이 단계적으로 허물어졌다는 의미이기도 하다. 이는 남북관계 자체가 더욱 악화되는 과정과 병행적으로 진행되고 있다는 점에서 주목할 만하다.

물론 이는 남북한 당국 모두 다 국내의 정치적 요인과 결코 무관하지 않다. 남한 내에서는 그동안에 남북경협정책, 나아가 전반적인 대북정책을 둘러싼 이른바 진보 보수의 견해차, 사업의 성과 및 한계성에 대한 양측의 시각차 등이 복합적으로 작용해 남북경협을 놓고 적지 않은 사회적 갈등이 누적되어 있었던 상황에서 정권 교체가 이루어지고, 이에 따라 남북경협정책은 롤러코스터를 탔다. 또한 북한 내에서는 원래 남북경협에 대한 근원적 딜레마가 있었던 상황에서 김정은체제의 출범 이후 대남정책의 예측 불가능성이 확대되었다.

④ 남북경협의 전망과 과제

가. 남북경협의 전망

지난 2018년 판문점선언, 평양선언을 통해 남북한당국은 남북교류의 확대에 대한 의지를 표명하고, 이를 실행에 옮기려고 했다. 하지만 국제 사회의 대북제재 이완에 대한 미국 정부의 강한 우려가 작용해 남북당국은 교류협력을 제대로 수행하지 못하고 있다. 경제 분야의 교류협력은 말할 것도 없고, 사회문화 분야의 교류협력, 심지어는 인도적 지원조차 제재의 벽에 막혀 있어 개별 사안의 남북교류는 유엔 제재위원회의 면제 조치를 받아야만 실행이 가능한 실정이다.

따라서 당분간 남북경협의 향배를 좌우할 핵심변수는 단연 대북경제제재이다. 즉 미국 및 국제 사회의 대북경제제재 완화/해제 시점 및 범위/수준이 남북경협 재개 및 활성화에 있어서 결정적인 변수로 작용한다. 그리고 현재 북한을 옥죄고 있는 미국 및 국제 사회의 대북제재는 역사상 가장 강력한 대북제재임은 잘 알려진 사실이다(표 7-6 참조).

▼ 표 7–6 유엔의 대북경제제재 주요 내용(2016.1 이후)

구분	2270호 (2016.3)	2321호 (2016.11)	2371호 (2017.8)	2375호 (2017.9)	2397호 (2017.12)
북한의 수출	• 석탄, 철, 철광석 수출 금지 (민생은 예외)	• 석탄 수출 연간 4억 달러 상한 (예외조항 삭제) • 아연, 동, 니켈 등 기타 주요 광산물 수출 금지	• 석탄, 철, 철광석, 납, 남광석 등 수출 전면 금지 수산물 수출 금지	• 섬유의류 수출 금지	• 식용품, 농산물, 목재, 토석류, 선박기계류, 전자기기 등 수출 금지
북한의 수입				• 북한의 원유도입량 동결(연간 400만 배럴) • 북한의 석유제품 도입량 연간 200만 배럴로 제한	• 북한의 석유제품 도입량 연간 50만 배럴로 제한 • 산업용 기계류, 운송수단, 철강 금속 수입 금지
금융	• 북한 내 외국 금융기관 폐쇄 및 거래 금지 • 북한 금융기관 해외지점 폐쇄 및 거래 금지	• 북한과의 무역을 위한 공적·사적 금융 지원 금지			
기타	• 북한과의 수출입화물 검색 의무화		• 북한과의 신규 합작 금지 • 북한 해외노동자 규모 동결	• 북한과의 모든 합작 중단. 기존 합작기업 120일 내 폐쇄 • 계약 만료 해외 노동자 계약 연장 금지	• 북한 해외 노동자 24개월 내 송환 • 북한 영해 조업권 구입 금지

출처: 김석진, "북한경제 현황과 전망," 미발표자료, 2018.5.3을 다소 수정.

2019년 2월 하노이 북미정상회담 결렬 이후 문재인 대통령은 개성공단, 금강산관광, 철도도로 연결 등 남북경협의 적극적 전개 의사를 여러 차례 밝힌 바 있다. 하지만 미국 정부는 직간접적으로 이에 대한 부정적 반응을 보였고, 특히 2019년 4월 워싱턴의 한미정상회담에서 트럼프 대통령은 인도적 지원 문제를 제외한 개성공단, 금강산관광 사업 등 남북경협 재개에 대해서는 부정적 입장을 표명했다. 그는 또 현재의 제재가 적절한 수준이라고 말해, 당분간 추가제재조치도 없을 것이지만, 현재 제재의 완화 가능성도 없을 것임을 시사했다.

제재 완화/해제에 대해 종전에도 미국의 입장은 매우 강경했지만, 2019년 2월의 하노이회담을 계기로 더욱 강경해졌고, 앞으로도 그럴 것으로 보인다. 북한 스스로, 더욱이 김정은 위원장의 입을 통해서 제재의 효과를 입증해 주었고, 시간은 미국의 편임을 확인 시켜 준 것이나 마찬가지이기 때문이다. 김정은 위원장이 2019년 4월 최고인민회의 시정연설을 통해 "제재 해제 문제 따위에는 이제 더는 집착하지 않을 것"이라고 종전의 전략을 변경했지만, 이미 버스는 떠난 뒤였다.

물론 한국 정부가 미국의 반대에도 불구하고 개성공단, 금강산관광, 철도도로 연결 등을 추진하는 것이 불가능하지는 않다. 하지만 정치경제적으로 부담스러운 것은 부인하기 어렵다. 무엇보다도 현재 미국의 독자적 대북제재로 세컨더리 보이컷이 사실상 가능하게 되었기 때문이다. 즉 북한과 거래하는 제3국 정부/기업, 예컨대 중국 또는 한국 정부/기업에 대해 미국이 제재를 가할 수 있게 되었기 때문이다. 나아가 미국과의 관계에서 다른 분야에서 한국이 대가를 치러야 할 가능성이 높기 때문이기도 하다.

요컨대 현재의 여건하에서는 남북경협의 입장에서 제재가 결정적인 변수이다. 그리고 제재는 북미 협상의 결과에 달려 있다. 따라서 단기간 내 북미 협상이 재개/타결되고 제재가 완화되어 남북경협이 재개될 가능성은 그리 높지 않다. 상당한 시일을 요할지도 모른다.

물론 한반도 정세 및 남북관계라는 것이 항상 그러하듯이 언제든지 급격히 변화할 가능성은 완전히 배제할 수 없다는 점 또한 고려할 필요는 있다. 더욱이 일각에서 주장하듯이 오히려 "판이 커졌다"는 측면도 존재한다. 즉 북미 협상이 재개되고 나아가 협상이 타결되면 제재 완화, 따라서 남북경협의 재개 수준/범위는 2019년 1, 2월에 하노이회담을 앞두고 거론되었던 수준/범위보다 더 커질 수 있다.

또한 북미 핵 협상의 추이가 결정적으로 중요하지만 당장은 아니라고 해도 상황에 따라서는 문재인 정부의 의지도 중요한 변수로 작용할 가능성도 있다.

아울러 제재라는 것은 기본적으로 법의 영역에 있지만 100% 법의 문제만은 아니라는 점 또한 고려해야 한다. 사실 제재 관련 규정/법에는 모호함과 해석의 여지가 존재하고, 제재라는 이슈에는 일정 수준 국제정치의 성격도 가미되어 있다는 점에 유의할 필요가 있다.

한편, 기존 남북경협 사업이 재개된다고 하면 그 첫 단추는 금강산관광 사업이 될 가능성이 높다. 금강산관광 사업은 개성공단 사업과는 달리, 시설개보수를 위한 투자, 벌크캐시 이전 등과 같은 문제만 해결된다면 현재의 대북제재 상황에서도 재개할 수 있다. 실제로 하노이회담에서 이른바 스몰 딜이 성사되었다면 합의서에는 금강산관광 사업의 재개가 포함되었을 가능성이 높았다고 전해진다.

나. 남북경협의 주요 과제

① 원칙과 방향

앞으로는 남북경협에 대한 성찰 및 토론 과정을 통해 국민적 합의 수준을 제고하려는 노력이 긴요하다. 여러 가지 이슈가 있지만 우선적으로 논의해야 할 것이 이른바 정경분리 문제이다. 최근에는 정경분리와 함께 민관분리의 이슈도 제기되고 있다.

앞으로의 남북경협에서 정부와 민간의 적절한 역할 재분담은 매우 중요한 이슈이다. 그런데 정부와 민간의 적절한 역할 분담, 특히 남북경협에서 정부가 어디까지 역할을 해야 하는지에 대해서는 우리 사회에 다양한 견해가 존재한다. 특히 보수적 시각과 진보적 시각 간의 견해차가 상당히 크다. 따라서 우리 사회 내 최소한의 합의 도출을 위해 민간차원의 경협과 정부차원의 경협을 분리하고, 이에 따라 민간과 정부의 역할을 재분담하는 방안을 고민해야 한다.

우선 남북경협에 참여하는 민간기업은 자율적으로 사업을 추진하고 그 결과에 대해서도 스스로 책임을 져야 한다. 특히 5·24 조치, 개성공단 사태의 경험이 시사하듯이 남북경협에 있어서 민간기업은 '정치적 희생양'이 될 수도 있음을 사전에 충분히 인지하는 것이 매우 중요하다. 앞으로는 비즈니스 목적, 상업적 베이스로 추진되는 민간 기업의 남북경협은 '자기 책임성' 원칙이 강조될 수밖에 없다.

물론 이러한 민간 차원의 경협에도 정부의 역할은 존재한다. 이른바 게임의 규칙을 만들고 집행하는 심판의 역할이다. 또한 남북경협의 속성상 시장경제원리가 완전하게 작동하는 것이 아니기 때문에 제도적 환경의 구축 등을 통해 민간 차원 경협을 지원하는 역할도 중요하다.

다만 민간 차원의 경협에 대해 정부재정을 투입하는 문제는 여전히 논란의 대상이다. 특히 보수적 시각과 진보적 시각 간의 견해차가 상당히 크다. 다만 남북경협의 공공재적 성격을 인정한다면 정부가 남북경협에서 보다 적극적으로 역할을 수행해야 하고, 민간이 나서기 어려운 분야 및 단계에 정부재정을 투입해야 한다. 또한 일정 정도는 대북정책뿐 아니라 중소기업정책 차원에서도 민간 기업을 지원해야 한다. 물론 남북경협이 공공재적 성격이 있는지 여부, 나아가 긍정적 외부성이 있는지에 대해서는 우리 사회 내에 다양한 의견이 존재하기 때문에 이 문제에 대해서는 향후 심도 있는 토론이 필요하다.

또한 향후 남북경협에서 정치적·군사안보적 여건과의 관계 재정립도 중요한 이슈이다. 남북한 경제협력이 북핵 문제, 남북관계 등 정치적·군사안보적 여건의 영향을 받게 할 것인가 아닌가, 영향을 받아야 한다면 어느 정도가 적절할 것인가 하는 문제이다. 남북경협이 정치적·군사안보적 여건으로부터 완전히 자유로운 것도, 정치적·군사안보적 여건에 완전히 종속되는 것도 바람직하지도 않고, 가능하지도 않다.

북핵 문제, 남북관계와 남북경협의 연계 여부 및 그 수준에 대해서는 아직도 우리 사회에 다양한 견해가 존재한다. 예컨대 지금과 같이 대북제재가 지속되는 상황에서 남북경협을 추진할 것인지 여부에 대해서도 보수적 시각과 진보적 시각 간에 약간의 견해차가 존재한다.

여기서도 우리 사회에서 최소한의 합의 도출을 위해 민간차원의 경협과 정부차원의 경협을 분리해 접근할 필요가 있다. 우선 향후 민간차원의 경협에 대해서는 정치적·군사안보적 여건의 영향을 최소화하는 것이 바람직하다. 특히 정부가 정치적·군사안보적 여건을 이유로 민간차원의 경협에 제약을 가하는 것은 피해야 한다. 향후 민간 기업에 대해 남북경협에 있어서 철저한 자기책임 원칙을 요구하고 이를 관철시키기 위해서는 정부 스스로가 민간 기업의 활동에

'개입'하지 말아야 한다는 목소리가 높다. 정부차원 경협의 경우 정치적·군사안보적 여건으로부터의 영향은 불가피하다. 다만 정치적·군사안보적 여건에 완전히 종속되는 것은 바람직하지 않다. 그 범위와 수준에 대해서는 향후 지속적인 토론이 필요하다.

② 사업의 내용 및 방식

향후 남북경협이 재개된다고 하면 기존의 방식과 틀로는 곤란하다는 지적도 많다. 특히 북한의 저임 노동력에 초점을 맞춘 개성공단 모델에 머무르지 말고 새로운 남북경협 모델의 발굴에 노력해야 한다는 것이다. 그러면서 새로운 대안으로 종종 제시되곤 하는 것이 과학기술, 특히 ICT를 핵심 요소로 하는 남북경협 모델이다.

이 분야는 남북한 모두가 협력의 필요성을 절감한다는 점에서 잠재력이 매우 크다. 김정은 시대의 북한은 과학기술 발달에 목을 매고 있다고 해도 과언이 아니다. 김정은이 강조하는 '지식경제'와 '전민 과학기술인재화'정책은 국제 사회의 발전추세와 북한의 현실에 잘 부합된다. 공개된 자료·수치만 놓고 보면 2017년, 2018년에 분야별 예산지출 증가율이 가장 높은 분야는 과학기술 분야이다. 더욱이 김정은 시대의 과학기술 중시정책은 김정일 시대와는 달리 다소 실용주의적 색채가 강하며, 특히 현장과의 연계성이 중시된다. 핵무력-경제 병진노선의 종료를 선언한 제7기 제3차 당 중앙위 전원회의(2018.4)에서 북한은 '과학과 교육이 국가건설의 기초이며 국력결정의 지표'라는 점을 역설한 바 있다.

한편, 남한에서는 혁신기술의 도입이 지연되거나 불발되는 경우가 상당히 많아졌는데 이는 기존 산업과 시장의 저항에 기인하는 바가 크다. 그런데 북한은 기존에 투자된 것이 없으니까 새로운 투자에 대한 저항이 없고, 따라서 신기술의 도입/육성에 유리하다. 남북한 협력이 재개되면 북한은 신기술 산업의 새로운 거점 및 시장이 될 수 있는 잠재력이 크다. 북한이 기술의 불모지라는 점을 오히려 긍정적 요인으로 활용하여 남한의 혁신 기업들이 북한을 신기술의 적용을 시험해 볼 수 있는 공간, 신기술의 상용화를 시도해 볼 수 있는 공간, 즉 신기술의 테스트베드(Test Bed)로 활용하는 방안도 충분히 고려해 볼 수 있다. 아울러 스마트 시티, 스마트 농업 등과 같이 4차 산업혁명과 관련된 분야도 북한에서 시도될 수 있을 것이다.

보다 거시적인 관점에서 보면 앞으로는 남북경협의 큰 그림에 대해 남과 북이 논의하는 것이 매우 중요하게 된다. 실질적인 남북한의 공동번영을 위해 남북경협의 청사진을 어떻게 그려야 할지 남과 북이 논의하는 구조를 창출하는 것이다. 이 경우, 북한의 독자성을 인정하면서 북한의 경제개발 역량을 확충할 수 있도록 해주는 것이 매우 중요하다. 흡수 통일에 대한 북한의 우려감을 충분히 고려해야 한다. 북한의 경제개발 역량 확충을 통해 북한이 고도성장을 구가할 수 있게 하고 그 과정에서 남한이 북한의 고도성장 과실을 공유하는 것을 목표로 삼아야 한다. 그러기 위해서는 우리가 노력해야 하고 또한 북한이 남한을 충분히 신뢰할 수 있기까지는 꽤 많은 시간이 필요하다. 그래서 상당 기간 남과 북이 경제 분야에서 신뢰를 쌓아야 하는 것이 선결과제이다. 이와 관련, 단기적으로는 북한이 현재 경제를 운영하는 과정에 어떠한 정책적 고민을 가지고 있는지 관심을 가지고, 그러한 고민의 해결에 남한이 도움을 줄 수 있는 방안을 모색하는 것이 필요하다.

물론 남북한 간에 여러 가지 형태의 경제협력이 현실화될 수 있기 위해서는 제재의 완화/해제가 필수적이다. 그리고 현시점에서는 언제쯤 제재의 완화/해제가 실현될 수 있을지 예상하기가 쉽지 않다.

그런데 한반도 정세 및 남북관계는 그 속성상 언제 어떤 식으로 급격하게 변화할지 사전에 예측하기가 매우 어렵다. 작년 1월부터 갑자기 찾아온 한반도의 해빙 무드를 사전에 예상한 사람은 거의 없을 것이다. 그래서 단기적인 상황의 변화에 일희일비하기보다는 긴 호흡에서 관찰하고 남북경협 사업을 준비하는 것이 바람직하다.

토론 및 탐구주제

01 남북경협 32년의 역사를 5개의 키워드를 통해 정리해 봅시다.

02 남북경협을 둘러싼 이른바 보수와 진보의 논쟁 중에서 핵심적인 쟁점 두 가지를 골라 자신의 관점 하에서 논하여 봅시다.

03 포용정책 하의 남북경협은 끊임없이 '퍼주기' 논란에 시달려왔다. '퍼주기'론에 대한 자신의 견해를 제시해 봅시다.

04 지금과 같이 국제 사회의 대북제재가 지속된다면 한국 정부는 남북경협에 대해 어떠한 자세를 취해야 하는지 견해를 제시해 봅시다.

[참고문헌]

민족화해협력범국민협의회 정책위원회(편). 『남북교류협력의 재조명: 분야별 진단과 과제』 서울: 늘품플러스, 2015.

양문수. "남북경협 27년의 역사에 대한 평가: 남북경제공동체의 이상과 현실." 경남대 극동문 제연구소(편). 『분단 70년의 남북관계』 서울: 선인, 2016.

양문수. "한반도 비핵화 및 평화체제 시대의 남북경협: 전망과 과제." 『동향과 전망』 2018년 가을·겨울호 (2018).

임수호. "대북 경제제재 현황과 남북경협 추진방향." 『INSS 전략보고』 2018－08 (2018).

조동호(편). 『공진을 위한 남북경협 전략: 보수와 진보가 함께 고민하다』 서울: 동아시아연구원, 2012.

중소기업청·개성공단기업협회. 『개성공단에서 통일경제의 희망을 본다.』 서울: 웃고 문화사, 2012.

제8장

남북 군비통제와 군사적 신뢰 구축의 방법과 과제

설인효(한국국방연구원)

① 머리말

국가가 담당해야 할 제1의 과업은 안보, 즉 안전보장이다. 개별 주권 국가보다 상위의 권위체가 존재하지 않는 국제정치에서 국가는 스스로를 보호하기 위해 군사력을 건설하고, 만일의 전쟁에 대비하며, 상당한 수준의 전쟁 수행능력을 갖춰 가상의 적이 쉽게 전쟁을 일으키지 못하도록 억제하고자 한다. 자국의 군사력 건설능력만으로 스스로의 안전을 지킬 수 없는 국가는 외부의 지원자, 즉 동맹 파트너를 찾아 국가 간 동맹을 맺기도 한다.

그러나 군사력을 건설하고 동맹을 맺어 안전을 보장하는 것은 근본적인 해결책이 되지 못한다. 자국의 군사력 건설과 동맹의 체결은 상대국가에게는 위협이 되기 때문에, 상대의 군비증강 및 동맹의 체결과 강화를 불러올 가능성이 크다.

세계화와 정보통신 기술의 발전으로 우리는 다른 국가들에 대한 상당히 방대한 정보를 가지고 있다. 그러나 여전히 상대방 국가의 정확한 국력과 의도를 파악하는 것은 쉬운 일이 아니다. 일정한 기준에 따라 국력을 측정한다 해도 어느 정도의 국력 격차를 유지해야 전쟁에서 승리할 수 있는지 명확히 말하기 어렵다.[1] 능수능란한 전략으로 국력이 약한 국가가 전쟁에서 승리하는 경우가 적지 않기 때문이다. 또한 오늘의 국력을 알았다 해도 미래의 변화를 예측하는 것

---

1 John J. Mearsheimer, *Tragedy of Great Power Politics* (New York: W. W. Norton & Company, 2014), pp.43−46.

은 더욱 어렵다. 어느 정도 객관적 측정이 가능한 국력의 경우도 이러한데, 한 국가의 진정한 의도를 파악하는 것은 더욱 어렵거나 사실상 불가능한 일이라 해야 할 것이다.

따라서 한 국가의 군사력 증강이나 동맹 체결은 다른 국가로부터의 같은 방식에 의한 대응을 불러올 가능성이 크다. 그리고 그 결과 자국의 힘은 과거에 비해 강해졌지만 가상 적국인 상대의 국력이 더 강해져 안전보장 여건은 오히려 취약해지는 상황이 발생할 수 있는 것이다. 즉 소위 '안보딜레마(Security dilemma)²'가 발생하는 것이다. 무정부적 국제체제 하에서 한 국가의 안전보장 행위로서의 군사력 건설과 동맹은 다른 국가의 대응을 불러오고 끝없는 군비경쟁으로 이어지기 쉽다.

이와 같은 문제의식 하에서 출발하는 국가의 안전보장 방안이 곧 '군비통제(Arms Control)'이다. 일방적 군사력 강화가 군비경쟁을 불러와 국가 안보를 더욱 불안하게 하는 악순환을 벗어나기 위해서는 관련국들이 모여 다 함께 군비를 줄여나가는 노력을 하지 않을 수 없다. 나의 군비축소가 상대를 더 안전하게 느끼게 할 수 있다면 상대 역시 군비를 축소하게 되고 그 결과 나의 안전이 더 증진될 수 있기 때문이다.

한반도의 항구적 평화 구축은 군비통제의 실현을 필요로 한다. 한국전쟁 이후 지난 70여 년간 남과 북은 서로를 위협으로 느끼며 군비증강을 위한 노력을 쉼 없이 기울여 왔고, 그 결과 한반도는 전 세계에서 군사력이 가장 밀집된 지역이 되고 말았다. 오늘날 우리는 작은 우발적 충돌이 재앙적인 전면전으로 전환될 수 있는 위험스러운 대치 상황 속에서 하루하루를 살아가도록 강요받고 있다.

남북 간의 군비통제는 군사적 신뢰 구축으로부터 시작될 수 있다. 고도의 신뢰관계 구축이 병행되지 않고는 군비통제는 합의될 수도, 이행될 수도 없기 때문이다. 본 장에서는 군비통제와 군사적 신뢰 구축에 관련된 주요 이론의 개념과 내용을 살펴보고 이어서 군비통제의 실제 사례를 검토해 본다. 후반부에서는 그동안 이루어져 온 남북 간 군비통제 및 군사적 신뢰 구축의 경험을 돌아보고 향후 전망과 당면한 과제들을 제시해 본다. 특히 후반부에서는 남북 간 군사

---

2 '안보딜레마'란 국제정치에서 한 국가가 스스로의 안보를 증진하기 위해 한 행동이 상대의 안보추구 반응을 불러와 오히려 안보가 더 취약해지게 되는 상황을 일컫는 용어이다.

관계 개선이 국제환경과 남북관계, 국내환경이 복합적으로 연계된 대표적 이슈의 하나라는 점을 드러내고 기왕에 작용해 왔던 '악순환적 구조'를 어떻게 '선순환적 구조'로 전환시킬 것인지 그 조건과 전략을 논의해 보기로 한다.

② 군비통제의 이론

'군비통제'란 국가 간의 협상을 통해 군비를 동결하거나, 제한하거나, 줄여나감으로써 서로 군사적 위협을 감소 시켜 나가는 일체의 활동을 일컫는다. 이와 같은 접근법은 상술한바 군비증강에 의한 개별 국가의 군사 안보 추구가 소모적인 군비증강을 불러오게 된다는 역사적 경험과 일반적 관념에서부터 출발한 것이지만, 제1, 2차 세계대전과 같은 재앙적인 전쟁을 경험하면서 활성화되었고 세계화와 복합적 상호의존 현상이 보편화된 탈냉전 이후 더욱 주목받게 되었다.

탈냉전 이후 국제 사회와 관련 학계는 심화된 국가 간 상호의존과 환경오염 등 전 세계적 공동위협에 직면하여 기존 안보개념의 영역과 주체, 달성 방식을 확장한 '공동 안보', '협력 안보', '포괄적 안보'와 같은 개념을 제시하고 폭넓게 논의한 바 있다. 이러한 개념들은 모두 안보가 개별 국가의 노력만으로 달성할 수 없다는 점을 강조하고, 상호협력 및 신뢰 구축을 통한 안보의 달성을 강조한 것이다.

냉전이 고조되면서 핵전쟁의 위협을 경험한 인류는 1970－80년대의 동서 화해, 데탕트 시기를 거치며 개별 국가들의 군사력 건설과 군비증강을 통해 달성되는 안보개념의 한계를 점차 명확히 인식하게 되었다. 이러한 인식은 공동 안보에서 협력 안보, 포괄적 안보, 인간 안보 개념 등으로 이어지는 '안보개념의 확대'로 나타나게 된다. 먼저 공동 안보란 '어떤 한 국가도 그 자신의 군사력에 건설에 의한 억지만으로는 국가 안보를 달성할 수 없으며 오직 다른 국가들과의 공존과 공영을 통해서만 국가 안보를 달성할 수 있다'는 것으로 유엔 산하 군축

및 안보 문제 관련 위원회의 주도하에 일군의 유럽 학자들에 의해 제시되었다.[3]

공동 안보 개념은 안보 문제를 가상 적국을 억제하는 문제로부터 안보딜레마를 해결하는 문제로 전환시켰으며 탈냉전기 안보개념 확대를 주도한 개념적 출발점이었다. 공동 안보 개념은 억제력 확보를 위한 끝없는 군비경쟁이 결국 전 세계적인 냉전체제의 출현과 핵전쟁의 공포로 귀결되었음에 주목하면서 안보의 문제를 개별 국가만의 문제가 아닌 안정적이고 상호 공존하는 질서 창출의 문제로 환언시키는 계기를 마련했다.

협력 안보 개념은 독일 통일과 동구권 몰락 과정을 거치면서 1990년대에 등장한 진일보한 개념이다. 즉 공동 안보의 정신 아래 국가 안보는 결국 개별 국가 간의 협력적 관계를 적극적으로 창출해 나감으로써 달성 가능하다는 인식을 반영한 것이다. 안보는 개별 국가들의 전략적 목표로서 추구되어서는 달성될 수 없으며 각 국가가 상호 양립가능하고 협력적인 목표로서 설정해야만 한다는 인식을 반영하고 있다.

협력 안보는 탈냉전 초기의 국제정치 상황을 반영하는 개념이기도 했다. 즉 공산권의 붕괴를 통해 전 세계적 냉전의 대립구도는 해체되었으나 걸프전과 같은 지역분쟁은 여전히 지속되었다. 국제정치의 평화를 완전히 달성하기 위해서는 단지 개별 국가의 군사 안보 추구 활동을 완화하는 것뿐만 아니라 적극적으로 국가 간 협력적 상호 공조체제를 조성해 나가야 한다는 문제의식이었다.

포괄적 안보란 이와 같은 협력적 안보의 기초를 형성하기 위해서는 단지 군사 안보나 정치외교적 관계뿐 아니라 비군사, 경제, 사회, 문화적 분야에서 총체적 협력관계를 구축하고 증진해 나가야 한다는 사고방식을 반영하고 있다. 이와 더불어 점차 세계화되고 있는 국제 사회에서 다양한 분야의 협력 없이는 국가 안보를 보장할 수 없는 환경이 조성되고 있기도 했다. 예컨대 전 세계적 금융위기는 국가 안보만큼이나 또는 그 이상으로 국가의 존립근거를 위협할 수 있었다. 모든 국가의 협력 없이는 해결할 수 없는 환경오염과 기후 변화, 그로 인한 대규모 재해, 재난 역시 국가 간 협력을 통해 해소해 나가지 못할 경우 국가 안보에 치명적인 위협으로 부상될 것이었다.

마지막으로 인간 안보는 국가 안보의 단위가 국가만이 아닐 수 있다는 인식에 기초하고 있다. 만일 국가 안보가 공동 안보나 협력 안보의 인식과 같이

---

3 한용섭, 『한반도 평화와 군비통제』 (서울: 박영사, 2015), p.17.

개별 국가별 군사력 증강이 아닌 국가 간 협력적 관계 구축을 통해 성취되는 것이라면 안보는 개별 국가가 아닌 국가의 구성원인 인간과 인간의 관계에 의해 구축될 수 있으며 이들 사이의 국제적 교류를 제도화하고 활성화하는 데 관심을 두어야 한다. 이와 함께 냉전 붕괴와 세계화로 인해 통제력을 상실한 국가들이 발생하고 이들 국가의 국민들의 인권이 위협받는 상황이 연출되면서 인간 안보 개념은 더욱 주목받게 되었다.

이상과 같은 안보개념의 확대는 기본적으로 안보에 대한 접근방식의 전환을 촉구하고 군비경쟁에 의한 군사 안보 추구의 패러다임을 군비통제를 통한 협력 및 공동 안보 패러다임으로 바꿀 것을 촉구한다. 군비통제와 관련된 주요 개념 및 이론은 이미 오래전부터 논의되어 왔으나 이 시기에 이르러 구체적인 실행전략 차원에서 본격적으로 재부상하게 되었다.

군비통제와 유사하거나 관련된 개념으로 군비감축 내지 축소, 즉 군축(Arms Reduction)과 군비동결(Arms Freeze), 군비제한(Arms Limitation), 무장해제(Disarmament), 군비관리(Arms Management), 신뢰 구축 조치(CBM: Confidence Building Measures) 등이 있다. 먼저 군비감축 또는 축소란 이미 건설된 군사력, 보유 중인 무기나 병력의 수를 감소시키는 것을 의미한다. 원래 군축이 군비를 줄이거나 제한함으로써 안보를 증진하는 활동을 통칭하는 대표적 개념으로 사용되었으나 현대에 이르러 군비를 줄이는 방식은 지나치게 이상적이기 때문에 군축에 비해 군비통제를 더 널리 사용하고 있다.

'군비동결'이란 현 수준에서 무기의 개발이나 양산, 도입 등을 중지하는 것을 의미하며 군비제한은 특정한 수량을 설정하여 그 이상의 양산과 도입을 중지하는 것을 말한다. 즉 군비제한은 현 수량에서의 동결이 될 수도 있는 반면 기준 지점에 따라 일정 수준 증산하거나 감축하는 과정을 동반할 수도 있다.

'무장해제'는 원래 군사력의 완전한 해체를 의미하는 말로 승전국이 패전국을 상대로 행하는 조치를 일컫는 것이었으나 근래에 와서는 군축과 유사한 개념으로 사용되는 경향이 있다. 군비관리란 주로 일본에서 사용되는 용어로 군비통제와 동일한 개념이다. 군비관리는 군비통제나 감축이 군사력 건설에 대해 갖는 부정적 어감을 피하기 위해 착안된 중립적 개념의 용어라 할 수 있다.

'군사적 신뢰 구축' 또는 '신뢰 구축 조치'란 상대방의 군사행동의 예측 가능성을 제고함으로써 위험을 감소시키고 위기관리를 용이하게 하는 제반 조치로 정의되는데 군비통제의 전 과정에서 핵심적인 활동으로써 기능한다. 군비통제의 모든 활동은 관련국 상호 간의 신뢰를 바탕으로 해서만 이루어질 수 있기 때문이다. 예컨대 군비를 현 수준에서 동결하도록 합의했다면 현 수준의 군비가 어느 수준인지에 대해 관련국 사이의 확인과 공통된 이해가 필요하며 나아가 더 이상의 군비증강이 없는지에 대해서도 상호 신뢰가 유지될 수 있어야 한다. 어느 한 편이 상대가 비밀리에 군비증강을 꾀하고 있다고 믿게 될 경우 군비통제는 더 이상 이루어질 수 없기 때문이다.

군사적 신뢰 구축은 모든 군비통제 활동의 궁극적 목표이기도 하다. 상대국가가 아무리 많은 군사력을 가지고 있다고 해도 이를 자국을 상대로 사용하지 않을 것이라는 확신이 있다면 위협이 되지 않는다. 즉 군비를 동결하고 제한하고 축소하는 행위 자체는 군사력을 줄이는 동시에 상호 간에 신뢰를 구축해 나가는 행위이기도 하다. 이 모든 행위가 신뢰를 기반으로 해서만 이루어질 수 있기 때문에 군비통제 활동이란 신뢰를 입증함으로써 축적해 나가는 과정이 되기도 하는 것이다.

군비통제는 일반적으로 '군사적 신뢰 구축'과 '운용적 군비통제', '구조적 군비통제'로 구성되는 것으로 이해된다. 여기서 '운용적 군비통제'란 군사력의 수를 제한하거나 축소하는 데 앞서 군사력의 운용과 배치만을 통제하는 활동을 말한다. 즉 상대를 특히 위협하는 위치에 군사력을 배치하거나 운용하지 못하도록 하고, 군사정보를 교환하거나 부대이동, 기동훈련, 부대의 배치 상황 등 주요 군사 활동을 공개하여 투명성과 예측 가능성을 높이는 활동 등이 이에 해당한다.

이와 달리 '구조적 군비통제'란 군사력의 규모를 동결하거나 상한선을 설정하고 일정비율 또는 일정 수량의 무기를 폐기시켜 나가는 것을 의미한다. 즉 구조적 군비통제는 동결과 군축을 의미하며 좁은 의미의 군비통제란 곧 구조적 군비통제를 지칭한다.

한편, 운용적 군비통제와 구조적 군비통제는 일반적으로 선후관계이나 반드시 운용적 군비통제가 구조적 군비통제에 선행하는 것만은 아니다. 정치·군사적 상황상 군비통제 초기부터 일부 군사력이나 무기체계를 동력하거나 폐기하는 조치가 선행되는 경우도 있기 때문이다. 예컨대 남북 간에 휴전선 인근에 집중 배치된 전력을 후방으로 이동하여 상호 간에 위협을 줄이는 것은 운용적 군비통제 조치이며, 양측의 병력을 각각 5분의 1씩 감축하는 것은 구조적 군비통제 조치에 해당한다.

일반적으로는 전력의 이동이 먼저 이루어진다고 할 수 있다. 이동된 전력을 원위치에 원상복구하는 것은 비교적 쉬운 조치인 만큼 이행도 쉽기 때문이다. 그러나 남북 양자가 상호 간의 정치적 의지를 명확히 하고 또 각 국내 사회에 대해서도 피부로 체감할 수 있는 조치를 취하기 위해 전력의 이동과 같은 조치와 병력의 감축 조치를 동시에 실행할 수도 있으며 오히려 먼저 실행할 수도 있다.

상술한바 군사적 신뢰 구축은 군비통제 활동의 전제일 뿐 아니라 군비통제의 전 과정에 걸쳐 동시에 진행되며 모든 활동의 최종 결과가 되기도 한다. 따라서 군사적 신뢰 구축 활동은 운용적, 구조적 군비통제 활동에 비해 먼저 시작되며 모든 활동과 동시에 진행된다. 대표적인 군사적 신뢰 구축 조치로는 상호 훈련 참관, 장교단 교환 교육, 부대 방문 등을 들 수 있다.

군비통제와 관련된 또 다른 중요한 활동은 군비검증이다. 군비검증이란 군비통제를 합의한 국가들이 합의사항을 제대로 지키고 있는지 확인하는 활동을 말한다. 군비통제 과정에서 검증은 상대방의 위반행위를 적발하는 기능 뿐 아니라 각국이 협정을 위반하고 싶은 욕구를 억제하는 기능과 검증행위 자체를 통해 상호 신뢰를 축적하는 기능, 그리고 궁극적으로 군비통제의 완전성을 기하여 국가 안보를 증진하는 등의 기능을 수행한다.

군비검증은 일반적으로 협상, 정보수집과 분석, 검증결과의 평가 및 대응 등의 단계를 거쳐 이루어진다. 먼저 국가들은 검증 대상과 범위, 방법에 대한 협상을 거쳐야 한다. 양측의 상황과 정치체제 등이 다를 경우 이 협상은 결코 쉽지 않다. 둘째, 양측은 가용한 모든 수단을 동원하여 정보를 수집하고 이를 분석하여 검증의 대상과 범위를 정해야 한다. 마지막으로 검증을 하고 그 결과를 평가하여 위반 여부를 판단하고 문제제기 여부를 결정하는 정치적 과정이 남는다.

③ 과거 사례

역사상 성공적인 군비통제 사례는 극히 드물다. 국가 간 신뢰 구축을 통해 공동으로 안보를 보장하고, 개별적 군비증강을 통해 상대를 압도하고자 하는 유혹을 떨쳐 내는 것은 결코 쉬운 일이 아니었다. 그 동기와 상황, 여건은 달랐지만, 역사적으로 성공했던 대표적인 군비통제 사례들을 살펴보면 아래와 같다.

먼저 1921년부터 1931년 사이에 유지되었던 '워싱턴체제'이다. 이는 제1차 세계대전 이후 태평양 지역의 군사적 안정성 증진을 위해 미국과 영국, 일본, 프랑스와 이탈리아 등 5개국 사이에 이루어진 합의이다. 세계대전이 종결된 후 전승국이었던 미국과 영국, 일본 사이에는 치열한 해군력 건설경쟁이 이루어졌는데 이러한 경쟁이 또 다른 분쟁으로 이어지지 않도록 하는 국제적 노력으로 미국의 하딩(Warren Harding) 대통령의 제안에 따라 1921년 8월 워싱턴에서 군축회의가 열리게 되었다.

이 회의에서 5개국은 1만 톤 이상의 주력 해군 함정의 톤수를 아래 표와 같이 유지할 것에 합의하고 이를 초과하는 주력함은 폐기하기로 했다. 이외에도 잠수함에 대해 군함에 적용되는 국제법 규칙의 적용, 잠수함의 독가스 사용 금지 등 추가적 합의가 있었으나 본 합의는 기본적으로 주력함의 톤 수를 일정 비율로 유지하는, 현상유지 및 군사적 안정성 제고를 위한 '군비제한' 조치를 근간으로 했다.

▼ 표 8-1 **워싱턴 회의결과 국가 간 주력함 톤 수 비율**

구분	영국	미국	일본	프랑스	이탈리아
주력함 톤수	5	5	3	1.75	1.75

출처: 김민석, "워싱턴체제의 성립과정과 요인에 관한 연구," 『고려대학교 박사학위 논문』 (2003), p.220.

이와 같은 비율의 유지는 여러 가지 고려가 반영된 것이었다. 먼저 기존에 존재하던 주요 강대국의 기득권을 인정하는 동시에 다른 국가들이 연합 또는 동맹을 형성할 경우 이들의 전횡을 막을 수 있는 정도의 군비를 인정했다. 이와 같은 톤 수를 유지함으로써 상대국 또는 상대국 연합보다 압도적인 군비를 건설하여 유리한 입장에 서겠다는 열망을 막을 수 있었다. 한편, 해군 군비경쟁에 천문학적 재정이 동원되면서 국가들은 군비제한을 통해 국방비를 통제할 필요성을 공유하고 있었다.

워싱턴체제는 갈등과 합의를 반복하며 일정한 발전을 이루기도 했다. 1921년 회의 결과 주력함의 톤 수가 제한되자 국가들은 보조함의 증설에 주력했다.

워싱턴 회의는 주력함 톤 수만을 규율하고 있기 때문에 보조함 경쟁에서 우위에 서고자 하는 국가들의 욕망을 제한할 수 없었다. 이에 1930년 워싱턴 회의 당사국들은 런던에 모여 런던 해군 군축조약을 체결하고 주력함뿐 아니라 보조함, 잠수함에 대한 비율도 규정하기에 이른다.

그러나 이러한 '워싱턴체제'는 결국 제2차 세계대전으로 귀결되고 마는 1930년대의 군비경쟁을 막지 못한다. 1931년 일본이 만주를 침략하면서 열강들 사이의 대립이 표면화되기 시작했고 결국 일본은 1936년 런던 해군 군축조약에서 탈퇴했다. 탈퇴하는 국가를 막을 규정이 없었던 워싱턴체제는 더 이상 열강들의 무제한적 군비경쟁을 막는 기제로 작용하지 못했다.

---

box 1. 워싱턴 회의와 워싱턴체제

제1차 세계대전이 종결된 후 베르사유 조약이 체결되었으나 유럽에서 영국과 프랑스 사이의 안보대립이 계속되었고 동북아 지역에서는 미국과 일본이 중국 진출 및 태평양 문제로 대립을 지속하고 있었다. 이와 같은 대립관계는 전함 건조경쟁으로 이어졌는데 전후 경제복구를 추진하고 있던 강대국들에게 큰 부담이 아닐 수 없었다. 이에 미국 하딩 대통령의 제의로 미국의 수도 워싱턴 D.C.에서 약 3개월간 회담을 개최하여 일련의 합의에 이르게 되었다.

특히 강대국 사이의 해군 군비제한은 세계 군비통제 역사에 중요한 선례로 남아 있다. 당시 유럽과 세계를 사실상 지배하고 있던 국가들은 자신들의 기득권을 보장하는 가운데 과도한 군비경쟁으로 인한 전략적 불안정성 심화, 전함 건조를 위한 국력 소진의 방지라는 공통의 이익을 가지고 있었고 이를 합의를 통해서 다자적으로 해결하고자 했다.

워싱턴 회의의 결과로 형성된 강대국 사이의 합의와 관계를 '워싱턴체제'라 하며 '베르사유체제'와 더불어 제2차 세계대전이 발발할 때까지 세계질서를 규정하는 두 축으로 작용하게 된다.

다음으로 들 수 있는 예는 초강대국인 미국과 소련, 또는 (냉전 붕괴 후) 미국과 러시아 사이에 맺어진 조약들이다. 미국과 소련은 냉전 초기부터 전 세계에 걸쳐 거의 모든 분야에서 대립해 왔다. 특히 치열한 핵군비경쟁을 벌여 온 양국은 수천 기의 핵미사일을 보유하며 상대뿐 아니라 전 지구를 멸망시킬 수 있는 무기를 보유하게 되었다. 상대의 핵공격을 받는다 해도 핵무기를 잔존시켜 상대를 완전히 파괴하고자 하는 의도에서 핵탄두 보유 수는 계속 늘어만 갔다.

이와 같은 경쟁은 미소 양측에 모두 감당하기 어려운 부담이었고 양자는 결국 무분별한 경쟁을 통제하기 위한 일련의 제도적 틀을 만들기 위한 노력을 경주하게 된다. 먼저 양국은 핵미사일 공격을 요격할 수 있는 탄도미사일, '대탄도미사일(Anti-ballistic missile)'에 대한 제한을 위해 노력한다. 미국과 소련이 서로 상대를 공격할 때는 소위 '대륙 간 탄도미사일(ICBM)'을 사용하게 된다. 양국은 태평양과 대서양으로 분리되어 있기 때문이다. 양국은 또 이러한 대륙 간 탄도미사일 공격을 방어하기 위해 이를 공중에서 요격하는 '대탄도미사일', 즉 '탄도미사일을 요격하는 탄도미사일체계'를 발전시켰다.

문제는 미소 양국이 이와 같은 대탄도미사일을 본격적으로 양산할 경우 양자는 결국 이를 돌파하기 위해 더 많은 대륙 간 탄도미사일과 핵무기를 개발하지 않을 수 없을 것이었다. 따라서 대탄도미사일의 수량을 제한하지 않으면 핵군비경쟁은 '통제 불가능상태'가 될 가능성이 높았다.

1972년 양국은 대탄도미사일 기지는 양국 수도 등 반드시 지켜야만 하는 2곳에만 두는 것에 합의하고 보유 수량도 100기로 제한하는 '대탄도미사일 제한 조약(ABM Treaty: Anti-Ballistic Missile Treaty)'를 체결하기에 이른다. 또 1974년에는 한 걸음 더 나아가 대탄도미사일 배치 기지를 1개소로 한정하는 데 합의한다. 이 조약은 미소 간에 핵군비경쟁 제한을 위한 최초의 성공적 시도라는 점에서 큰 의의를 가지나 이행에 대한 검증체제 등을 갖추지 못한 한계가 있었다. 다만 군사위성 및 정보수집 등을 통해 양측의 탄도미사일 기지와 보유량 파악이 어느 정도 가능했다.

대탄도미사일 제한 조약은 2002년 6월 미국의 탈퇴로 파기되기에 이른다. 냉전을 승리로 이끈 미국은 본격적인 미사일 방어망 건설로 러시아로부터의 핵위협뿐 아니라 북한, 이란 등 핵 보유를 추구하는 국가들로부터의 핵위협을 완전히 차단하고자 했기 때문이다. 더불어 러시아는 국력의 한계상 과거와 같은 핵군비경쟁을 할 능력을 갖추고 있지 못하기 때문에 동 조약이 파기된다 해도 냉전기에 우려했던 상황은 발생하지 않을 것이라 믿었다.

미소 간의 핵무기경쟁을 제한하기 위한 또 다른 대표적인 협정으로 '중거리 핵전력감축협정(INF Treaty: Intermediate Nuclear Forces Treaty)'를 들 수 있다. 이 협정은 사거리 500km에서 5,500km에 이르는 지상발사 탄도미사일과 발사대의 보유를 제한하는 것으로 미소 양국이 유럽에서 대립하는 과정에서 이 범위의 미사일을 배치하는 과정에서 첨예한 안보불안정성이 발생함에 따라 체결하게 된 것이다.

상술한바 미소 양국의 거리상 핵 공격은 주로 대륙 간 탄도미사일에 의해 이루어졌으며 이러한 미사일이 상대국에 도달하는 데는 적어도 한 시간에 가까운 시간이 소요되었다. 그러나 미국이 유럽의 나토 동맹국에 5,500km 이하 사거리의 중거리 탄도미사일을 배치하고 여기에 핵을 탑재할 경우 20여 분 내에 모스크바에 도달하게 된다. 미소 양국은 어느 한 편이 핵 공격을 개시한다 해도 상대편의 핵무기를 완전히 파괴할 수 없고 그 결과 보복 공격을 받게 되기 때문에 결국 핵 공격을 감행할 수 없는 소위 '공포의 균형(Balance of Terror)'상태에 있었다.

그런데 만일 중거리 핵전력이 유럽에 배치되어 핵 공격 시간이 20여 분으로 줄어들 경우 이러한 균형의 안정성은 극도로 약화된다. 왜냐하면 소련의 입장에서는 중거리 핵무기가 발사될 경우 이에 대해 대응을 결정할 시간이 너무 짧기 때문에 과도한 대응, 나아가 이들 중거리 전력을 선제 타격해야 한다는 압박에 놓이게 되기 때문이다. 한편, 이 조약은 종결 시기가 정해져 있지 않았고 어느 일방의 탈퇴가 없는 한 자동으로 연장되게 되어 있었으나 러시아 측의 중거리 미사일개발 의혹과 중국의 중거리 전력 집중개발 등에 불만을 품은 미국의 탈퇴로 2019년 8월 1일부로 폐기되었다.

미국과 소련 사이의 가장 대표적인 핵전력 감축협정은 '전략무기감축협정 (START: Strategic Arms Reduction Treaty)'이다. 냉전기 동안 미소 양측은 서로 핵 우위에 서기 위한 무모한 경쟁 속에서 지구 전체를 수십 번 이상 파괴할 수 있는 핵무기를 각각 갖게 되었다. 이러한 무기를 유지하는 비용 역시 천문학적이었을 뿐 아니라 혹시라도 핵전쟁이 발발할 경우 인류가 전멸할지 모른다는 두려움 역시 컸다. 이와 같은 상황에서 냉전이 종료된 후 양국은 핵무기 탄두와 작전배치 수량을 감축하고 제한하는 협정에 합의하게 된다.

1991년 7월 서명되어 1994년 12월 발효되기 시작한 전략무기감축협정은 양국이 보유 가능한 핵탄두 수를 6천 기로 제한했으며 초강대국 간의 공포의 균형을 유지해주는 핵심 핵전력인 소위 '3축체제'를 구성하는 대륙 간 탄도미사일 (ICBM: Intercontinental Ballistic Missile), 잠수함발사탄도미사일(SLBM: Submarine Launch Ballistic Missile), 전략폭격기(Strategic Bomber)의 작전배치 수량을 합해서 1,600기(대)로 제한했다. 이와 같은 제한이 의미하는 바는 이 이상의 수량을 확보하여 상대를 압도하려는 시도를 미러 양측 모두 하지 말자는 것이었다. 그와 같은 경쟁이 다시 시작될 경우 어느 한 편도 먼저 멈출 수 없는 경쟁이 되기 쉽기 때문이다.

이 조약은 발효 후 15년 동안 유효하게 되어 있어 2009년 12월에 만료되도록 되어 있었다. 미러 양국은 이 시점에 다시 협상을 시작하여 2010년 4월에 '신전략무기감축협정(New START)'에 합의하게 된다. 본 협정에서 미러 양국은 보유 가능 핵탄두를 과거 전략무기감축협정의 4분의 1 수준인 1,550기 이하로 줄였고 작전배치가 허용되는 3축 전력의 수량도 절반 이하인 700기(대)로 제한했다. 이 협정은 유효기간을 발효 후 10년으로 했는데 2011년 2월에 발효되었으므로 2021년 2월이 되면 만료된다.

역사상 가장 성공적인 재래식 군비통제의 사례는 유럽 군비통제의 양대 산맥인 '유럽 안보 협력 회의(CSCE: Conference on Security and Cooperation in Europe)'와 '상호 균형적 군비 감축(MBFR: Mutually Balanced Force Reduction)'인 것으로 평가된다. CSCE는 35개국 사이에 군사적 신뢰 구축 방안을 논의한 회의체였으며, MBFR은 나토 7개국과 5개 옵서버 국가, 바르샤바조약기구 4개국과 3개 옵서버 국가로 구성, 총 19개국이 참여하여 상호 군축을 논의하는 기구였으며 결국 '유럽 재래식 무기 감축(CFE: Conventional Forces in Europe)'으로 이어지게 된다.

양 회의체는 모두 1973년 유사한 시기에 출범했다. 1975년 군사적 신뢰 구축 노력의 첫 결실로 이루어진 '헬싱키 최종선언'은 병력 2만 5천 이상이 참가하는 군사훈련을 21일 전에 통보하고 군사훈련 참관단을 초청하도록 하는 군사적 신뢰 구축 조치들을 규정하고 있었다. 그러나 훈련 통보 및 참관단 초청 등 주요 조치에 구속력이 없어, 실제로 동구권 국가들이 서방국가를 초청하는 일은 거의 없었다.

1986년 체결된 '스톡홀름협약'은 이에 대한 반성의 결과였다. 본 협약에서는 매년 3차례의 현장 사찰단 초청을 의무화했으며 이를 통해 양 진영의 실질적인 군사적 신뢰 구축에 크게 기여할 수 있었다. 이 협약은 1985년 고르바초프 등장 후 동구권 개방과 냉전 종식으로 이어지는 과정에서 중요한 제도적 기제로 작용했던 것으로 평가된다.

CFE는 MBFR의 실패 경험을 거울삼아 보다 현실적인 방법론을 적용하여 성과를 거두었다. 즉 MBFR이 병력감축을 중심으로 논의를 진행했던 데 비해

CFE는 5대 공격용 무기 중심의 재래식 무기 감축을 우선 추진했으며 병력 문제의 경우 별도의 트랙에서 논의하도록 했다. 각 진영은 무기체계 보유 상한선을 정해 탱크 2만 대, 화포 2만 문, 장갑차 3만 대, 전술기 6천 800대, 헬기 2천 대로 수량을 제한했다. 이는 적게 보유한 측의 수량보다 더 낮은 수준을 적용한 것이며 수차례의 다양한 연구와 파워게임으로 산출한 결과였다. 장비의 감축은 조약 발효일 후 40개월 이내에 실시하도록 하였고 이에 대해 신고 기지 사찰뿐 아니라 강제사찰, 타국사찰 참여 등을 규정해 실효성을 보장했다.

이와 같이 유럽의 군비통제 노력이 성공을 거둔 이유로는 세 가지 요인을 꼽는다. 먼저 CSCE의 오랜 운영을 통해 동서 양 진영 간 안보대화를 제도화시켰다는 점이다. 1975년 헬싱키선언은 실질적 성과를 내지 못했지만, 안보 대화의 지속과 제도화가 1986년의 성과로 이어질 수 있었다. 둘째로 안보 및 군비통제 관련 전문가 집단의 기여가 컸던 것으로 평가된다. 이들의 전문적 연구는 각국 정부와 여론을 선도했으며 각종 세미나와 워크숍을 통해 군비통제를 지지하는 국제적 전문가 공동체가 형성되어 군비통제를 실행할 수 있는 실천적이고 합리적인 방안들이 제시되어 많은 어려움을 극복하는 원동력이 되었다. 마지막으로 각 회원국들의 성실한 검증이행이 실질적 군비통제 이행의 밑바탕이 되었다. 즉 당시 각국의 정치적 리더십과 여론의 지지가 최종적으로 가장 중요한 역할을 했다.

④ 한반도의 경험

2018년 4·27 판문점 정상회담 이전 남과 북은 1990년대와 2000년대에 각각 수차례의 남북군사회담을 개최된 바 있었다.4 1990년대의 경우 고위급회담에서 '남북기본합의서'가 합의됨에 따라 불가침과 관련된 부속합의서의 논의를 위한 회담이 8차례 개최되었다. 이 중 제6차 고위급회담에서 남북은 분야별 분과위 개최에 합의했고, 불가침 분야 협의를 목적으로 남북군사분과위원회 개최를

---

4 문성묵, "남북군사합의 회고와 전망," 『정신전력연구』 제53호 (2018), pp.61-110.

결정하였다. 이에 따라 남북은 1992년 3월 13일 첫 회의를 시작으로 9월 5일 8차 회의까지 회담을 개최하였다.

8차의 회의 결과 남북은 불가침 분야 부속합의서와 남북군사공동위 구성 및 운영에 관한 합의서 2건에 관한 합의를 이루었다. 먼저 불가침 부속합의로서 무력불사용, 분쟁의 평화적 해결과 우발적 충돌 방지, 불가침 경계선과 구역, 군사직통전화 개설 등 6개장에 걸친 합의를 이루었다. 남북군사공동위에 관해서는 공동위 구성, 공동위의 기능, 공동위 운영방식, 개최장소 등을 합의하였다.

남북은 합의된 군사공동위를 1992년 10월부터 개최하기로 했으나 북한이 1993년 팀스피리트 한미 연합훈련 중단을 요구하면서 이것이 관철되지 못할 경우 공동위 개최가 불가능하다는 입장을 표명했다. 이로써 1990년대에 이루어졌던 남북 간 합의는 결국 사실상 무산되기에 이르렀다.

2000년대의 남북군사합의는 2000년 6월 15일 이루어진 분단 이후 첫 정상회담을 계기로 시작되었다. 2000년 7월부터 시작된 남북장관급회담에서 우리측은 군사적 긴장 완화를 위해 군사당국자 간 회담 개최를 제의했고 8월 열린 제2차 남북장관급회담에서 회담 개최에 합의했다. 그 결과 9월 24일부터 3일간 제1차 남북국방장관회담이 개최되었다.

우리 측은 이 회담에서 군사적 긴장완화와 관련된 합의를 추진했으나 북측은 남북 간 군사관련 사항을 다루고자 하지 않았고 주로 철도와 도로연결과 관련된 합의만을 다룰 것을 주장했다. 그 결과 5개항의 공동보도문 중 2항에서 '군사적 긴장완화와 전쟁 위험 제거를 위해 공동으로 노력한다'는 문구만을 포함시킨 채 철도, 도로 문제해결을 위한 군사실무회담 개최에 합의하는 성과에 만족해야 했다. 더불어 북한이 2000년 발간된 국방백서상에 북한을 주적으로 표시했다는 점을 문제 삼음에 따라 11월에 개최하기로 합의되었던 제2차 국방장관회담마저도 개최되지 못했다.

무산된 제2차 국방장관회담은 2007년 개최된 두 번째 남북정상회담 직후 개최되어 정상회담에서 도출된 10·4 선언을 군사 분야에서 이행하기 위한 조치들을 논의하였다. 즉 10·4 선언 제3조에서 제시된 서해에서의 우발적 충돌방지를 위한 공동어로수역 지정 문제 및 평화수역 수립방안과 각종 남북협력 사업의 군사적 보장 조치, 군사적 신뢰 구축 조치를 협의하는 것을 목적으로 하였다.

이 회담의 핵심 쟁점은 남북 간 입장차를 좁히기 어려운 서해평화협력특별지대에 대한 합의 문제였다. 따라서 핵심 사안에 대한 실질적 합의는 기대하기 어려운 상황에서 적대행위 금지 및 통신체계 현대화, 군사공동위 구성·운영, 신뢰 구축 및 불가침경계선 문제 협의, 공동어로 및 평화수역 설정 논의, 평화체제 구축 논의, 유해공동 발굴, 교류협력 사업의 군사적 보장 등을 포함한 '남북국방장관 합의서'를 채택했다.

이외에도 서해상 충돌방지를 위한 남북 장성급군사회담이 2004년 5월부터 개최되기 시작하여 2007년 12월까지 7차에 걸쳐 이루어졌다. 또 2000년 9월 제1차 남북국방장관회담시의 합의에 따라 남북군사실무회담이 39차례에 걸쳐 개최되었는데, 이 회담에서는 주로 남북관리구역의 설정과 철도, 도로 연결 및 통행의 군사적 보장 문제 등을 실무 수준에서 논의하는 등 국방장관회담, 장성급 군사회담전 이를 준비하는 선행협의 또는 이후 협의된 결과의 이행방안을 논의하는 후속 협의 채널로서의 역할을 수행했다.

2000년대 이루어진 일련의 회담들을 통해 남북은 철도·도로 연결의 군사적 보장, 서해에서의 우발적 충돌 방지, 선전 활동 중지 및 그 수단의 철거 관련 합의 등을 이루는 성과를 거두었다. 이는 일부 조치의 이행 및 준수가 이루어졌다는 점에서 1990년대에 비해서는 진일보한 면이 있었다. 그러나 결과적으로 남북 간 군사적 긴장완화와 신뢰 구축에 큰 기여를 하지는 못한 것으로 평가된다.

2018년 2월 평창올림픽 개최를 계기로 남북은 한 해 동안 세 차례의 정상회담을 갖는 등 남북관계의 새로운 이정표를 세웠다. 동년 6월 역사상 첫 북미정상회담이 이루어지는 등 북한 비핵화의 새로운 가능성을 개척했다. 뿐만 아니라 9월 평양에서 이루어진 제3차 남북정상회담에서 도출된 9·19 군사합의는 남북 간 평화공존체제 수립과 실질적 군비통제 진전에서 많은 성과를 냈으며 향후 군사 협력관계 발전의 계기가 될 것으로 보인다.[5]

9·19 군사합의는 정전 협정에 따른 군사 충돌 방지 기제를 회복하는 동시에 지해공의 공간에서 군사적 적대행위가 금지되는 완충지대를 설정하여 남북 간 우발적 군사충돌의 가능성을 획기적으로 줄이는 소위 '운용적 군비통제'의 초기 조치에 합의한 것으로 볼 수 있다. 즉 남북 간 등거리 원칙에 따라 일정 영역에서의 육, 해, 공 군사력의 군사 활동을 제한함으로써 남북이 우발적으로 충돌

---

5 김영준, "2차 북미정상회담과 9·19 남북군사합의 추진전략: 남북군사합의 주도의 한반도 평화," 『RINSA 안보현안분석』 제152호 (2019.2), 국방대학교 국가안전보장문제연구소, 2019.2.

할 가능성을 줄여 실질적 평화정착 및 군사적 안정성 확보에 기여한 것이다.

그러나 군사합의가 체결된 후 국내에서는 적지 않은 논란이 있었다. 군사합의가 북한에게 일방적으로 유리하게 체결되어 북한에 대한 군사적 억제력이 약화되었다는 것이다. 이러한 일부의 주장에 대해 정부와 국방부, 군은 수차례 해명했음에도 불구하고 논란은 상당 기간 지속되었다. 이는 부분적으로 군사관련 사항이 일반에 공개될 수 없는 군사비밀에 관련되어 있기 때문이며, 나아가 군사합의는 협상의 상대로서 북한을 고려해야하기 때문에 국민 일반에 대해 모든 내용과 입장을 공개할 수 없기 때문이기도 하다.

이와 더불어 일부 국내외 전문가들은 북미 간 비핵화 협상에 비해 남북 간 군사적 신뢰 구축 및 군비통제 협상이 지나치게 빨리 진척될 경우 북한에 대한 군사적 압박이 약화되어 북한을 비핵화 협상 장으로 끌고 나오는 데 불리하다는 견해가 제기되기도 하였다. 또 다른 전문가들은 한국 정부가 한미동맹보다 남북관계를 앞세워 동맹의 약화 방향으로 나아가고 있다는 분석을 내놓고 있다. 한미동맹이 사실상 북한의 군사위협을 억제하는 역할을 해온 이상 남북관계 개선과 북한 군사위협의 감소는 한미동맹의 조정 문제를 함축하고 있는 것이다.

---

box 2. 9·19 남북군사합의

2018년 9월 19일 문재인 대통령과 김정은 북한 국무위원장이 평양정상회담을 통해 채택한 '9월 평양공동선언'의 부속합의서로 정식명칭은 '역사적인 판문점선언 이행을 위한 군사 분야 합의서'이다. 본 합의서는 문 대통령과 김 위원장이 지켜보는 가운데 송영무 당시 국방장관과 노광철 인민무력상이 각각 서명하고 합의서를 교환했다.

본 부속합의서는 '9월 평양공동선언'상의 '한반도 전쟁위험 제거' 항목에서 비무장지대를 비롯한 대치 지역에서의 군사적 적대관계 종식을 한반도 전 지역에서 전쟁 위험 제거와 근본적인 적대관계 해소로 이어나가기로 했던 것을 구체화시킨 것으로 '남북 간 완충구역 설정 및 우발적 충돌방지', 'DMZ 내 GP 시범 철수 및 JSA 비무장화', '공동 유해 발굴 및 한강하구 공동이용수역 설정', '서해 평화수역·공동어로 구역 합의' 등을 주요 내용으로 한다.

한편, 북한은 싱가포르 북미정상회담에서 트럼프 대통령이 기자회견 중 발표했던 한미 연합연습 중단 약속을 지킬 것을 요구하고, 한국의 F-35를 비롯한 첨단 재래식 무기 구매를 비난하면서 단거리 발사체를 발사하는 등 도발의 범위와 수위를 서서히 높여 가고 있다. 북한이 시험하고 있는 단거리 발사체는 사거

리는 비교적 짧으나 미사일 방어로 막기 어려운 신형 무기로 한국의 군사 안보를 위협하고 남북 간 재래식 군사력 균형에 부정적 영향을 미칠 가능성이 있는 것이 사실이다.

9·19 군사합의는 제1조에서 향후 전력 증강 문제 등을 함께 '협의'할 것을 규정하고 있기 때문에 한국의 군비증강이 합의 위반은 아니다. 그러나 북한은 이러한 합의를 한 마당에 한국 정부의 최신 무기 구매가 남북 간 군사적 긴장을 완화하고자 하는 노력에 역행한다고 주장하고 있다. 반면 이러한 무기체계의 도입은 이미 10여 년 전에 결정된 것이 지금 이행되고 있는 것이기 때문에 정책적 결정이 있다 해도 제도상 쉽게 변경할 수 없다.

⑤ 한반도 군비통제의 구조적 복합성

상술한 역사적 사례에서 살펴볼 수 있는 바와 같이 군사적 신뢰 구축을 포함한 군비통제는 매우 지난한 과정이다. 상대의 능력과 의도에 대해 완벽한 확신을 가질 수 없는 상태에서 서로 군비를 제한하고 축소하여 안보를 추구한다는 결단은 결코 쉬운 일이 아니다. 더불어 지난 70여 년간 서로 다른 체제 하에서 상호 적대적 안보·국방정책을 펴온 남과 북이 이러한 정치적 결단에 합의하는 것은 극히 어려운 과업이 아닐 수 없다.

뿐만 아니라 남북 간 군사적 신뢰 구축과 군비통제 문제는 국제관계와 남북관계, 국내정치가 복합적으로 얽혀 상호작용하는 대표적인 영역의 하나이다. 먼저 북한은 자신의 체제에 대한 위협을 남한만이 아니라 한미동맹, 나아가 미국이라 인식하고 있다. 즉 북한에게 군비통제의 대상은 한국만이 아니며 따라서 한미동맹의 조정 없이는 실질적인 군사위협 해소가 이루어질 수 없다고 인식한다.

한국의 경우 한미동맹이 실질적으로 북한의 군사적 위협을 억제하는 역할을 해 왔지만 북한 위협이 해소된다 해도 한미동맹을 해체하고자 하지는 않는다. 한반도를 둘러싼 동북아에는 미국, 중국, 일본, 러시아라는 세계 4대 강국이 운집해 있다. 이들 국가 사이에서 생존하고 번영하는 것이 얼마나 어려운 일인지는 한반도의 역사가 잘 증명해 주고 있다.

바다 건너 먼 곳에 위치한 초강대국인 미국은 한반도의 지정학적 위치를 고려할 때 한국에게 좋은 동맹 파트너인 것이 사실이다. 미국은 한반도에 대한 영토적 야심은 없으며 동북아 지역에서 미래에 미국을 위협할 초강대국이 출현하는 것을 막고자 한다. 따라서 미국은 한국의 안보와 자주권을 지켜 이 지역에서 특정한 강대국이 한국에 대해 일방적인 영향력을 행사하는 상황을 막고자 한다. 그 경우 그 국가에게 힘의 균형이 기울어져 지역 패권 추구로 나가게 될 수 있기 때문이다. 한국의 독립 및 미국과의 동맹 유지는 그러한 점에서 미국의 중대한 국가 이익과 잘 부합한다.

따라서 한국의 입장에서 북한과의 관계 개선 및 군사적 신뢰 구축, 군비통제의 진전에 따라 북한 위협이 실질적으로 감소한다 해도 그에 비례하여 한미동맹을 얼마만큼 축소·조정할 것인가가 어려운 과제로 남는다. 물론 미국과의 동맹이 한국에게 이익이 되기만 하는 것은 아니다. 미국과 동맹을 유지하기 위해 한국은 적지 않은 비용을 지불해 왔다. 미국산 무기를 구매하고 주한미군의 주둔비용 중 일부를 지불하며 미국의 아태지역 군사정책을 지지하고 지원하기 위해 외교적 불이익을 감수하기도 했다.

따라서 한국은 남북관계 개선과 더불어 한미동맹을 유지하되 한미 간 보다 대등한 관계의 동맹을 지향해 나가고 또 군사동맹을 일부 축소하여 미국에 대한 과도한 의존과 그에 따른 자주권 제약을 최소화하고자 한다. 그러나 북한 비핵화가 진전되고 남북 간 군비통제가 진행된다 해도 그 과정 중에 북핵 위기 또는 북한발 재래식 위협이 재발할 가능성을 배제할 수 없다는 점에서 한미동맹을 축소, 조정하는 결정은 쉬운 일이 아니다.

이러한 복합적 관계를 더욱 복잡하게 하는 것은 최근 진행되고 있는 글로벌 및 동북아 역학구조의 변화이다. 중국의 경제적 부상과 이를 기반으로 한 군사적 부상으로 미국의 역내 패권적 지위는 위협받고 있으며 이를 인식한 미국은 중국에 대한 압박의 수위를 계속 높이고 있다. 미국은 중국을 상대로 경제전쟁을 벌이고 있으며 서서히 군사 영역으로 그 범위를 확대하고 있다.

중국은 미국의 공세에 대항하기 위해 러시아와의 전략적·군사적 협력을 강화, 확대하고 있다. 러시아 역시 2014년 크림반도 사태 이후 미국과 전 영역에 걸친 대립구도를 형성하면서 이에 대응하기 위해 중국과의 협력을 필요로 하고 있다. 나아가 중국과 러시아는 동북아 지역 내 주한미군과 주일미군 전력을 압박하고 군사력 균형을 유리한 방향으로 변경시키기 위해 한반도 주변에서 연합 군사훈련을 확대하고 있으며 이는 2019년 7월 23일 러시아 군용기가 독도 영공을 침입 비행하는 등의 사태로까지 이어지고 있다.

즉 한국은 앞으로 북한 핵 문제가 평화롭게 해결되고 남북 간 군사적 신뢰구축 및 군비통제 조치가 진전되어 북한발 군사위협이 상당 부분 해소된다 해도 중국과 러시아를 비롯한 주변국 군사위협에 대한 장기적인 대비책을 마련해 두어야 하게 되었다. 또한 이들 국가와의 현격한 국력 격차를 생각할 때 한미동맹은 지속적으로 유지·발전 시켜 나갈 필요가 있다고 판단할 가능성이 크다. 문제는 동맹의 유지와 발전을 위해서는 한국의 국익뿐 아니라 미국의 국익 역시 고려해야 한다는 점이다.

남북한 사이의 군비통제 진전에도 난제가 산적해 있다. 남과 북은 서로 다른 군비구조와 지리적 여건으로 인해 특정한 군비통제 조치를 단계적으로 진척시켜 나가는 것이 매우 어렵다. 군비통제 조치는 단계적으로 이루어질 수밖에 없다. 기만의 가능성이 존재하는 한 양 당사자가 단계적 조치를 점진적으로 취해 나가며 이행 여부를 확인해 나갈 수밖에 없는 것이다. 상술한바 이러한 단계적 조치의 이행을 통해 양자는 신뢰를 축적해 나가고, 그 결과 더욱 진취적인 조치로 이행할 수 있다.

여기서 중요한 것이 '등가적 조치'에 대해 상호 합의에 이르는 것이다. 즉 어느 한 편이 다른 편보다 불리한 조치를 취하려 하지 않을 것이기 때문에 양자 모두 소위 '등가적 조치'에 합의해야 한다는 것인데 '무엇이 등가인가'에 대해 서로 다른 기준을 적용할 가능성이 크다는 문제점이 있다. 군비통제 조치는 군사력 균형에 직접적인 영향을 미치게 되므로 양자 모두 자신에게 유리한 조치를 취하고자 하며 상대에게 불리한 조치를 강요하고자 하는 유혹에 빠지기 쉽다.

또한 남북 간 각종 신뢰 구축 조치와 검증 조치를 이행하는 것에도 많은 난관이 있을 것으로 예상된다. 북한체제의 속성상 비핵화와 더불어 개혁·개방을 추진한다 해도 지정된 특정 구역을 중심으로 이행하고 개혁과 개방의 여파가 사회 일반에 확산되는 것은 차단하고자 할 가능성이 크다. 따라서 이 과정에서 군사적 신뢰를 구축할 수 있는 군 간 교류나 훈련 참관, 부대 방문 등의 조치가 이행되기 어려울 가능성이 큰 것이다. 나아가 의심시설에 대한 불시 검증 등 군비통제 조치의 실효성을 확보하는 주요 조치를 거부할 가능성도 높다.

남북 간 주요 군비통제 조치의 이행은 9·19 군사합의 이후 국내 상황에서 볼 수 있는 바와 같이 국내정치적으로도 큰 저항을 불러올 가능성이 크다. 지난 70년간의 군사적 대치로 인해 국내에는 북한의 평화 의지를 의심하고 북한 정권이 무력을 통한 남한 사회의 전복을 노리고 있다고 생각하는 국민이 적지 않다. 이러한 집단을 상대로 군사적 신뢰 구축과 군비통제 조치 이행을 추진하는 것은 스스로 안보를 허물고 국민의 생명과 안전을 담보로 무모한 정치적 모험을 시도하는 것으로 공격받기 쉽다.

이와 같이 국제관계, 남북관계, 국내정치가 복합적으로 연계된 구조하에서 남북 간 군사적 신뢰 구축과 군비통제 조치는 '악순환적 연쇄작용'을 발생시키기 쉽다. 중국의 부상 및 중러 군사협력에 대항해 미국은 아태지역 또는 인도·태평양 지역에서 동맹 및 파트너 국가들과의 군사협력을 강화해 나가고자 한다. 이는 주한미군을 포함한 한미동맹의 강화 요인으로 작용하며 북한이 느끼는 체제 위협을 증대시키고 북한이 비핵화 조치의 반대급부로 요구하는 체제 안전 보장 조치의 이행을 어렵게 할 가능성이 크다.

그동안 한미동맹은 북한의 군사위협을 억제하기 위해 지속적인 전력의 증강과 각종 동맹 제도의 발전을 추진해 왔다. 따라서 북한 위협이 실질적으로 감소할 경우 전력의 감축과 군사태세의 조정을 추진해 나갈 수 있다. 그러나 미국은 중국의 지역 내 군사적 영향력 강화를 고려할 때 한미동맹의 전력 수준과 군사적 대비태세를 지속하거나 오히려 강화하고자 할 수 있다. 이는 북한의 군사적 위협 인식을 지속시켜 비핵화와 남북 군비통제를 교착시키는 내적 요인으로 작용할 가능성이 크다.

남북 간의 군비통제 협상 역시 변화하는 동북아 정세로 인해 부정적 영향을 받을 수 있다. 남북은 상호 간의 군사적 위협을 감소시키는 것이 당면한 과제이나 잠재적으로는 인접한 주변국으로부터의 군사위협에도 대비해야 하는 과제를 가지고 있다. 문제는 남북이 서로를 겨냥하는 무기체계와 주변국 위협에 대비하는 무기체계가 완전히 구분되기 어렵다는 점이다. 즉 북한이 한국의 첨단 재래식 무기 구매를 비난하는 것과 같이 한국이 주변국의 잠재적 위협에 대비하기 위해 기울이는 노력이 북한에게는 자신에 대한 직접적 군사위협이 될 수 있다는 점이다.

국제관계와 남북관계 수준에서 존재하는 이와 같은 부정적 상호작용은 국내정치적 갈등구조, 즉 남남갈등에 의해 증폭된다. 북한과의 군사적 신뢰 구축과 군비통제 추진은 한미동맹의 약화 또는 축소 방향의 조정을 불러올 가능성이 크고 이는 북한을 신뢰하지 않고 한미동맹의 군사적 가치를 절대시 하는 국민들에게는 환영받기 힘들다. 중국 견제를 위해 한미동맹의 약화를 바라지 않는 미국 내 전문가들이 북한을 신뢰하기 어렵다는 논평을 양산할 경우 국내 여론은 더욱 큰 영향을 받게 된다.

남북 간 군사적 신뢰 구축 및 군비통제 협상과 이행 과정 중의 험로 역시 국내의 부정적 여론을 더욱 증폭시킨다. 상술한바 군비통제 관련 협상은 지난한 과정이 될 수밖에 없다. 특히 검증과 관련된 활동에 대한 합의와 이행은 수많은 난관을 겪을 가능성이 크다. 군비통제의 속성에 대한 깊은 이해와 남북한 평화공존에 대한 확신이 없는 한 이와 같은 지난한 과정을 인내를 가지고 지켜보는 것은 쉬운 일이 아닐 것이다.

그러나 북한 비핵화를 실질적인 남북 간 평화공존으로 이어가기 위해서는 남북 간의 군사적 신뢰 구축 및 군비통제가 반드시 필요하다. 이를 위해서는 국제·남북·국내정치의 복합구조를 이해한 하에서 '악순환적 연쇄작용'을 '선순환적 작용'으로 전환하기 위한 전략을 수립해야 한다.

먼저 국제적 수준에서 미국과 북한의 국가이익이 합치할 여지가 있다. 북한 역시 긴 국경을 맞대고 있으며 무서운 속도로 부상하고 있는 중국을 실질적인 위협으로 여기고 있기 때문이다. 북한은 중국의 위협을 견제하기 위해 미국을 필요로 한다. 북미관계 정상화를 통해 중국과 미국 사이에서 등거리 외교를 시도하고자 한다고 볼 수 있다. 미국 역시 북한을 적대시하고 북한 위협을 명분으로 동북아 및 한반도에 군사력을 증강하는 전략에서 북미관계 정상화를 통해 북한을 제2의 베트남으로 삼아 중국을 견제하고자 할 수 있다. 베트남과 전쟁까지 치른 바 있는 미국은 현재 대중국 견제에서 베트남과의 협력을 강화하고 있다.

북한이 주한미군과 한미동맹을 체제에 대한 위협이 아닌 중국에 대한 견제 수단으로 인식할 경우 남북 군비통제의 진전에서 한미동맹에 대한 조정 요구 수준을 완화·조절함으로써 남북 군비통제의 어려운 선제조건 하나를 해소하거나 완화시킬 수 있다. 북한의 존재가 미국에게 위협이 되기보다 국가이익이 되는 관계가 형성될 경우 북한 역시 미국을 위협으로 느끼지 않을 것이기 때문이다.

미국이 북미관계 정상화를 통해 북한에게 접근하고 북한이 중국에 일방적으로 경사되는 상황을 막거나 나아가 북한과 전략적 협력을 강화할 경우 중국에게는 적지 않은 부담이 될 것이다.

북미관계가 정상화되고 북한이 주한미군 및 한미동맹의 존재를 인정하는 것은 한국의 국내정치와 관련하여 새로운 선순환적 강화관계를 형성한다. 먼저 한미동맹의 약화를 우려하여 남북 군비통제 협상에 반대했던 국민들의 우려가 완화된다. 나아가 주한미군과 한미동맹의 지속으로 인해 북한의 군사위협에 대한 우려가 크게 완화되거나 해소되기 때문에 북한을 불신하는 여론의 영향력도 크게 약화될 것이다. 한편, 미국 내 전문가들 역시 한미동맹의 약화를 우려해 남북관계 개선 및 한반도 평화공존체제에 반대할 필요가 없어져 미국의 국가이익 관점에서 남북관계에 대한 부정적인 연구결과나 전망을 산출할 필요를 덜 느끼게 될 것이다.

이와 같은 긍정적은 환경과 선순환적 영향관계가 제대로 작동하는 동안 남북 간 군비통제 조치들을 이행하고 안정적인 군사적 공존체제를 정상궤도에 올리게 될 경우 한국은 빠르게 변화하는 동북아 및 글로벌 질서 속에서 추가적인 '전략적 자율성'을 누릴 수 있게 될 것이다. 상술한바 향후 미중관계는 군사 영역으로 확산된 본격적인 패권경쟁이 될 가능성이 높다. 한국은 한국의 안보 및 국가이익을 위해 한미동맹관계를 지속적으로 발전시켜 나가야 하지만 미중 패권경쟁에 원치 않게 말려들어 가는 상황은 최대한 회피할 필요가 있다.

남북 간 군사적 대결관계가 지속될 경우 한국의 전략적 운신의 폭은 매우 제한될 수밖에 없다. 북한의 핵 및 재래식 위협에 대응하기 위해서는 강력한 한미동맹의 필요하며 이를 위해 미국의 지역 및 글로벌 군사정책을 상당 부분 수용할 수밖에 없다. 그러나 남북관계가 개선되고 군사적 안정성이 재고될 경우 한국은 한국의 국가이익에 가장 부합하는 방향으로, 한미동맹이 중국의 공세적 행동을 억제하면서도 지나치게 압박하여 필요 이상의 저항을 유발하지 않도록 한미동맹을 발전시켜 나갈 수 있으며 그 결과 한국이 속한 동북아 지역에서 미중 간 충돌이 발생하지 않도록 관리해 나갈 수 있다.

⑥ 향후 전망 및 과제

향후 남북 간 군비통제와 군사적 신뢰 구축 여부와 정도는 기본적으로 북미 비핵화 협상의 진척정도에 큰 영향을 받게 될 것이다. 북미 비핵화 협상의 향방을 가늠하는 것이 매우 어려운 만큼 현시점에서 남북 간 군비통제의 미래를 예측하는 것도 매우 어렵다. 그러나 앞에서 남북 간 군비통제를 결정하는 주요 영향 요인과 상호 복합적인 관계를 제시한 만큼 이러한 요인들이 어떻게 상호작용해 나가는가를 통해 향후 남북 군비통제의 진척 방향을 예측할 수 있을 것이다.

한편, 남북 간 군비통제와 군사적 신뢰 구축이 반드시 북미 비핵화 협상 결과의 종속변수인 것은 아니다. 남북 사이의 군사적 신뢰관계 구축이 비핵화 협상에 긍정적 영향을 미치고 이를 추동해 나갈 가능성도 존재한다. 현재 미국 내의 주요 정책결정자들과 이들에게 적지 않은 영향을 미치는 전문가들은 북한의 비핵화 의지에 대해 강한 의심을 가지고 있다. 2018년 초 이후 북한이 밝혀 온 비핵화에 대한 의지와 일부 선행 조치들에도 불구하고 이러한 의구심은 해소되지 않고 있으며 그 결과 북미 비핵화 협상은 교착국면을 반복해왔다. 한편, 북한은 비핵화에 대한 약속이 미래의 행동을 구속할 것을 우려하여 가능한 많은 보상을 약속받기 전까지는 비핵화의 최종 상태에 대한 북한의 계획과 의지를 밝히려 하지 않고 있다.

이러한 상황에서 남과 북이 전향적인 군사적 신뢰 구축과 군비통제 조치에 합의해 나간다면 이것은 북한이 비핵화를 단행하고 국제 사회의 일원으로써 체제에 대한 개혁개방을 단계적으로 실행해 나갈 것이라는 중요한 단서가 될 수 있다. 그 결과 미국 및 국제 사회 내에서 북한의 비핵화에 대한 의심이 완화되고 보다 전향적인 협상 조건과 방식이 합의되는 계기가 될 수 있는 것이다.

북미 비핵화 협상이 진행되는 동안 한국은 양자 간 협상을 촉진하고 교착국면이 발생했을 때 합리적인 중재안을 제공하는 긍정적인 역할을 수행해 나가게 될 것이다. 중재란 양자 중 어느 한편에 치우친 입장을 취할 수 없으며 그 결과 양자 모두로부터 의심과 미움을 사기 쉽다. 북한은 한국이 동맹관계인 미국의 입장에 치우쳐져 있으며 첨단무기를 지속적으로 구매하여 남북 간 군사적 신뢰관계를 악화시키고 있다고 비난하고 있다. 그리고 이러한 비난은 향후 비핵화 및 남북 간 군비통제 과정에서 언제든지 발생할 수 있다.

향후 북미 간 비핵화 협상의 진전만큼이나 상호 신뢰가 부족한 남과 북이 군비통제와 군사적 신뢰 구축을 추진해 나가는 것도 지난한 과정이 될 것이다. 상술한바 군비통제의 구체적 조치와 군사적 신뢰 구축은 상호 선후를 가리기 어려운 순환적 과정으로 이해된다. 즉 최소한의 신뢰를 바탕으로 군비통제 조치를 이행하며 군비통제 조치의 이행 단계마다 신뢰가 구축되어 갈 것이기 때문이다.

무엇보다 중요한 것은 한국 시민의 인식과 확신이다. 군비통제와 군사적 신뢰 구축은 결코 쉬운 과업이 아니지만, 반드시 필요한 과정이다. 앞으로 다가올 갈등적 국제질서와 저성장과 경제위기 속에서 한반도의 평화와 안정적 공존질서는 우리의 생명과 안전뿐 아니라 번영을 보장할 필수 불가결한 조건이기 때문이다.

군비통제는 매우 어려운 정치적 과정이며 수 없는 협상과 반복적인 교착상태, 협상 이탈의 위협과 군사적 위기가 교차되는 과정이 될 수밖에 없다. 시민이 이러한 현실을 충분히 인식할 경우 군비통제 과정에 반드시 필요한 시민적 지지와 인내심이 발휘될 수 있다. 특히 주기적 선거를 통해 정권이 교체되는 민주국가에서 이러한 시민에 의해 확보되는 연속성은 신뢰 구축 과정을 가능하게 하는 유일무이한 정치적 기반이 된다.

한반도의 평화공존에 대한 확신이 부족하거나 군비통제의 본질에 대한 이해의 부족으로 몇 차례의 협상 결렬과 지리한 교착국면을 돌이킬 수 없는 실패로 규정한다면 우리 모두가 원하는 평화를 결코 얻을 수 없다. 한반도 평화와 안전의 당사자인 한국의 시민들이 북한을 협상의 파트너로 받아들이지 않으면서 미국과 세계의 시민들이 비핵화 협상에 진지하게 임하기를 바란다면 잘못된 기대일 것이다. 이와 같은 국내정치에서 시작되는 불신이 남북관계와 한미관계, 국제관계의 악순환 고리를 어떻게 형성하고 강화해 나가는지는 위에서 살펴본 바와 같다. 향후 남북 간 군비통제와 군사적 신뢰 구축을 가능하게 할 가장 중요한 과업은 군사력 균형에 대한 분석이나 구체적 협상조건을 찾는 일보다 이상과 같은 인식의 전환을 이루는 것이다.

토론 및 탐구주제

01 군비통제와 비교될 수 있는 유사 개념들의 정의를 설명하고 군비통제와의 차이점을 설명해 봅시다.

02 군비통제 조치와 군사적 신뢰 구축 사이의 관계를 설명해 보고 무엇이 더 중요한지 논의해 봅시다.

03 군비통제의 주요 성공사례 중 하나를 설명하고 해당 사례가 성공한 이유를 토론해 봅시다.

04 남북 간 군비통제에 작용하고 있는 국제적 요인, 남북관계 요인, 국내정치적 요인을 설명하고 선순환과 악순환 과정을 비교하여 설명하고 논의해 봅시다.

05 북미 비핵화 협상과 남북 군비통제의 관계에 대한 각자의 입장을 정하고 서로 다른 입장을 비교하며 토론해 봅시다.

06 남북 군비통제 진행 과정에서 제기될 주요 도전을 말해보고 이를 극복하기 위한 실질적인 방안을 논의해 봅시다.

[참고문헌]

권양주. 『남북한 군사통합 구상』 서울: KIDA Press, 2009.

김민석. "워싱턴체제의 성립과정과 요인에 관한 연구." 『고려대학교 박사학위 논문』 (2003).

김성한. "동아시아 다자간 군비통제 추진방안: ARF를 중심으로." 『한국전략문제연구소 연구보고서』 (2001).

김영준. "2차 북미정상회담과 9.19 남북군사합의 추진전략: 남북군사합의 주도의 한반도 평화." 『RINSA 안보현안분석』 제152호 (2019.2). 국방대학교 국가안전보장문제연구소, 2019.2.

김재철·김정기. "동북아평화를 위한 군비통제 접근방향." 『한국동북아논총』 63호 (2012).

김태현. "남북 재래식 군비통제: 평가와 발전방향." 『한국군사』 4호 (2018).

남만권. 『군비통제의 이론과 실제』 서울: KIDA Press, 2006.

문성묵. "남북군사합의 회고와 전망." 『정신전력연구』 제53호 (2018).

이상현. "전환기의 한반도 안보환경과 남북한 군비통제." 『한국전략문제연구소 연구보고서』 (2004).

조성렬. 『한반도 비핵화 리포트: 포괄적 안보-안보 교환론』 서울: 백산서당, 2019.

한용섭. 『한반도 평화와 군비통제』 서울: 박영사, 2015.

Mearsheimer, John J. *Tragedy of Great Power Politics*. New York: W. W. Norton & Company, 2014.

Kissinger, Henry. *Diplomacy*. New York: Touchstone, 1994.

제9장 남남갈등과 대북·통일정책*

김재한(한림대학교)

① 머리말

대한민국의 극심한 이념갈등은 분단과 밀접히 관련되어 있다. 일반적으로, 하나의 체제가 몇 개의 하위체제로 분리되면 체제 내부의 분열 현상은 수그러지게 된다. 왜냐하면 하나로 된 원래 체제 안에서 불만을 해소할 수 없던 세력이 체제 분화 이후에는 자신에게 좀 더 맞는 하위체제로 편입할 수 있기 때문이다. 한반도에서는 남북 간의 자유로운 이동이 보장되지는 않았어도 월남(越南)이나 월북(越北)과 같은 체제 선택 변경이 결코 불가능하지는 않았다.[1] 1945년 38°선이 그어진 무렵, 6·25전쟁의 와중, 전쟁 이후 오늘날까지 모두 그렇다. 그런 맥락에서 북한에 대한 남한 내 생각이 분단 이후 더욱 분열되고 있는 현상은 매우 역설적이다.

---

* 본서의 집필 지침에 따라, 필자의 선행 연구는 각주 대신 참고문헌에 표기한다.

1 여기서 월남과 월북은 각각 '넘어서 남쪽으로 감'과 '넘어서 북쪽으로 감'을 의미한다. '감옥에서 도망침'을 뜻하는 월옥(越獄)이나 '궤도에서 벗어남'을 뜻하는 월궤(越軌)처럼, 월남과 월북을 각각 '남에서 벗어남'과 '북에서 벗어남'으로 받아들이는 사람도 있기는 하다. 마찬가지로 '남쪽을 침략함'이라는 뜻의 남침(南侵)과 '북쪽을 침략함'이라는 뜻의 북침(北侵)을 각각 '남쪽이 침략함'과 '북쪽이 침략함'으로 받아들이는 사람도 적지 않다. 실제 남 또는 북이라는 한자어가 구절 앞부분에 등장하면 대체로 목적어보다 주어이다. 남풍과 북풍도 각각 남과 북으로 부는 바람이 아니라 각각 남과 북에서 불어오는 바람을 뜻한다. 일부 여론조사에서 6·25전쟁은 북침이라고 응답한 비율이 높게 나온 이유도 남침과 북침의 뜻을 다르게 받아들인 응답자가 있었기 때문이다.

1인 우상화로 전개된 북한체제에서는 철저하고 지속적인 숙청을 통해 분열 현상이 거의 박멸되었다. 남한체제 내에서도 전쟁, 부역, 처단 등의 과정을 거치면서 이념갈등이 표면적으론 완화되었다. 냉전시대 남북의 정권이 적대적 상호 의존으로 내부 단속에 성공하여 체제 내 이념갈등은 표출되기 쉽지 않았다. 잠복하고 있던 이념갈등은 미국과 소련 간의 냉전이 끝난 후 남한 사회에서 수면 위로 떠올라 오늘에 이르고 있다. 특히 자유민주주의를 지향하는 체제 속성상 각 정파의 정치적 행위에 의해 분열이 심화 내지 지속되어 왔다.

일반적으로, 갈등이 심화되고 있다는 체감은 주관적일 때가 많다. 예컨대, 각종 설문조사에서 과거보다 심각해지고 있다고 지속적으로 응답되고 있는 세대 갈등이나 사회 불신이 실제로도 그렇다는 증거는 없다. 이와 달리 이념갈등의 심화 현상은 직접 묻는 설문조사뿐 행태분석에서도 확인되고 있다. 전국적 단위의 투표행태 조사 자료가 처음 등장한 1990년대만 해도 보수이냐 아니면 진보이냐는 이념 성향은 유권자의 투표 선택에 별 영향을 주지 않는 것으로 분석되었다. 그러던 이념 성향이 2000년대부터 통계적으로 유의한 수준으로 유권자의 정치행위에 영향을 주기 시작했고, 지역주의가 완화된 2010년대에는 정치행위의 중요한 결정요인으로 작동하고 있다. 물론 여기에는 1990년대 보수－진보 개념에 익숙하지 않던 일반인들이 2000년대에 들어와서 보수－진보를 정치적 식별 라벨로 인지하게 된 측면도 있을 것이다.

북한을 두고 남한 사회 내부에서 벌어지고 있는 반목 현상은 남남갈등으로 불린다. 남남갈등 용어의 어원을 밝히는 것조차 남남갈등이 묻어 있다. 남한 사회 분열을 조장하려는 북한 정권의 통일전선 전략으로 나온 용어라는 주장이 있고, 이와 반대로 빨갱이 딱지로 이득을 얻던 보수 언론이 만들어낸 용어라고 주장하며 남남갈등 용어의 대중화를 2000년 7월 13일 자 조선일보 기사에서 찾기도 한다. 하지만 남남갈등 용어가 등장한 첫 언론기사는 1997년 8월 2일 자 한겨레신문의 것이다.

이 장에서는 남남갈등이나 그 용어가 누구의 의도에 의해 시작되었냐는 갈등조장의 논의 대신에, 남남갈등 현상의 내용과 그 해소 방향에 대해 객관적이고 실증적으로 정리하고자 한다. 전쟁과 분단을 이미 경험했고 또 지금도 정전(停戰)과 분단을 경험하고 있다는 사실에서 기인한 대한민국 국민의 이념 스펙트럼이 세계 여러 나라와 조금은 다르다는 점에 먼저 주목해 보자.

② 남남갈등의 스펙트럼

가. 남한 사회의 이념 스펙트럼

좌-우는 대표적인 이념 스펙트럼이다. 좌-우 이념의 구체적인 내용은 시대와 장소에 따라 다를 수 있고, 또 같은 시대와 같은 장소에서도 사람마다 다를 수 있지만, 일반적인 구성 내용은 <표 9-1>로 요약할 수 있다.

▼ 표 9-1 유럽·미국 좌-우 이념의 구성 요소

좌	평등	진보	개혁	조합	권리	소수인권	재분배	사회정의	정부규제강화	공산주의	사회주의	아나키즘	사회민주주의	다문화주의	국제주의
우	위계질서	보수	반동	가족	의무	전통	사유재산	자유시장	정부규제완화	자본주의	군주주의	파시즘	기독민주주의	제국주의	민족주의

출처: 김재한, "이념 스펙트럼의 한국적 진화," 『통일전략』 제17권 (1)호 (2019), p.45.

<표 9-1>은 15개의 가치 기준으로 좌와 우를 구분한 것이다. 좌익적 가치의 요소는 평등, 진보, 개혁, 조합, 권리, 소수인권, 재분배, 사회정의, 정부규제강화, 공산주의, 사회주의, 아나키즘, 사회민주주의, 다문화주의, 국제주의 등이다. 반면에 우익적 가치의 요소로는 위계질서, 보수, 반동, 가족, 의무, 전통,

사유재산, 자유시장, 정부규제완화, 자본주의, 군주주의, 파시즘, 기독민주주의, 제국주의, 민족주의 등이다. 이 30개 구성 요소는 선악(善惡) 가치에서 독립되어 사용되는 개념이다. 또 특정 요소를 갖추고 있다고 해서 해당 이념으로 불리는 것도 아니고, 특정 이념이라고 해서 모든 구성 요소가 그렇다는 것은 아니다. 이념의 구성 요소는 상대 이념에 비해 더 강조하는 방향일 뿐이다.

보편적으로 통용되는 좌−우의 이념 스펙트럼은 남한이든 북한이든 한반도에 잘 적용되지 않는다. 뒤집어 말하자면, 남한 국민의 태도 분포에서 추출한 이념 스펙트럼은 여러 나라의 이념 태도를 잘 설명할 수 없다. 일반적인 좌−우 사회균열 기준과 구별되는 남한의 이념 스펙트럼이 존재하는 것이다. 바로 북한이라는 축으로 나뉘는 이념 스펙트럼이다.

남한과 북한을 이념적으로 구분할 때 흔히 우와 좌 또는 보수와 진보로 구분하기도 한다. 그러나 남한을 우파 또는 보수 사회로만 볼 수 없는 것처럼, 북한도 좌파 또는 진보 사회로만 볼 수 없다. 북한 정권은 반동(反動) 즉 극우적 집단이라는 해석도 있다. 북한에서는 <표 9−1>의 좌익적 구성 요소인 공산주의와 사회주의가 겉모습에 불과하고, 실제로는 우익적 구성 요소인 위계질서, 의무, 전통, 군주주의, 민족주의 등이 극단적으로 중시되기 때문이다.

1인자에 대한 극진한 예우와 세습 통치는 위계질서, 전통, 군주주의의 극단적 모습이다. 또 북한 정권이 주민에게 강조하는 것은 의무이지 권리가 아니다. 다른 민족에 대한 태도에서도 다문화주의를 배격하고 민족주의를 강조하고 있다. 2006년 5월 남북 장성급회담에서 남북 수석대표들이 남한 농촌 분위기를 소재로 인사말을 주고받는 와중에 북측 대표는 다문화 유입으로 민족의 단일 혈통이 사라질까 걱정이라며 삼천리금수강산에 잉크 한 방울도 떨어뜨려선 안 된다고 진지하게 강변한 바 있다. 북한체제의 이런 순혈주의는 인종주의에 가깝다.

남한 사회에서도 진보 좌파가 보수 우파보다 민족을 더 중시하고 더 인종주의적일 때가 있다. 1980년대 진보진영 내에서 민족을 중시하는 NL(National Liberation) 계열과 계급을 중시하는 PD(People's Democracy) 계열 간의 경쟁에서 NL 계열이 우위를 점했던 것은 한반도의 전통적 정치문화에다 역설적이게도 유신 정권 때의 이른바 '한국적(韓國的)'과 '반공(反共)'의 강조에 힘입은 바가 크다.

전통적인 좌−우 이념 스펙트럼에서 인권은 우익보다 좌익에서 더 중요시하는 가치이다. 그런데 북한 주민의 인권 문제는 남한 내에서 주로 보수진영의 담론이다. 북한의 독재 압제에서 벗어나기 위해 이주한 탈북자에 대해서도 보수 진영이 더 수용적이고, 탈북자에 대한 부정적 시각은 진보진영에서 더 강하다. 개성공단 등의 북한 노동자에 대한 남한 내 보수－진보진영의 태도도 일반적인 좌－우 스펙트럼에 맞지 않는다. 남한 내 자본가 또는 노동자에 미치는 영향보다 북한 정권 및 남한 정권에 미치는 영향에 따라 결정되는 경향이 있다.

▼ 표 9-2 **남남갈등 구성 요소의 예**

통일관련	통일방식 및 속도	흡수통일론 vs. 합의통일론
		급속통일론 vs. 단계적통일론
		단일국가론 vs. 연립국가론
	통일 정당성	단일민족당위론·부강국가실현론·분단체제 극복론
	평화와 통일의 가치	평화우선 vs. 통일우선
		평화절대론 vs. 전쟁감수론
		군축반대 vs. 군축지지
	대북정책	포용정책 vs. 압박정책
북한관련	북한체제에 대한 입장	하나의 국가 vs. 다른 국가
		적대적 관계 vs. 동반자 관계
	북한 변화 유도	급속 붕괴 vs. 점진적 변화
	북한 핵 문제	완전폐기 vs. 조건부 수용 vs. 북한핵 인정
	대북지원	퍼주기론 vs. 조건 지원 vs. 인도적 지원
		변화유도 지원 vs. 북한 개선 지원
	북한인권	적극적 개입 vs. 소극적 개입
대외관련	미국관련	우방국가 vs. 제국주의국가
	향후 국제관계	친미 vs. 친중
	미군철수	현규모 유지 vs. 조건부·단계적 철수 vs. 즉시 완전 철수
기타 개별 주제	북한이탈 주민	적극수용 vs. 신중수용
	납북자·국군포로	적극개입 vs. 신중개입
	통일교육	안보교육 vs. 평화 통일교육
	사회문화교류	신중추진 vs. 적극추진
	금강산·개성	사업지지 vs. 사업반대
	북한정보	개방확대 vs. 통제강화

출처: 이우영, "6·15이후 남남갈등의 전개과정과 시사점," 『한반도포커스』 제19호 (2012년 7·8월호), p.14.

인권 문제와 노동자 문제에 대한 인식은 북한 정권에 대한 태도, 나아가 남한 내 경쟁진영의 태도에서 기인하는 것인데, 이런 이례적인 구성 요소로 말미암아 남한의 이념 스펙트럼은 일반적인 좌−우 스펙트럼과는 다르게 운용되고 있다. 북한 문제는 남한 내에서 이념적 위치를 구분하는 기준으로 작용하여 왔고 앞으로도 그럴 수 있다.

남북관계에서는 새로운 이슈가 등장하고 있고, 그럴 때마다 남남갈등의 구성 요소는 달라진다. <표 9−2>는 남남갈등의 구체적 이슈를 정리한 하나의 예이다. 결국 모든 이슈의 입장은 북한을 보는 관점에 따라 구분되고 있다.

나. 북한, 미국, 중국에 대한 지속적인 태도 차이

북한을 어떻게 인식하느냐는 것은 남한 국민의 이념 스펙트럼에서 매우 중요한 구성 요소이다. 실제 진보−보수의 이념을 친(親)북한−반(反)북한 인식으로 이해하는 보수층도 있다. 엄격히 말하자면 '북한'보다 '북한 정권'에 대한 태도이고, 또 '친' 또는 '반'이라는 표현보다는 상대적인 의미에서 북한 입장을 더 이해하느냐 아니면 더 경계하느냐는 것임은 물론이다. 친(親)미국 vs. 반(反)미국의 태도 역시 남한의 보수 vs. 진보 구분에 매우 중요한 기준이 되고 있다. 남한의 이념 스펙트럼은 북한에 대한 태도부터 시작해서 미국, 일본, 중국, 러시아 등에 대한 태도로 확장되고 있다.

<표 9−3>은 1990년 1월부터 2010년 6월까지 20년 동안 북한, 미국, 중국에 대한 조선일보와 한겨레신문의 태도를 정리한 것이다. 여기서 태도 값은 우호적 사설과 비판적 사설을 각각 +1과 −1로 하여 주별로 집계한 수치이다. 북한에 대한 조선일보 태도의 평균값은 −.30인데, 이는 비판적 사설 건수에서 우호적 사설 건수만큼 상쇄한 이후에도 조선일보가 주당 평균 0.3건의 비판적 사설을 실었다는 뜻이다. 반면 북한을 비판하는 한겨레신문 사설 건수는 주당 평균 0.02건에 불과하여 북한에 대해 덜 비판적이었다. 두 신문의 대북 태도 값 차이(−.28±.04)에서, 조선일보가 한겨레신문보다 통계적으로 유의한 수준으로 북한을 더 비판함을 알 수 있다.

▼ 표 9-3 북한, 미국, 중국에 대한 조선일보 및 한겨레신문의 태도 차이

구분	태도	조선일보 태도 값 - 한겨레신문 태도 값 (95% 신뢰도 구간)	두 신문 태도 간 상관관계
조선일보의 북한관	비판적 (−.30)	−.28* (±.04)	양(+)*
한겨레신문의 북한관	보통 (−.02)		
조선일보의 미국관	보통 (−.05)	+.10* (±.03)	양(+)
한겨레신문의 미국관	비판적 (−.15)		
조선일보의 중국관	보통 (−.06)	−.05* (±.02)	양(+)*
한겨레신문의 중국관	보통 (−.01)		

* p < .001

출처: 김재한, "남남갈등의 연계성," 『통일과 평화』 제2집 (2)호 (2010), p.146.

　　＜표 9-3＞에서 북한에 대한 두 신문 태도 간의 상관계수는 양(+)의 값이다. 이는 조선일보가 북한을 이전보다 더 비판할 때 한겨레신문 역시 이전보다 북한을 더 비판하고, 또 조선일보가 북한을 이전보다 우호적으로 대할 때 한겨레신문 역시 이전보다 우호적으로 대함을 의미한다. 대북 태도 변화가 주로 북한 행동에 따른 것이기 때문이다. 결국, 두 신문 간의 대북 태도 차이는 시간적으로 지속적인 것이다.

　　＜그림 9-1＞은 조선일보 사설과 한겨레신문 사설이 남한 내 보수와 진보의 인식을 각각 대표한다고 전제하고 보수와 진보의 대북 태도를 정권별로 평균하여 나타낸 것이다. 보수와 진보의 대북 태도는 시기에 따라 변화하지만, 대북 태도의 보수-진보 간 차이는 시기와 관계없이 거의 일정하다.

　　＜표 9-3＞에서 보듯이 북한, 미국, 중국에 대한 남남 간 태도 차이는 거의 상수(常數)라고 말할 수 있을 정도로 지속적이다. 북한과 중국에 대해 보수가 더 비판적이었고 진보는 덜 비판적이었으며, 미국에 대해서는 진보가 더 비판적이었고 보수는 덜 비판적이었다. 이처럼 남한 사회의 보수-진보 스펙트럼은 북한, 미국, 중국에 대한 인식 차이로도 구성된다.

그림 9-1 북한에 대한 보수 및 진보의 태도 추이

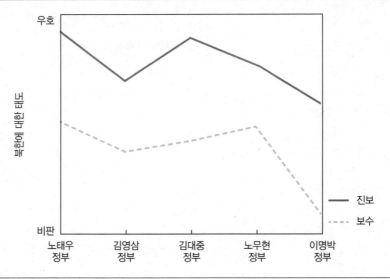

출처: 김재한, "북한 및 미국 관련 남남갈등의 변화추세," 『통일과 평화』 제1집 (2)호 (2009), p.147.

다. 대북, 대미, 대중정책에 관한 태도 양극화

남한 사회의 보수-진보 스펙트럼은 북한 등에 대한 인식 차이뿐 아니라 정부의 관련 정책에 대한 인식 차이로도 구성되어 있다. <그림 9-2>는 대북정책에 관한 조선일보와 한겨레신문의 태도를 정권별로 평균하여 나타낸 것이다. 북한에 대한 보수-진보의 태도(비판 또는 우호)가 일정한 간격을 갖고 있음을 보여주는 <그림 9-1>과 달리, <그림 9-2>는 정부 대북정책에 관한 보수-진보의 비판/지지가 정권별로 바뀜을 보여주고 있다. 대북정책에 관한 남남간 태도 차이는 노태우·김영삼 정부 때 작았다가 김대중 정부 때부터 현재까지 양극화가 되어 있는 것이다.

정부 대북정책에 관한 한겨레신문의 태도는 조선일보와 반대되는 방향으로 이뤄졌고, 또 정부 대북정책에 관한 조선일보의 태도 역시 한겨레신문과 반대로 전개되었다. 정부 대북정책에 관해 보수가 비판적일수록 진보는 호의적이고, 또 진보가 비판적일수록 보수는 호의적이다. 이는 남남갈등의 대내적 연계성으로 불린다.

그림 9-2 정부 대북정책에 대한 보수 및 진보의 태도 추이

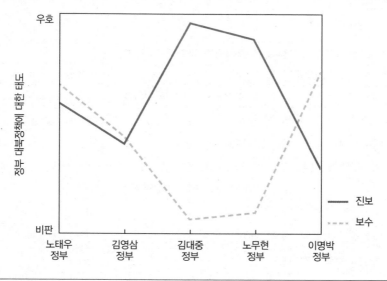

출처: 김재한 (2009), p.150.

　　정부의 대북정책과 달리, 대중정책 및 대미정책에 관한 보수와 진보의 태도
는 그렇게 대립적이라고 보기 어렵다. 대미정책에 관한 진보의 태도와 보수의
태도가 늘 서로 반대로 가는 것은 아니다. 대중정책에 관해서도 서로 반대 방향
으로 간다고 볼 수는 없다. 그렇지만 대미정책과 대중정책은 남남갈등에 깊이
관여되어 있다.

　　<표 9-4>는 대북정책, 대미정책, 대중정책을 둘러싼 양극화가 서로 어
떤 관계를 가지는지 정리한 것이다. 정부 대북정책을 둘러싼 남남갈등은 북한에
관한 태도 차이뿐 아니라 대미정책에 관한 태도 차이와 밀접하게 연관되어 있
다. 북한관의 양극화가 클수록 또 대미정책에 관한 양극화가 클수록, 대북정책
을 둘러싼 양극화가 심화된다. 대미정책에 관한 진영 간 태도 차이도 대북정책
및 대중정책에 관한 진영 간 태도 차이와 양(+)의 관계를 가진다. 또 대중정책과
관련된 태도 양극화 역시 대미정책에 관한 태도 양극화가 클수록 함께 커진다.
뒤집어 말하자면, 정부의 대북정책에 관한 남남 간 태도 양극화가 클수록, 대미
정책에 관한 양극화도 크다. 또 대미정책에 관한 태도 양극화가 클수록, 대중정
책에 관한 양극화도 크다. 이처럼 대북정책, 대미정책, 대중정책 등을 둘러싼 남

남갈등은 구조적으로 서로 연계되어 있는 것이다. 이는 남남갈등의 대외적 연계성으로 불린다.

▼ 표 9-4 대북정책, 대미정책, 대중정책 양극화 간의 관계

설명변수	영향
대북정책에 관한 태도 양극화	
북한에 관한 태도 양극화	양(+)[**]
대미정책에 관한 태도 양극화	양(+)[**]
대중정책에 관한 태도 양극화	양(+)
대미정책에 관한 태도 양극화	
미국에 관한 태도 양극화	양(+)[**]
대북정책에 관한 태도 양극화	양(+)[**]
대중정책에 관한 태도 양극화	양(+)[*]
대중정책에 관한 태도 양극화	
중국에 관한 태도 양극화	양(+)[**]
대북정책에 관한 태도 양극화	양(+)
대미정책에 관한 태도 양극화	양(+)[*]

* $p < .03$, ** $p < .01$
출처: 김재한 (2010), p.152.

이러한 대외적 연계성은 남한 국민의 차원에서만 이뤄지는 것은 아니다. 한반도 주변국 국민의 인식에서도 함께 묶이는 국가군이 있는 것이다. 중국인의 대외 호감에서 함께 묶이는 국가군은 남한－북한－러시아, 미국－일본이다. 즉 남한에 호감을 느끼는 중국인은 북한에 대해서도 호감을 느끼는 경향이 있다. 마찬가지로 미국을 긍정적으로 받아들이는 중국인은 일본에 대해서도 긍정적으로 받아들이는 경향이 있다. 서로 반대로 가는 중국인 대외 호감의 국가군은 북한 vs. 미국·일본, 러시아 vs. 일본이다. 북한에 긍정적인 중국인일수록 미국이나 일본에 대해 부정적이다. 일본인의 대외 호감에서 함께 묶이는 국가 쌍은 남한－중국, 중국－러시아, 북한－중국 등이다. 일본인 사이에서도 북한에 대한 호감과 미국에 대한 호감은 함께 잘 가지 않는다.

③ 남남갈등의 이념화 및 진영화

가. 대북 인식, 지지진영, 대북정책 찬반

이념은 정치 참여로 연결될 때 현실에서 중요하게 기능하는데, 그 대표적인 정치 참여는 특정 정당이나 특정 정파를 지지하는 행위이다. 이념이 정치행위에 영향을 줄 수 있다고 여겨지고 있지만, 경험적 분석이 늘 그렇게 보여주는 것은 아니다. 특히 1990년대 유권자의 투표 행태에 있어 자신을 보수로 여기느냐 아니면 진보로 여기느냐에 따라 지지하는 정당이나 후보가 별로 달라지지 않았다. 이런 보수–진보라는 총괄적 이념 라벨과 달리, 유권자의 투표 선택에 유의미한 영향을 주는 이념적 변수 하나는 북한 문제의 인식이다. "북한을 흡수해야 한다"는 인식이 보수적 정파에게 투표하는 행위로, "북한 정권을 인정하며 통일해야 한다"는 인식은 진보적 정파에게 투표하는 행위로 연결되는 현상은 조사자료가 활용되기 시작한 1990년대에 이미 관찰된 바 있다. 연령대 및 출신지역의 효과와 분리하여 분석해도 마찬가지의 결론이었다. 2000년대 조사자료에서도 "북한 정권이 비록 독재 정권이지만 대북 지원을 더욱 강화해야 한다"는 주장에 찬성하는 비율은 진보적 정당의 지지자가 보수적 정당의 지지자보다 더 많았다.

유권자가 북한 문제 인식에 따라 지지 정파를 정하는 인과관계가 있지만, 반대로 유권자가 지지하고 있는 정파의 입장을 따라 자신의 대북정책 입장을 정하는 인과관계도 있다. 정책에 대해 충분히 알지 못할 때에는 후자의 인과관계가 더 흔하다. 이런 관계는 유권자의 북한 인식이 대북정책에 반영된다는 이른바 '이념의 정책화'가 아니라, 정파적 일체감에 따라 특정 대북정책의 찬반을 표한다는 '정책의 진영화'로 표현될 수 있다.

예컨대, 사드(THAAD: Terminal High Altitude Area Defense, 고고도미사일방어체
계) 배치 문제는 전문적이고 기술적인 사안이다. 한국갤럽의 조사자료에 따르면,
사드 배치에 대한 태도는 지지하는 정파별로 달랐다.[2] 2016년 7월 조사에서 박
근혜 대통령의 직무수행을 긍정적으로 평가하는 응답자의 사드 배치 찬성 : 반
대 비율은 68% : 12%였고 대통령 직무수행을 부정적으로 평가하는 응답자의 찬
반 비율은 39% : 47%였다. 8월 조사에서 대통령 직무수행의 긍정적 평가자는
81% : 7%로 사드 배치 찬반 비율이 나눠진 반면, 부정적 평가자는 40% : 48%
였다. 2016년 당시 정부여당을 부정적으로 평가할수록 또 야당을 지지할수록 사
드 배치에 반대하는 반면에, 2016년 당시 정부여당을 긍정적으로 평가할수록 사
드 배치에 찬성하는 경향을 보였다.

정치화 및 진영화가 된 남남갈등은 객관적 사실에 기초하여 식견을 가진다
는 전문가 집단에서도 관찰된다. 사드 배치에 대한 전문가의 인식이 그런 예이
다. 사드 관련 전문가 51명을 조사한 연구는 사드 배치의 찬반, 북한의 핵 및 핵
전쟁 의도, 사드 실효성(방어력, 억제력, KAMD와의 상호보완성, 고비용 문제), 사드
배치의 대외관계(한중, 한러, 한미) 영향, 사드 배치의 남북관계(남북관계, 통일, 정상
화) 영향 등에 대한 인식이 보수냐 진보냐에 따라 다름을 보여주고 있다.[3] 작은
조사 표본에서도 통계적으로 유의한 결과가 나왔으니 그만큼 심각한 차이라고
말할 수 있다. 전문가라면 사드 실효성과 같은 기술적이고 사실적인 사안에 대
해 자신의 이념과 관계없이 객관적으로 인지해야 하는데, 실제로는 전문가의 과
학적 식견조차 진영화되어 있는 것이다.

---

box 3. 이념의 정책화와 정책의 진영화
• [대북인식의 정책화] 유권자의 북한 인식이 대북정책에 반영된다.
• [대북정책의 진영화] 정파적 일체감에 따라 특정 대북정책의 찬반을 표한다.

---

2 한국갤럽, 『데일리 오피니언』 제219호 (2016년 7월 2주); 한국갤럽, 『데일리 오피니언』 제
  223호 (2016년 8월 2주).
3 최영미·곽태환, "한반도 사드 배치를 둘러싼 논쟁과 평가기준," 『한국과 국제정치』 제32권
  (3)호 (2016), pp.57–87.

나. 북한 문제의 국내정치적 활용

북한의 대외정책은 대내적 위기에 따라 결정되는 경향이 있다. 마찬가지로 남한의 국내정치나 선거에서도 북한 요인이 오래 거론되어 왔다. 거슬러 올라가자면, 전쟁 직후인 1954년 국회의원선거에서 보수 여당 자유당이 과반 의석을 확보한 선거결과는 북한 요인으로 설명되기도 한다. 민주화 이후 채택된 현행 헌법 하의 모든 선거에서도 북한 변수가 거론되어 왔다. 1987년 대통령선거에서 대한항공 858기 폭파사건은 보수 여당 민주정의당의 득표에 도움을 주었고, 1992년 대통령선거에서는 이선실 간첩사건이 보수 여당 민주자유당의 득표에 도움을 주었으며, 1995년 전국동시지방선거에서 대북 쌀 지원은 보수 여당 민주자유당의 득표에 피해를 주었고, 1996년 국회의원선거에서는 북한군의 DMZ 무력시위가 보수 여당 신한국당의 득표에 도움을 주었다는 등의 여러 추정이 제기되었다. 1997년 대통령선거를 앞두고 북한에게 무력시위를 요청했다는 이른바 총풍(銃風) 사건도 진보진영에서 거론하는 대표적 사례이다. 1997년 대통령선거부터는 북한 변수의 효과가 약화된 것으로 평가되기도 한다.

국내정치적 동기에 의해 강경하게 추진되는 대북정책은 희생양 또는 속죄양가설(Scapegoat Hypothesis)이나 전환이론(Diversionary Theory)으로 설명되기도 한다. 현대 국제정치학의 문구로는 국기집결(Rally 'round the flag) 현상이 있다.[4] 대외 위기 시에 국민이 정부여당을 중심으로 뭉친다는 뜻이다. 외부와의 전쟁은 설사 패배하더라도 그 책임을 경쟁자에게 돌릴 수 있다면 권력 유지에 도움이 된다. 6·25전쟁 후 김일성은 승리하지 못한 책임을 박헌영과 남로당에 전가하면서 권력을 공고히 했다. 그렇지만 외부와의 긴장관계로만 내부를 지배하는 전략은 영구적으로 사용하기 어렵다. 오늘날 북한 정권이 가장 오랫동안 성공한 사례로 언급되고 있을 뿐이다.

대북 강경책뿐 아니라 대북 유화책도 국내정치적 목적에서 나올 수 있다. 2018년 지방선거에서 여당은 전쟁이라는 이미지 대신에 평화라는 이미지로 승리했다는 평가가 많다. 물론 대북 유화책의 정치적 효과에 대해 실증적 증거가 제시된 것은 아니다.

---

4 John Mueller, *War, Presidents, and Public Opinion* (New York: John Wiley, 1973), pp. 208–213, 245–247.

그림 9-3 대북 강경/유화정책의 삼자관계

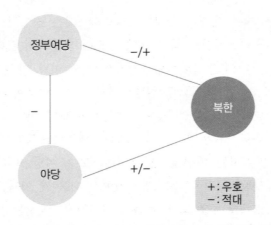

출처: 김재한, "남남갈등과 대북 강온정책,"『국제정치연구』제9집 (2)호 (2006), p.126.

　　대북 유화정책은 구조균형이론(Theory of Structural Balance)으로 설명되기도
한다. <그림 9-3>은 정부여당과 야당 간의 관계가 대립적(-)이라는 전제하에
삼자 간의 관계를 정리한 것이다. 서로 대립적인 정부여당과 야당이 모두 같은
대북 태도를 갖는 상태는 구조적으로 불안정하다. 쌍방 모두 북한에 대해 우호
적(+)이라면, 이는 '적(-)의 친구(+)'가 친구(+)가 되고 또 '친구(+)의 친구(+)'가 적
(-)이 되기 때문에 구조적으로 불안정한 관계이다. 마찬가지로 쌍방 모두 북한에
대해 적대적(-)이라면, 이는 '적(-)의 적(-)'이 적(-)이라는 불안정한 관계이다. 반
면에, 일방이 북한에 대해 우호적(+)이고 다른 일방은 적대적(-)이라면, 이는 '적
(-)의 친구(+)'가 적(-)이고 '적(-)의 적(-)'은 친구(+)이며 '친구(+)의 적(-)'이 적(-)
이라는 구조균형적 관계이다. 다시 말해서, 만일 정부여당과 야당이 서로에게
적대적인 관계라면, 일방은 우호적인 대북정책을, 다른 일방은 적대적인 대북정
책을 추진하는 관계가 자연스럽다.

　　북한뿐 아니라 일본, 미국, 중국, 러시아 등에 대한 정책에서도 남한 내 경
쟁계층의 태도는 서로 반대로 나아가는 경향이 있어 왔다. 2019년 일본의 수출
규제 조치에 대한 대응을 두고, 남한 내 여야는 야당의 이적행위이냐 아니면 정
부여당의 국기집결 정치공학이냐는 공방을 펼친 바 있다. '보수적 정부여당에
반대하면 친(親)북'이라는 프레임처럼, '진보적 정부여당에 반대하면 친(親)일'이

라는 프레임도 등장한 바 있다. '적의 적은 친구'라는 관계까지는 아니더라도, 경쟁 정파와 다른 태도가 관찰되는 것이다.

　　남남갈등의 양극화는 구조균형성과 깊은 관련을 갖는다. 경쟁 계층이 반북 성향을 갖는다고 자신은 무조건 친북 성향을 가진다든지, 혹은 경쟁 계층이 친미 성향을 갖는다고 자신은 무조건 반미 성향을 가진다든지 하게 되면, 양극화는 심화될 수밖에 없다.

---

box 4. 국기집결 현상과 구조균형관계

- [국기집결 현상] 대외 위기 시 정부여당을 중심으로 집결하는 현상

- [구조균형관계] 친구의 친구를 친구로, 친구의 적을 적으로, 적의 친구를 적으로, 적의 적을 친구로 받아들이는 자연스러운 관계

---

④　남남갈등의 완화 방안

가. 양립 가능한 이념

　　이념 스펙트럼은 주요 쟁점으로 구성될 때가 많다. 정치 스펙트럼은 종종 구별(position) 이슈와 공감(valence) 이슈로 그려 왔다. 구별 이슈가 서로 다름을 드러내어 다른 생각의 유권자들을 이탈시키는 이슈라면, 공감 이슈는 대다수가 옳다고 보는 내용이라서 받아들일 수밖에 없는 이슈이다. 이 두 가지 이슈 차원에 더해 분열(wedge) 이슈가 언급되는데, 분열 이슈는 상대 진영을 분열시킬 수 있는 이슈이다.

　　남한 사회에서 북한 문제는 세 가지 차원의 이슈 모두 작동하여 왔다. 이슈란 현재와 미래뿐 아니라 과거와 관련해서 제기되기도 하고, 여러 차원이 동시에 작동하기도 한다. 예컨대 역사교과서 문제는 과거에 관한 이슈이다. 역사교과서의 국정화 문제는 대다수가 단일 국정화에 반대하는 일종의 공감 이슈로 볼 수 있다. 동시에 역사교과서의 서술 내용으로 들어가면 매우 심각한 구별 이슈

가 있으며 또 함께 묶여 있는 진영을 가르는 분열 이슈도 있다. 남한의 역대 정권뿐 아니라 북한 정권을 어느 정도 우호적으로 또 어느 정도 비판적으로 서술하느냐는 것은 지속적인 논쟁거리이기 때문이다. 보수 우파는 반공(反共)을 공감 이슈로 만들어 대다수의 동의를 받으려 하면서, 동시에 구별 이슈 차원으로도 만들어 진보 좌파에 대한 지지를 축소하기도 했다. 반면에 진보 좌파는 표면적으론 반공을 공감 이슈로 받아들이면서도 소극적인 대응에 그침으로써 반공이 구별 이슈로 작동하여 지지를 잃기도 했다. 대북정책은 공감, 구별, 분열 등 여러 이슈 차원으로 작용하여 왔고 앞으로도 그럴 수 있다. 남한 사회를 역설적으로 오히려 더 분열시키는 통일 문제는 이념진영 간에 좀 더 공감되어야 한다.

그림 9-4 **편자 모양의 이념 스펙트럼**

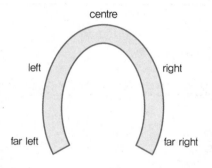

출처: Wikipedia, "Horseshoe Theory," en.wikipedia.org/wiki/Horseshoe_theory (검색일: 2019.8.24).

이념갈등은 해소하기 어렵다고 보기도 한다. 그렇지만 좌-우 이념 스펙트럼은 극좌와 극우가 유사하다는 점에서 <그림 9-4>의 편자(horseshoe) 모양으로 그려지기도 한다. 실제로 1939년 극우로 평가되던 히틀러의 독일 그리고 극좌라고 여겨지던 스탈린의 소련은 상호불가침 등 여러 협력이 담긴 조약을 체결했다. 문재인 정부, 김정은 정부, 트럼프 정부, 시진핑 정부, 아베 정부, 푸틴 정부 간의 여러 연대 현상에서 보듯이, 양립이 불가능하기만 할 것 같은 양극단의 이념 간에도 연대가 이루어지기 때문에 여러 이념은 공존할 수 있다고 볼 수 있다.

그림 9-5 **남한 유권자의 이념 스펙트럼**

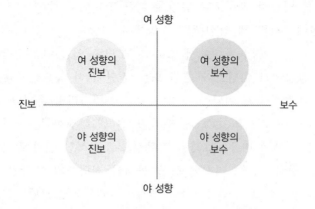

출처: 김재한, 『합리와 비합리의 한국 정치사회』(서울: 소화, 1998), p.143.

　더구나 남한 사회의 이념 스펙트럼은 좌나 우, 또는 진보나 보수처럼 하나로 단순하게 드러낼 수 있는 것이 아니다. 실제 남한 유권자의 인식과 행동은 보수 vs. 진보라는 이분법적 기준 외에도, 정권 교체 전과 후 모두 정부여당에 우호적이냐 아니면 비판적이냐 하는 여 성향 vs. 야 성향의 기준에 의해서도 분류할 수 있다. <그림 9-5>에서처럼 남한 유권자의 행태는 보수 vs. 진보 그리고 여 성향 vs. 야 성향이라는 4분법 또는 중도까지 계산된 9분법적 기준에 의해 훨씬 더 잘 설명되고 있다. 민주체제에서는 여야가 뒤바뀔 수 있기 때문에 분열과 연대의 대상은 유동적이고 따라서 상대와의 양립이 불가능하지는 않다.

　이념 간 양립 가능성은 남남갈등의 완화나 해소에 필수적이다. 체제 파괴적 이념을 제외한 여러 이념이 수용될 수 있어야 갈등이 완화된다. 즉 특정 이념을 없애거나 바꾸기보다, 이념 간에 양립이 가능한 스펙트럼이 작동해야 한다.

나. 양립 불가능한 진영

　사실 이념은 여러 정책에 대해 개괄하여 알려주는 효율적인 간단한 팁 가운데 하나일 뿐이다. 남남갈등의 심각한 문제점은 이념화라기보다 진영화에 있다.

　사전적 의미에서 보면, 배신 대상은 특정 믿음이지 특정 집단이 아니다. 자신의 언행이 모순되면 배신자로 불려야 하지만, 타인과의 우적관계가 바뀐다 해서 반드시 배신자로 불릴 이유는 없다. 하지만 남한 사회에서 배신 여부를 따질 때 이념에 대한 일관성 유지보다 진영에 대한 맹목적 추종을 더 중시하는 경향이 있다. 이념에 일관되게 충실해도 진영에서 이탈하면 배신자로 불리기도 한다. 친○○, 반○○ 등의 용어에서 ○○은 대체로 인물이나 집단이지, 이념이 아니다. 이는 결집에서 이념보다 개인 또는 집단이 더 중요한 기준임을 보여준다. 패거리를 축으로 하되 이념이 가미된 이념적 패거리일 뿐이다. 사드 배치 문제, 한일 군사정보보호협정(GSOMIA) 문제, 남한 핵 무장화 문제 등을 포함한 여러 갈등은 특정 정책의 비용－효과를 전문적으로 분석한 결과에 따른 공감 대신에 북한, 미국, 중국, 일본, 러시아 등을 둘러싼 진영화의 연장일 뿐이다.

본래 이념이나 이념 스펙트럼 논의에서는 '내가 하면 로맨스이고 남이 하면 불륜이다'는 이른바 내로남불 사례가 아예 등장하지 않는다. 특정 이념에서는 동일한 행위에 대해 시간과 공간을 초월하여 동일하게 평가하는 것이 원칙이다. 누가 행하든 특정 행동에 대해 특정 이념은 일관되게 비판하거나 장려할 뿐이다. 하지만 남남갈등에서는 내로남불 현상이 흔하다. 어떤 행동이냐가 아니라 누구 행동이냐에 따라 지지 또는 비판이 정해지고 있을 뿐이다. 여당일 때의 주장과 야당일 때의 주장이 서로 모순되고 있다는 점은 이념화가 아니라 진영화가 되어 있음을 보여준다. 남남갈등이 해소되지 않고 확대·재생산되는 이유도 적극적 참여자의 대부분이 진영 논리로 움직이고 있기 때문이다.

진영에 집착하다 보면 양극화가 심화된다. 실험연구에서, 좌석을 찬반으로 나눠 배치하여 이를 알려주고 논의를 진행했을 때의 합의 가능성은 누가 찬반인지 알려주지 않고 좌석을 무작위로 배치하여 논의를 진행했을 때보다 훨씬 작았다. 진영 간 소통은 없고 진영 내 소통만 활성화되어 있는 양극화 상황에서 진영 간 대화는 논리와 공감 대신 기싸움에 불과하다. 남남갈등의 완화에는 탈(脫)진영화가 필요하다.

다. 대외 전략으로써의 남남갈등

남남갈등이 남한체제에 반드시 불리하게 작동하지만은 않는다. 북한 문제로 국민이 강온으로 분열되어 있다는 사실 자체는 북한과의 협상에서 오히려 유리하게 작용할 수도 있다. 내부 온건파(Good Guy)는 내부 강경파(Bad Guy)의 존재로 오히려 나은 대외 협상 입지를 갖기도 한다. 배후의 강경한 국민은 대외 협상을 파국으로 몰 가능성이 있지만 동시에 협상 결과를 유리하게 이끌 가능성도 있다. 국가 간 협상에서 의회의 비준을 받아야 정부 간 합의가 발효되는 국가는 유리한 합의를 얻어내기도 한다. 독재자보다 민주국가 지도자가 국민 핑계를 대면서 상대국을 더 잘 설득할 수 있는 것이다. 가격을 조정해줄 수 없는 자판기와 같은 대리인을 내세우는 측이 가격 흥정에서 유리한 것도 같은 이유에서이다.

이와 달리 남남갈등이 지나치게 정쟁화되어 있을 때에는 외부에게 이용당해 불리하다. 오늘날 남한 사회의 남남갈등은 강온파의 적절한 역할분담이 아니다. 외부 경쟁자보다 내부 경쟁자를 더 증오하기도 한다. 즉 주적(主敵)은 내부 경쟁자이고, 외부 위협은 종적(從敵)으로만 인식하는 것이다. 실제로 북한 위협 이상으로 남한 내 경쟁진영을 더 증오하고, 또 일본 위협 이상으로 남한 내 경쟁진영을 더 증오하고 있는 것으로 관찰되고 있다. 그렇다 보니 외부 위협에 의해 내부가 단결되는 오월동주(吳越同舟) 현상보다는, 내부 경쟁자에 대한 적개심 때문에 외부 위협을 덜 경계하는 적전분열(敵前分裂) 현상이 나오고 있다.

극단적 대치의 한쪽에서 반대편 극단에 대해 증오심을 가지더라도 나머지 다수가 합리적 입장을 견지한다면 체제는 유지될 수 있다. 이와 달리 중도의 다수조차 어느 한쪽으로 줄을 서서 상대 진영에 대한 적개심을 불태울 수밖에 없다면 체제 존속은 위협받게 된다. 만일 이런 남남 간 극단적 증오심이 해소되지 않는다면, 평화적이고 자율적인 체제 분리가 안전과 존속에 오히려 바람직할 수도 있다. 남북 간 통일은커녕 남남 간 체제 분리를 추진하거나 우려해야 할 상황까지 이르지 않으려면, 무엇보다도 진영으로부터 독립된 사회 다수의 목소리가 커야 한다.

그림 9-6 대상별 통일정책

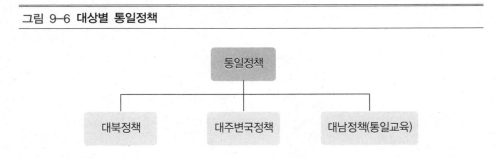

출처: 김재한, "대북정책과 통일교육정책," 『통일전략』 제7권 (2)호 (2007), p.8.

일반적으로 남한 정부의 통일정책은 북한을 대상으로 추진되는 정책이라고 보는 경향이 있다. <그림 9-6>에서 보듯이, 사실 북한은 통일정책의 일부 대상에 불과하다. 남북 통일에 영향을 줄 수 있는 중국, 미국, 러시아, 일본 등의 주변 강대국도 통일정책의 대상에 포함된다. 주변 강대국 외에 남한 내부도 통일정책의 주요 고려 대상이다. 바람직한 통일을 이루려면 남남갈등을 해소해야 하고, 따라서 남남갈등 해소가 통일정책의 주요 목표 가운데 하나여야 한다.

토론 및 탐구주제

01 직접 목격한 남남갈등의 현장에 대해 토론해 봅시다.

02 대북·통일정책의 구체적인 이슈를 몇 가지 열거해보고 각 이슈에 대한 자신의 생각을 각자 말하여 사람들 의견이 어떻게 분포하고 있는지 정리해 봅시다.

03 대북·통일정책 토론회를 두 가지 방식으로 실시해 봅시다. 먼저, 절반의 사람들이 본래 앉아있는 좌석에서 대북·통일정책에 관해 서로 토의하여 이견을 해소해 봅시다. 그 다음, 나머지 절반 사람들의 좌석을 입장에 따라 배치하여 대북·통일정책 토론회를 가져 봅시다. 어떤 방식에서 공감이 더 잘 나오는가?

04 남남갈등과 소규모 집단내 갈등의 공통점과 차이점에 대해 토론해 봅시다.

05 남남갈등 해소 방안에 대해 토론해 봅시다.

06 남남갈등과 남북 분단은 서로 어떤 영향을 줄까? 남남화해와 남북 통일 가운데 어떤 것을 더 중시하고 또 어떤 것을 먼저 추진해야 할까?

[참고문헌]

경남대학교 극동문제연구소(편).『남남갈등: 진단 및 해소방안』서울: 경남대학교 극동문제연구소, 2004.

김재한. "한국 유권자의 이념분포와 정계구도." 김재한(외).『한국 정치외교의 이념과 논제』서울: 소화, 1995.

김재한. "북한체제의 대내적 위기와 대외적 대응."『통일연구논총』제6권 제2호 (1997).

김재한.『합리와 비합리의 한국 정치사회』서울: 소화, 1998.

김재한. "남남갈등과 대북 강온정책."『국제정치연구』제9집 제2호 (2006).

김재한. "대북정책과 통일교육정책."『통일전략』제7권 제2호 (2007).

김재한. "동북아지역 우적관계의 구조."『국방연구』제52권 제3호 (2009).

김재한. "북한 및 미국 관련 남남갈등의 변화추세."『통일과 평화』제1집 제2호 (2009).

김재한. "남남갈등의 연계성."『통일과 평화』제2집 제2호 (2010).

김재한.『대한민국 국회, 불신과 양극화』춘천: 한림대학교출판부, 2012.

김재한. "통일·안보 정책의 정치화와 사드 배치 논란."『통일전략』제16권 제4호 (2016).

김재한. "이념 스펙트럼의 한국적 진화."『통일전략』제17권 제1호 (2017).

김재한.『연대 현상의 이해』서울: 박영사, 2018.

김재한. "2018년 지방선거의 접경 효과."『의정논총』제13권 제2호 (2018).

김학성. "대북 인식의 변화와 남남갈등."『프레시안』(2008년 1월 6일).

이우영. "6·15이후 남남갈등의 전개과정과 시사점."『한반도포커스』제19호 (2012년 7·8월).

조한범.『남남갈등 해소 방안 연구』서울: 통일연구원, 2006.

조한범·김규륜·김석진·안희창·김재한.『전환기 남북관계 발전 추진 방안』서울: 통일연구원, 2017.

최영미·곽태환. "한반도 사드 배치를 둘러싼 논쟁과 평가기준."『한국과 국제정치』제32권 제3호 (2016).

Kim, Chae-Han. "Explaining Interstate Trust/Distrust in Triadic Relations." *International Interactions* 33-4 (2007).

Mueller, John. *War, Presidents, and Public Opinion*. New York: John.

제10장 북한체제의 특징과 지속가능성

고상두(연세대학교)

① 머리말

오늘날 북한은 대내외적인 어려움을 복합적으로 겪고 있다. 내부적인 어려움은 1980년대에 시작된 북한의 경제난이며, 이것은 1994년 김일성이 사망한 이후 오늘날까지 지속되고 있다. 이러한 사실은 북한의 경제 문제가 단순한 정책의 실패가 아니라 체제의 실패 때문이라는 것을 말해준다. 주기적으로 반복되는 식량난에 의해 상당수의 주민이 굶주림에 허덕이고 있다. 대외적으로는 북핵 문제로 국제적 고립과 제재를 자초하고 있다. 서방국가 중에서도 인도주의적 관점에서 북한에게 가장 호의적인 태도를 보였던 유럽연합도 거듭된 핵실험에 실망하여, 유엔 안보리에서 결의된 제재 수준을 넘어선 추가제재를 가하고 있다.

이러한 점에서 보면, 북한은 붕괴의 임계점을 넘어선 것처럼 보인다. 그런데, 왜 북한체제는 안정적인 지속성을 보이는가? 구조적인 관점에서 보면 이미 붕괴되어야 하는 북한체제가 아직 유지되고 있다는 사실은 행위자적 관점에서 설명할 수밖에 없다는 것을 의미한다. 즉, 붕괴위기에 있는 북한을 힘들게나마 지탱하는 행위자들이 존재한다는 것이다. 이들은 내부적으로는 북한의 권력 엘리트와 대중들이며, 외부적으로는 주변국과 국제 사회이다. 즉, 권력 엘리트들이 단합하여 억압적인 감시체제를 존속시키고 있고, 대중은 사회주의체제에 충성하고 있으며, 중국과 러시아는 북한체제의 붕괴에 반대하고 있으며, 국제 사회의 대다수 국가는 북한의 핵개발과 인권탄압 문제에 관심은 보이지만 개입 의지는 없다. 물론, 이 행위자들이 모두 북한체제의 유지에 관심을 가지는 것은 아니다. 특히, 북한 내부의 행위자 중에는 북한체제에 대한 지지를 철회하는 행동을 보이기도 한다. 이 글은 북한의 내외부적 행위자들이 체제 유지와 붕괴에 대해 어떠한 태도를 보이고, 그 영향력은 어떠한지를 알아보려는 것이다.

북한의 체제붕괴는 급변사태의 발생을 의미하며, 여기에는 다양한 유형이 존재하는데, 최고지도자의 유고, 권력투쟁, 쿠데타, 주민봉기 등이 있다.[1] 하지만 최고지도자의 유고와 권력투쟁은 급변사태의 원인에 가깝기 때문에, 최종형태로서 체제붕괴의 유형으로는 쿠데타와 민중봉기가 가장 일반적이라고 할 수 있다.

쿠데타의 개념을 군부가 주체가 되어 권력탈취나 체제 변화를 시도하는 적극적인 행위라고 규정한다면, 북한에서 쿠데타의 발생 가능성은 매우 낮아 보인다. 북한에서 군은 선군정치노선에 의해 가장 우대를 받고 있는 집단이며, 따라서 기득권 계층에 속하기 때문에 현상변경을 위해 무력을 동원할 필요가 거의 없다. 또한, 북한군은 우대를 받는 동시에 당에 의해 철저한 견제를 받고 있다. 일반적으로, 사회주의 국가는 군에 대한 문민 통치가 가장 강력한 체제인데, 북한에서 군에 대한 권력기관의 통제는 더욱 강하다. 북한군의 지휘체계는 각급 부대의 지휘관이 당에서 파견된 정치 장교의 통제를 받는 이원화된 체계로서 군은 당의 상시적인 통제를 받고 있으며, 게다가 국가안전보위부의 감시를 추가로 받고 있다. 이 때문에 북한에서 군의 정치세력화는 원천적으로 봉쇄되어 있다. 그러므로 당내 파벌세력이 권력투쟁을 위해 군을 동원하는 방식의 쿠데타는 가능하겠지만, 군부가 스스로 주체가 되는 쿠데타는 기대하기 어렵다.[2]

민중봉기는 주민폭동과 구별되는데, 주민폭동이 우발적인 불만의 표출행위라고 한다면, 민중봉기는 조직화된 시위를 말한다. 일반적으로 조직화되지 않은 우발적인 주민폭동은 정권이나 체제의 변화에 결정적인 영향을 주지 못한다. 북한의 경우 크고 작은 민중폭동이 몇 차례 있었지만 항거적 수준에 그쳤고 쉽게 진압되었다. 그러므로 민중폭동은 급변사태의 유형이 아니라 원인에 해당한다. 반면에 민중봉기는 대안적 정치이념을 가진 정치지도자가 존재하는 경우에 발

---

1 유호열, "정치외교분야에서의 북한 급변사태," 박관용 외, 『북한 급변사태와 우리의 대응』 (서울: 한울, 2007).

2 김진무, "북한 후계체제 전망 및 급변사태 대비방안: 세습후계자를 중심으로 한 과도기적 위기 관리체제 구성 가능성," 『북한』 2월호 (2009), p.73.

생한다. 그런데 대안적 지도자가 나타나서 활동하기 위해서는 정치적 자유화가 먼저 허용되어야 한다. 이러한 정치적 해빙은 권력 엘리트 중에서 자유주의적 개혁파가 생겨나야 가능한 것이다. 그러므로 민중봉기는 권력 엘리트의 분열로 인하여 가능하게 되는 사회현상이다.

　　지금까지 논의한 바와 같이 북한에서는 쿠데타가 발생할 가능성은 매우 낮고, 민중봉기가 발생하려면 지배 엘리트가 분열하고 그들 간에 권력투쟁이 일어나는 상황이 선행되어야 한다. 즉, 다시 말하자면 북한에서는 사회주의체제의 실패로 인한 구조적인 경제난 때문에 붕괴의 위험성은 있지만, 현재로는 체제 붕괴보다 체제 유지에 힘쓰는 내외부적인 행위자들이 압도적이며, 민중봉기와 같은 유형의 급변사태가 발생하려면 무엇보다도 권력 엘리트의 균열이 필수 불가결하다는 것이다. 이상과 같은 논리에 기반하여, 이 글은 다음과 같이 구성된다. 첫째, 체제 지속성에 관한 개념과 영향요인을 중심으로 김정은체제의 지속성을 설명할 수 있는 개념적 틀을 소개한다. 둘째, 북한체제의 지속성에 영향을 미치는 정치행위자들을 내부적 측면과 외부적 측면으로 나누어 살펴본다. 셋째, 북한체제의 지속성과 동북아 평화의 연관성에 관해 설명한다.

---

box 1. 체제붕괴와 정권붕괴

체제붕괴와 정권붕괴의 차이는 구조적 변화 여부에 있다. 체제는 구조를 가지고 있는데, 사회주의체제를 구성하는 구조는 일당독재, 명령경제 등이다. 만일 이러한 구조가 전체 혹은 부분적으로 변화하면 체제붕괴이고, 이러한 구조가 계속 유지되는 상태에서 정치지도자가 바뀌는 것은 정권붕괴에 해당한다.

---

② 체제 지속성에 관한 개념적 논의

　　독재 정권이 붕괴되지 않고 오랫동안 유지되는 경우는 많다. 왜냐하면, 민주적 정통성이 없어도 권력을 뒷받침할 수 있는 방법이 많기 때문이다. 히틀러는 대중을 사로잡는 강력한 카리스마로 권력을 유지했다. 제3세계의 개발독재 국가는 경제성장과 빈곤탈출을 약속한다. 북한 정권을 오랫동안 유지한 내구력은 온정적 전체주의에서 연유하고 있다.

즉, 북한은 전체주의 사회의 특징을 가지고 있기 때문에, 외부의 힘에 의해 붕괴될 수 있지만, 내부적으로는 잘 붕괴되지 않는다. 권위주의체제에서는 국가가 사회 영역을 억압하는 반면에, 전체주의체제에서는 국가가 사회를 조직하고 동원한다. 따라서 권위주의 사회에서는 국가가 사회의 억압에 실패하면 밑으로부터의 혁명에 의해 붕괴되지만, 전체주의 사회에서는 국가와 사회가 별개가 아닌 하나의 유기체이기 때문에 사회가 국가에게 저항이나 전복을 시도하지 않는다. 게다가, 북한은 온정주의 국가라는 특징을 가지고 있다. 즉, 국가가 주민의 의식주를 보장해주는 대신 주민은 국가에 대한 정치적 저항을 유보하는 묵시적 사회계약을 맺고 있는 것이다.[3]

하지만 경제난으로 인하여 국가의 온정주의적 능력이 약화되면서 주민의 충성심이 줄어들고, 국가와 사회의 전체주의적 일체성이 날로 쇠퇴하고 있다. 따라서 오늘날의 북한은 전체주의에서 권위주의로 체제가 이행하는 과정에 있다고 봐야 할 것이다. 즉 구조적 측면에서 정권과 주민 간의 분리가 발생하고 있고, 이러한 분리 현상이 심화되면 주민의 불만이 저항으로 연결될 수 있는 것이다. 이처럼 구조적 차원에서 보면, 북한 정권의 붕괴 조건이 마련되고 있다고 할 수 있다. 그런데 이러한 정치구조적 변화가 체제붕괴로 연결되는 과정에서 권력 엘리트의 분열이 촉진요인으로 작용한다는 것이다. 뒤따르면 비교적 평화적인 체제변동이 일어나고 그렇지 않을 경우 급진적인 민중봉기가 발생할 수 있는 것이다.

---

box 2. 권위주의와 전체주의

권위주의에서 정치권력은 시민 사회를 억압하고 정치 영역에 참여하는 것을 가로막는다. 반면에, 전체주의에서는 정치권력이 시민 사회를 동원하고 권력을 지지하도록 적극적으로 활용한다. 대다수의 독재체제는 권위주의적이지만, 나치주의와 스탈린주의는 전체주의에 속한다.

---

3 Karl von Beyme, *Reformpolitik und Sozialer Wandel in der Sowjetunion* (Baden-Baden: Nomos, 1988), p.162.

이상에서 살펴본 바와 같이 북한체제의 변동과 지속성에 관한 연구는 구조적 분석만으로는 미흡하고, 행위자 분석을 추가해야 더 강한 설명력을 가질 수 있는 것이다. 그러므로 이 글은 북한체제의 붕괴에서 행위자의 역할에 초점을 맞추어 논리를 전개하고자 한다. 즉, 구조적 요인은 배경요인으로 간주하고 직접적인 요인에 해당하는 체제 변화에 영향을 줄 수 있는 행위자들의 행태에 관하여 설명하려는 것이다. 북한체제 붕괴의 국내적 요인으로는 경제난, 사회주의 결속력의 약화, 권력 정당성의 약화 등이 있고, 외부적 요인으로는 국제 사회의 압박, 외부정보의 유입 등이 있다. 그런데 이러한 요인들을 행위자적 관점에서 보면 아래의 <표 10−1>과 같이 분류할 수 있을 것이다.

▼ 표 10-1 체제를 유지 혹은 붕괴시키는 내외부적 요인

구분	체제유지 효과	체제붕괴 효과
내부 요인	(주민과 엘리트) 지지와 충성	(주민과 엘리트) 저항과 이탈
외부 요인	(주변국) 지원과 무관심	(국제 사회) 고립과 제재

북한의 체제 지속성을 결정하는 내부적 행위자는 주민과 엘리트이다. 주민들이 체제에 충성하고 권력 엘리트들이 결속하여 수령을 받들면, 체제의 지속성이 커지겠지만, 이들이 불만을 품고 국경을 이탈하거나 체제에 저항하는 경우 체제유지 가능성은 낮아지는 것이다. 외부적 행위자의 행태로는 지원과 제재가 있는데, 지원에서는 주변국의 역할이 중요하다. 한국을 포함한 중국과 러시아는 지정학적인 고려 때문에 북한을 지원하는 모습을 보인다. 반면에 국제 사회는 북한에 대하여 지원보다는 제재에 관심이 많다. 물론 북한에 대한 제재에 적극적인 나라는 서구 국가들이며, 나머지 대다수 국가는 지원이든 제재든 큰 관심을 보이지 않고 있는 실정이다.

이러한 내외부적인 요인을 정태적으로 분류한 것이 <표 10−1>이라면, 아래의 <그림 10−2>은 이들 요인을 역동적으로 재정립한 것이다. 이 그림에서는 권력 엘리트의 분열을 매개요인의 위치에 두고 있다. 급변사태 발생 시 권력 엘리트가 단합하는지 혹은 분열하는지에 따라 향후의 발전경로가 달라지기 때문이다. 즉 권력 엘리트가 굳건한 결속력을 유지하면서 주민에 대한 통제력을 유지하면 급변사태를 막을 수 있다. 이처럼 권력 엘리트의 분열이 없는 상태에서

는 주민들이 조직화된 저항으로 국가권력과 정면충돌하여 정권을 전복시키고 민중 정권을 세울 수 있지만, 이러한 경우는 확률적으로 매우 낮은 사례에 속한다.

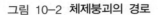

그림 10-2 **체제붕괴의 경로**

그러므로 현실적으로 실현 가능성이 높은 경로를 상정한다면, 권력 엘리트의 분열이 일어나고 개혁파세력에 의해 정치적 자유화가 시행되어 체제전환이 이루어지는 경우이다. 국내외적인 압박이 정치 불안정을 초래하면, 권력 엘리트가 개혁파와 보수파로 분열될 수 있는데, 이때, 개혁파와 보수파는 정권을 계속 유지해야 한다는 공통의 목표를 가지고 있지만, 그 방법에 있어서 차이를 보이게 된다. 즉, 보수세력은 체제 붕괴위기에 대하여 폭압적 통치라는 강경책을 주창하는 반면에, 개혁파는 정치적 자유화라는 유화정책을 통해 주민의 불만과 국제 사회의 압력을 완화시킬 수 있다고 보는 것이다. 이들 간의 세력다툼에서 개혁파가 승리하게 되면 정치 자유화를 실시하고 개혁개방이 가능하게 되는 것이다. 물론 이 경우 개혁개방이 성공하는 경우에는 체제가 붕괴하는 것이 아니라 유지된다. 하지만, 구소련처럼 개혁개방이 실패할 경우에 체제가 붕괴할 수 있다.

가. 내부적 요인

① 주민과 권력 엘리트의 지지

현재 북한은 경제적 위기에 처해 있지만, 정치적인 위기는 겪지 않고 있다. 그 이유는 무엇보다도 김정은과 권력 엘리트 간에 수직적 지배연합이 구축되어 있기 때문이다. 2011년 김정일 사망 직후 그의 둘째, 아들 김정은이 후계자가 되었을 때, 국내의 다수 전문가들은 북한 후계체제의 불안정론을 제기하였다. 즉, 북한체제는 근본적으로 불안정한 반면에, 후계자는 정치적 경험이 부족하고, 정치적 기반이 취약하여, 권력승계 과정에서 파벌 형성과 대립이 발생할 수 있다고 보았다. 하지만, 3대 세습이 실패하거나 김정은과 지배 엘리트가 권력을 분점하는 집단지도체제가 등장할 것이라는 등의 예측과 달리 김정은체제는 강한 안정성을 보여주고 있다.[4]

그 배경에는 무엇보다도 북한의 혈통승계와 수령유일지배체제가 있다. 북한은 다른 공산주의 국가들과 달리 혈통승계를 제도화하였다. 공산주의 국가에서는 정치적 권력승계가 지도부 내의 파벌갈등으로 인한 권력투쟁을 종종 초래하였는데, 북한에서는 혈통승계가 그러한 승계위기를 최소화한 것이다.

혈통승계는 권력의 이동방향을 기정사실화 함으로써, 권력 엘리트 간에 권력장악을 위한 정치투쟁과 갈등을 예방하는 효과를 가진다. 권력 엘리트의 입장에서는 최고 권력을 장악하기 위해 서로 위험한 파벌경쟁을 하는 것보다 혈통에 의해 정해진 후계자를 함께 인정하고 최고 권력을 지지한 대가를 서로 공유하는 것이 더 안정적이다. 즉, 혈통승계는 권력승계 과정에서 발생하는 권력의 향배에 관한 불확실성을 없애고, 최대 다수의 권력 엘리트들에게 정치적 안전과 기득권을 보장해주는 지배 연합을 가능하게 해주는 것이다.

그런데, 혈통승계가 정당화되기 위해서는 후계자의 권위가 전 주민에 의해 인정되어야 한다. 따라서 북한에서는 지도자의 자질과 능력 그리고 혁명전통을

---

4 오경섭, "북한 권력승계의 특징과 3대세습체제의 지속가능성," 『세종정책연구』 제6권 (1)호 (2010).

과장하여 대대적으로 선전하는 것이다. 수령을 절대적 존재로 우상화하고, 관료와 인민들에게 수령에 대한 무한한 충성심을 바칠 것을 규범화하는 것이다. 이러한 수령유일지배체제에서 수령은 당을 지배하며, 조선노동당은 조선인민군, 최고인민회의, 내각, 재판소 등 군과 입법, 행정, 사법부를 포함한 모든 국가기구를 지배하는 권력 피라미드의 정점에 위치하는 것이다.

그리고, 김일성과 김정일의 권위를 신격화하고, 이들을 김정은과 일체화시킴으로써 김정은의 권위도 절대화하고 있다. 이러한 이유 때문에 북한에서는 개혁개방이 쉽지 않은 것이다. 중국의 경우, 덩샤오핑이 체제 전환을 할 수 있었던 것은 전임자인 마오쩌둥과 상이한 정치노선을 추구함으로써 마오쩌둥의 추종세력을 없애고, 문화혁명 등으로 인해 피해를 본 관료와 지식인의 지지를 얻어내어, 자신의 권력을 공고화하겠다는 의도가 있었기 때문이다. 이처럼 중국과 베트남의 경우에는 권력승계가 권력층의 교체라는 계기를 가져왔기 때문에 새로운 노선을 추진할 수 있는 반면에, 북한과 같은 세습권력의 승계자는 전임자의 이념과 정책을 부정하면, 자신의 존재를 부정하게 되기 때문에 정치노선의 일관성을 유지하는 경로 의존성이 강하다.[5]

수령이 자신의 권력을 유지하기 위해서는 권력 엘리트의 도움이 필요하다. 북한의 지속적인 경제난은 대북제재와 폐쇄적 경제체제가 그 원인이기도 하지만, 군의 지지를 확보하기 위하여 선군정치를 내세우며 군사 부문에 최우선적으로 자원을 배분하는 경제 운용방식에도 그 원인이 있다. 게다가, 측근들에게 각종 특권을 부여하고 현금과 선물 등 보상을 제공하기 위해 필요한 통치자금을 확보하는 노력이 북한경제를 악화시키고 있다. 이처럼 군과 당 간부를 위해 지출하는 군사경제와 수령경제가 북한 GDP의 절반에 육박할 것이라는 주장이 있다.

더구나 고위 권력 엘리트들에게는 각종 형태의 무형적인 보상도 이루어지고 있다. 혁명 선배를 존대한다는 원로우대정책을 표방하면서 공식 권력서열의 상위에 포진시키고, 사후에는 애국열사릉이나 혁명열사릉에 묻히는 영예를 주고, 자녀들은 핵심 권력층에 발탁된다. 그리고 이들은 당과 군 그리고 내각의 여러 직책을 겸직하면서 국가재산 통제권을 활용하여 이권을 추구한다. 북한에서 만연하고 있는 부패는 독재자에 대한 충성의 대가로 엘리트들에게 주어지는 비

---

5 김병연, "사회주의에 자본주의 요소를 도입하면 체제붕괴 가능성 높아져,"『북한』4월호 (2005).

공식적인 급부에 해당한다. 이러한 점에서 부패는 권력 엘리트의 지배연합을 강화하는 역할을 한다.

북한체제를 유지하는 데에는 사탕뿐만 아니라 채찍도 함께 사용되고 있는데, 정치적 반대세력을 제거하는 공포정치를 펼치고 있다. 북한은 1974년 수령유일체제를 확립하면서, 수령에게 도전할 수 있는 정치적 분파나 파벌 조성행위를 금지하였다. 이러한 명분하에 김정은은 권력을 세습한 직후 자신의 권위에 도전하거나 지시를 이행하지 않았다는 이유로 고위 권력 엘리트 100여 명을 숙청 혹은 처형하였다. 대표적으로 당 행정부를 중심으로 세력을 확장하던 이모부 장성택과 그 심복들을 국가전복 기도혐의와 불경죄로 2013년에 처형하였다. 북한은 공포정치의 수단으로 공개처형을 하고 있는데, 이것은 일반적으로 정치범에 대한 처벌보다 공포의 확산을 꾀하며, 권력에 대한 저항을 예방하는 것이 주요 목표이다.[6]

② 주민과 권력 엘리트의 저항과 이탈

북한 주민들의 불만을 야기하는 가장 핵심적인 요인은 경제적 어려움이다. 1970년대 후반부터 둔화되기 시작한 경제성장률은 1990년대 동구 사회주의권의 붕괴 이후 연속 6년 이상 마이너스 성장을 보였다. 그리고 북한의 후견국이었던 러시아는 원조를 중단하였을 뿐만 아니라 우호가격이라는 이름으로 국제 시장가격 이하로 공급하였던 원유가격을 정상화하고 외화결제를 요구하였다.

게다가 1990년대 중반에 대규모의 아사자를 발생시켰던 식량난은 오늘날까지 지속되는 만성적 현상을 보이고 있으며, 특히 2018년에는 10년 만에 도래한 흉작으로 다시금 어려움을 겪고 있다. 유엔 세계식량계획(WFP)이 2019년 6월에 발간한 보고서에 의하면 북한 주민의 40%에 달하는 천만여 명이 식량부족을 겪고 있으며, 아동의 19%가 발육부진상태에 있다고 한다.[7]

식량난은 단순히 경제 문제로 그치는 것이 아니라 국가배급제의 와해와 암시장의 확대 등을 통해 전반적인 경제관리체제의 약화를 가져온다. 사회주의 계획경제에서는 배급체계와 암시장이 공존하는데, 이 둘은 주민의 경제욕구를 충

6 김갑식 외, "김정은 정권의 정치체제: 수령제, 당정군 관계, 권력 엘리트의 지속성과 변화," 『KINU 연구총서』 15－01 (2015).

7 World Food Programme, "WFP DPR Korea Country Brief," (June 2019).

족시킨다는 점에서는 동일하지만, 배급체계는 국가가 생필품을 저렴한 가격으로 공급하는 제도이고, 암시장은 똑같은 물품을 비싼 가격으로 공급하는 곳이다. 따라서 주민들은 일차적으로 국가상점을 이용하고, 그곳에서 구할 수 없는 물품을 암시장에서 보충적으로 구입하게 된다. 따라서 암시장이 커진다는 것은 배급체계가 와해된다는 의미이고, 주민의 관점에서는 온정적 국가가 사라지는 것이다. 1989년 헝가리 정부가 사회주의를 포기할 당시 이미 암시장이 국민경제의 절반을 차지할 정도로 이중경제가 확대되었다. 1990년대 북한에서 사회주의 계획경제체제가 와해되기 시작한 이후 오늘날 북한경제는 갈수록 비공식경제 영역이 커지는 이중경제구조가 고착화되고 있는 것이다. 북한 당국은 암시장을 자본주의 시장이라고 규정하며 부정적으로 인식하지만, 주민을 위해 원활한 배급을 해주지 못하고 있는 현실에서 무작정 제거할 수 없는 실정이다.[8]

배급이 수령님의 은덕이라는 공식이 깨지는 상황에서 많은 주민들은 장마당을 통해 시장거래 활동을 하고 있으며, 사적인 무역 활동도 전개하고 있다. 이처럼 내외부적인 시장의 확산은 당의 동요와 조직생활의 이완을 가져오고 있으며, 그에 따라 효과적인 사상통제가 약화되고 있는데, 이것은 수령주의의 위기를 의미한다. 또한 관료들의 부패가 일상화되면서 국가의 공신력이 떨어지고 정권의 정당성을 더욱 약화시키고 있다. 이러한 결과, 북한 주민들의 생활이 점차 국가로부터 분리되는 양상이 나타나고 있다.[9]

경제난에 의해 야기되는 사회적 저항 중에서 가장 소극적인 형태는 주민들의 체제에 대한 심리적 이반이다. 북한 주민은 연령에 따라 다양한 조직생활에 참여하여 체계적인 사상학습을 받는 사회화 과정을 거친다. 그리하여 어린 시절에는 소년단, 14세가 되면 김일성사회주의청년동맹, 그리고 직장을 가지게 되면 조선직업총동맹, 조선농업근로자동맹, 조선민주여성동맹 등의 조직생활을 하게 된다. 그러나 북한 주민의 다수가 어떠한 유형이든 개인 장사에 참여하게 되면서, 주민들이 국가에서 조직하는 정규 모임에 불참하는 사례가 늘어나고 있고, 정치학습에 대한 관심이 줄어들고 있다.

---

8 Endre Sik, "From the Multicoloured to the Black and White Economy: The Hungarian Second Economy and the Transformation," *International Journal of Urban and Regional Research* 18-1 (March 1994), p.52.

9 김석진, "김정은 시대의 북한 경제체제 변화 전망과 시사점," 『통일경제』 (1)호 (2012).

주민들의 심리적 이반보다 더 적극적인 저항은 정권에 대한 비난 벽보 및 전단살포 등이다. 1980년대에는 군 장성급 자제들이 결성한 "우리들의 투쟁"이 라는 조직이 반체제 유인물 살포와 벽보투쟁을 한 것으로 알려져 있다. 그리고 1990년대 이후 주요 도시에서 전단사건과 낙서사건이 종종 발생하기 시작하였 다. 2006년에는 함경남도 단천역 인근에서 "군대만 주지 말고 인민에게 쌀을 달 라"고 선군정치를 비판하는 벽보가 붙었다.

가장 적극적인 저항의 형태는 주민들의 시위와 폭동과 같은 소요사태이다. 1998년에는 송림제철소 폭동사건이 발생하였는데, 당시 송림항에서 국제구호단 체가 지원한 쌀이 하역되고 있다는 소문을 듣고 배급을 요구하며 몰려든 천여 명의 노동자들을 군이 유혈 진압한 사건이 발생하였다. 이러한 폭동은 빈번하지 않은 대신에, 시위 사태는 가끔씩 발생하는 것으로 알려지고 있다. 시위는 주로 경제 문제로 인하여 야기되고 있다. 북한은 2002년 7·1 경제관리 조치로 장마 당을 허용하였다가 2007년에 접어들면서 다시 폐쇄하기 시작하였는데, 그해 9 월 함경북도 회령시 남문시장에서 상인들이 시장 재건축비용 반환 및 장사 허용 을 요구하며 집단시위를 한 것으로 알려지고 있다.[10]

북한 당국은 당시 후계자 위치에 있던 김정은의 주도로 2009년 11월에 화 폐개혁을 기습적으로 단행하여, 구화폐 100원을 신화폐 1원으로 교체해주었는데, 구화폐의 교환을 북한가정의 한두 달 생활비에 해당하는 10만 원으로 제한함으 로써 그동안 시장거래로 부를 축적한 돈주들이 큰 피해를 입었다. 그리하여 무 산에서는 수백 명의 시장상인들이 시장세 납부를 거부하는 등 곳곳에서 집단행 동이 있었고, 성난 민심을 달래기 위해 북한 당국은 박남기 노동당 계획재정부 장에게 화폐개혁의 실패에 대한 책임을 물어 평양에서 처형하였다.[11]

북한 사회의 불만세력 중에서 권력에 저항하지 못하는 부류는 북한을 이탈 하는 대안을 선택하고 있다. 권력 엘리트의 경우에는 상대적으로 탈북하기 쉬운 해외주재관의 연이은 망명으로 나타나고 있다. 최근 몇 년 동안 한국에 온 북한 해외주재관은 50여 명에 달한다. 그리고, 최근 북한의 당, 정, 군 주요 인사 20 여 명이 탈북해 한국에 귀순한 것으로 집계되고 있다.

---

10 한기홍, "북한민주화운동의 현황과 효과적 추진전략," CFE Report No. 85, (2009.4.17), p.21.
11 『한겨레』. (2011.1.3).

일반 주민의 탈북은 해외체류 탈북과 국내입국 탈북으로 나누어지는데, 해외체류 탈북자가 거주하는 주요 지역은 중국과 러시아이다. 러시아 체류 탈북자는 주로 파견 근로자로 한정되어 있기 때문에 대다수의 해외체류 탈북자는 중국 지역에 거주하고 있다. 중국에 체류 중인 탈북자의 수를 정확하게 추산하기는 어려운 실정이다. 무엇보다도 중국 정부가 유엔난민고등판무관의 접근을 불허하는 등 공개적인 실태조사를 막고 있다. 그러므로 탈북자의 수는 추정에 의해 집계되고 있는데, 수만에서 수십만 명에 이르는 것으로 추정하였다.[12]

국내에 입국한 북한이탈 주민의 규모는 통일부의 집계를 통해 정확한 파악이 가능하다. 아래 표와 같이 2000년대에 접어들면서 급증하기 시작한 북한이탈 주민은 2009년에 3,000명에 육박하였다가, 그 이후 크게 줄어들고 있지만, 2012년 이후 현재까지 연간 1,000명 이상의 수준을 유지하고 있다. 그리하여 2018년 말 기준으로 누적된 이탈 주민 수는 32,476만 명에 달하고 있다.

과거와 달리 최근 들어 북한 주민들이 단순히 굶주림 때문에 국경을 넘는 것은 아닌 것으로 보인다. 2016년 중국의 북한 식당에서 일하다 입국한 종업원 13명은 대부분 당과 국가기관의 간부 자녀들이다. 이들의 탈북 배경에는 해외의 개방 사회를 체험하고, 자유에 대한 갈구가 큰 원인으로 작용하고 있다. 이처럼

그림 10-2 북한이탈 주민 남한 입국 수

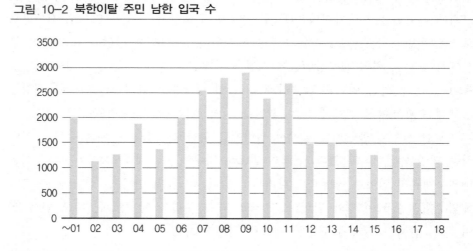

출처: 통일부 홈페이지. "북한이탈주민정책" www.unikorea.go.kr

12 김수암, "해외 체류 탈북자 문제 쟁점과 과제," 『통일연구원 Online Series』 PA 06-05 (2006), p.4.

북한 당국은 점차 사상과 정보통제에서 실패하고 있다. 휴대전화 보유 수가 폭발적으로 증가하고, 국경 인접 지역에서는 남한과의 통화가 가능한 실정이다.[13]

나. 외부적 요인

① 국제 사회의 제재와 고립

북한은 자력갱생을 속성으로 하는 체제이므로 세계에서 가장 폐쇄적이면서도 매우 강한 자생력을 보이고 있다. 또한, 북한 정권은 국내적인 결속력을 다지기 위해 외부와의 적대관계를 자주 활용하고 있다. 하지만 국제 사회의 압력이 북한 사회에 아무런 영향을 미치지 않는다고 할 수는 없다. 국제적 고립과 제재의 장기화는 북한체제의 지속성에 부정적인 요인으로 작용하고 있다.

북한의 국제적 고립 수준을 보여주는 대표적인 수치는 교역실태이다. 2017년 기준으로 북한의 교역총액은 55.5억 불에 불과하며, 이 중에서 수출이 17.7억 불이며 수입이 37.8억 불을 차지함으로써 심각한 무역적자를 겪고 있다. 또한, 2018년의 통계에 의하면 교역총액이 대북제재로 인하여 28억 불로 반감한 것으로 나타나고 있다. 이러한 수치는 세계 최하위 수준에 해당하며 자립경제라기보다 고립경제라고 하는 것이 정확한 표현일 것이다. 그리고, 한때 북한무역의 30% 이상을 차지하던 남한과의 교역이 사라진 이후, 현재 북한 교역의 90% 이상이 중국과의 거래에서 이루어지고 있다. 그리하여 2017년의 경우 총 교역액에서 중국과의 거래가 95%를 차지하고 있다.[14]

사실, 북한을 국제 사회로부터 고립시키는 결정적인 요인은 대북제재이다. 북한은 국제 사회의 반대와 비난에도 불구하고, 핵과 미사일실험을 계속 강행하였고, 이에 따라, 유엔 안보리는 북한의 도발이 있을 때마다 대북 결의안을 통해 제재의 수준을 높였다. 그 결과, 현재 북한에게 가해지고 있는 제재는 유엔 안보리 역사상 가장 강력한 수준이다. 유엔의 경제제재 중에서 북한에게 가장 고통스러운 조치는 무엇보다도 첫째, 주력 수출품인 석탄, 철광석, 금 등과 같은 광물자원을 수출할 수 없고, 둘째, 정제유를 연간 50만 배럴까지만 수입할 수 있으

---

13 홍관희, "북 엘리트층의 연쇄탈북, 체제붕괴의 전조인가?," 『북한』 5월호 (2016).
14 한국은행, 『2018 북한주요통계지표』 (서울: 한국은행, 2019), p.119.

며, 셋째, 모든 유엔회원국은 자국에서 일하고 있는 북한 노동자들을 2019년 말까지 송환해야 한다는 것이다.

유엔 안보리의 결정은 모든 유엔 회원국이 따라야 할 의무가 있다. 그런데, 유엔 안보리의 결의는 최소한의 수준으로 간주되어, 어떤 회원국이든지 독자적으로 더 높은 수준의 추가제재를 할 수 있다. 북한에 대해 심각한 안보 우려를 갖고 있는 미국, 일본, 유럽연합(EU)이 추가제재를 하는 대표적인 국가에 해당한다.

미국은 북한을 상대로 가장 적극적인 제재를 가하는 국가로서 1950년 한국전쟁 발발 직후 수출통제법을 발동해 수출규제를 시작하였고, 그 결과 60년 이상 북한과 교역을 하지 않고 있다. 그러므로 최근 미국의 대북독자제재는 주로 금융거래의 규제 형태로 이루어지며, 2006년 마카오에 소재한 BDA 은행의 북한 계좌를 동결하는 등 북한의 공식적인 외환거래를 봉쇄하고 있다.[15] 일본은 북한 선박의 입항 금지, 북한상품의 전면수입금지 등의 조치를 취함으로써, 2000년에 북한무역의 20%를 차지할 정도로 활발하던 교역이 이젠 거의 중단되었으며, 무역제재에 추가하여 금융제재를 발동하여 대북송금을 차단함으로써, 조총련의 대북송금이 급감하게 되었다. 유럽연합의 추가제재는 주로 사치품에 대한 금수 조치와 주요 인사에 대한 비자발급 거부 등의 형태로 이루어지고 있다.

---

box 3. 독자제재, 유엔제재, 추가제재의 차이

일반적으로 한 국가가 다른 국가의 행동에 영향을 미치기 위하여 제재수단을 활용한다. 국제 사회와의 협조 없이 일방적으로 가하는 제재는 독자제재이다. 유엔제재는 안보리 결의를 통해 이루어지는 제재이다. 유엔 회원국은 유엔안보리에서 결의한 제재보다 강화된 수준의 제재를 가할 수 있다. 즉 유엔 안보리의 결정은 회원국에게는 최소한의 기준이며, 이에 더해 추가 제재를 실행할 수 있는 것이다.

---

② 주변국의 지원

개혁개방을 거부하는 북한에게는 외부로부터의 지원이 체제 유지에 중요한 역할을 한다. 1995년 대규모의 자연재해를 당한 북한이 역사상 처음으로 국제

---

15 정성장, "북한 핵실험 이후 북핵 문제의 관리 및 해결방안," 『세종정책연구』 제3권 (1)호 (2007), p.86.

사회에 도움을 요청하였을 때, 김영삼 정부는 민족적 견지에서 북한에 대한 지원을 했으며, 당시 남한의 지원 규모는 국제 사회의 대북지원 총액의 40%에 달하였다. 그 이후 김대중과 노무현 정부가 대북 포용정책을 추진하면서, 북한에 대한 국제지원에서 한국이 차지하는 비중이 갈수록 늘어나서 2003년에는 절반을 넘어섰고, 2006년에는 무려 94%에 달했다. 이처럼 2000년대에는 한국이 주도한 국제 사회의 대북지원이 북한의 경제난 극복에 기여하였다.[16]

하지만, 이명박 정부가 들어서면서 2008년 이후 북한에 대한 식량과 비료 지원을 중단하고, 금강산관광을 중단함으로써, 남한으로부터의 유일한 현금수입의 원천으로는 약 4만 명의 북한 근로자가 일하는 개성공단만 남았다. 이것마저도 박근혜 정부가 2016년에 폐쇄 조치하였다.

미국의 경우를 보면 1994년 제네바 합의에 의해 북한이 핵개발을 동결하는 대가로 경수로 원전건설과 중유 지원을 하였고, 추가로 인도적 식량지원을 하였다. 그리하여, 1995년부터 2005년까지 11억 달러에 달하는 지원을 하였는데, 이 중에서 7억 달러가 식량지원, 4억 달러가 중유 지원이었다. 하지만 2006년 북한의 1차 핵실험으로 미국의 대북지원은 완전히 중단되었다.

유럽연합은 북미 제네바 합의이행을 돕는 차원에서 1996년에서 2004년까지 총 1억 2천만 달러 상당의 중유를 지원하였다.[17] 이에 더하여, 유럽연합은 1997년에서 2009년까지 총 2억5천만 유로의 인도적 지원을 하였다. 하지만, 유럽연합도 북핵 문제가 교착상태에 빠지면서 2008년에 인도지원국(ECHO)의 평양 사무소를 철수하는 등 대북지원을 중단하였다.[18]

현재 북한을 돕는 대표적인 후원국은 중국과 러시아이다. 북한과 같은 실패 국가의 생존에는 후견국의 존재가 중요한 변수로 작용한다. 후견국의 몰락이 피 후견국에게 운명적으로 작용한 사례는 자주 있다. 소련의 붕괴는 동유럽, 아프가니스탄, 몽골 등의 체제 붕괴를 가져왔다. 그리고 당시 중소 등거리 외교를 취하며 독자적 노선을 걸었던 북한은 소련을 잃은 후, 중국에 대한 의존도가 커지

---

16 김상기, "대북경제제재의 유효성 분석: 실태와 효과," 『한국개발연구원 정책연구시리즈』(9)호 (2007), p.75.

17 Mark E. Manyin, "Foreign Assistance to North Korea," *CRS Report for Congress*, Order Code RL31785 (May 2005), p.25.

18 European Commission, *Annual Report on Humanitarian Aid 2008* (Brussels: European Commission, 2009), p.91.

는 현실을 피하지 못하고 있다.

하지만 북한에 대한 중국의 후견 역할은 제한적이다. 중국은 실패국가인 북한이 중국식 개혁개방의 길에 나설 것을 여러 차례 권고하였다. 또한, 북한이 불량국가로서 국제 사회의 규범을 어기면서 핵개발에 나서서 동북아의 평화를 깨뜨리는 행태를 무조건적으로 감싸는 것이 부담스러운 입장이다. 이것은 중국이 유엔 안보리의 대북제재결의안을 논의할 때 북한의 입장을 옹호하지만, 최종 합의안 도출에는 늘 협조해왔다는 사실을 통해 알 수 있다.

이처럼 중국은 북한의 핵개발에 반대하지만, 그렇다고 해서 국제 사회의 압력에 의해 북한체제가 붕괴되는 것은 원치 않는다. 왜냐하면, 북한은 중국에게 완충국가로서 전략적 가치가 있으며, 북한의 붕괴는 대량 난민사태를 초래할 것이기 때문이다. 중국의 이러한 안보우려는 러시아도 함께 공유하고 있다. 그러므로 중국과 러시아는 유엔 안보리의 대북제재에 동의하지만, 서방국가들이 추진하는 독자적인 추가제재에 대해서는 비판적인 입장을 취하는 것이다.

중국과 러시아는 북한 핵 문제의 평화적 해결을 위해서도 유사한 시각과 접근법을 가지고 중재에 나서고 있다. 2017년 7월 모스크바에서 열린 러중 정상회담에서 푸틴 대통령과 시진핑 주석은 한반도 문제를 해결하기 위한 해법으로 북한은 핵과 미사일실험을 중단하고 한미 양국은 군사훈련을 중단할 것을 제안하였다. 이러한 공동선언을 바탕으로 그해 11월 러시아 정부는 한반도 비핵화를 위한 3단계 로드맵을 제시하였는데, 1단계에서는 핵실험과 군사훈련을 동시에 중단하고, 2단계에서는 비핵화와 평화 협정을 위한 북미 간 직접대화를 하며, 3단계에서는 동북아 평화안보협력체 구축과 외교관계 정상화를 위한 다자대화를 하자는 것이다. 러시아의 3단계 로드맵 발표 이후, 중국은 쌍중단 쌍궤병행이라는 2단계 해법을 들고나왔는데, 이 둘은 내용상으로는 동일하며, 다만 러시아의 1단계가 중국의 쌍중단, 2-3단계가 쌍궤병행에 해당한다.

④ 북한 사회에서 권력 엘리트의 균열 가능성

이상에서 설명한 바와 같이 북한 권력 엘리트의 내부 결속력이 서서히 약화되고 있다. 그들의 혁명열정과 헌신적 태도는 쇠퇴하고 있으며, 부정부패에 물들어 가고 있다. 황장엽의 망명 이후 북한 고위층의 계속적인 탈북사태가 권력 엘리트의 체제 이반을 잘 보여주고 있다. 아직까지는 그들의 불만이 체제에 대한 저항이 아니라 체제로부터의 이탈이라는 수준에 머물고 있지만, 향후 국내외적 위기에 대한 입장 차이를 드러내면서 대립할 가능성도 있다. 왜냐하면, 북한 엘리트에게는 잠재적인 균열요인이 존재하기 때문이다.

첫째, 북한은 개혁개방을 둘러싼 균열요인을 가지고 있다. 지속적인 경제난은 경제개혁의 방향에 관한 권력층 내부의 의견 대립을 야기할 수 있다. 주민들은 개인장사와 텃밭 농사를 통해 먹고사는 문제를 알아서 해결하는 반면에, 국가의 배급에 의존하고 있는 당과 군의 관료 중에서 시장개혁을 찬성하는 세력과 배급체제의 강화를 지지하는 계층 간의 입장 대립이 생길 수 있다.[19]

중국과 베트남의 개혁성과를 잘 아는 북한의 권력 엘리트 중에서 북한의 경제가 지속적으로 악화되고 있는 것을 우려하여, 진정성 있는 개혁을 원하는 세력이 생겨나고 있다. 게다가 중국은 김정은에게 중국식 개혁개방을 권고하고 있으며, 장성택의 처형도 친중국적 개혁사고를 가진 세력의 몰락이라는 권력투쟁적인 의미를 가지고 있다. 사실 김정은이 개혁을 선택한다면, 베트남식 개혁을 선호하는 것으로 알려져 있다. 중국식 개혁이 경제특구의 과감한 개혁실험을 전국적으로 확대하는 방식이라면, 베트남식 개혁은 중앙 정부의 경제 장악력을 전국적으로 조금씩 줄이는 방식이다.[20]

물론 북한에서 개혁개방에 대해 찬반 의견을 가진 권력 엘리트가 존재할 수는 있지만, 이것이 권력 엘리트의 분열을 가져올 수는 없다. 왜냐하면, 북한의 상황에서 개혁개방을 둘러싼 찬반 논쟁이 쉽게 표면화되기 어렵기 때문이다. 반면에, 수령이 개혁개방의 필요성에 대한 논의를 개시할 경우, 그 방식을 둘러싸고 갈등과 마찰은 생길 수는 있다. 즉 베트남 방식과 중국 방식을 둘러싼 갈등이 생기고, 개혁개방에 대한 저항도 생겨나고 하는 것이다. 구소련의 경우에도 페레스트로이카가 개시된 이후 개혁의 방향을 둘러싼 논쟁에서 엘리트 간의 갈등이 권력투쟁으로 격화되고 체제의 붕괴로 연결되었다.

---

19 강철환, "와해된 북한체제 대비책 강구가 필요," 『북한』 11월호 (2008), p.84.

20 위키리크스, Reference ID: 09 Moscow 1108, "Waiting and Watching: North Korea after Currency Reform," (2009.4.29).

둘째, 군과 민간 부문 간에 균열이 있다. 일반적으로 민군 간의 갈등은 예산과 권한의 배분을 둘러싸고 어느 나라에서나 벌어질 수 있는 보편적인 현상이다. 그런데 북한의 경우에는 선군정치 때문에 갈등이 더욱 첨예화될 수 있다. 군사 부문에 대한 자원의 우선적 배분 때문에 경제난 극복이 어려운 상황에서 민간 부분의 비판이 있을 수 있고, 또한 핵개발 등 군사강국 건설주의가 북한이 절실히 필요로 하는 외부의 지원을 가로막는 걸림돌로 간주되고 있다. 따라서 우선적으로 북한의 경제난을 극복하고 경제력을 키우는 것이 정권유지에 도움이 되고 군사력 증강의 물질적 토대를 마련할 수 있다는 민간 부문의 주장과 선군정치를 지속하고 한반도에서 긴장을 유지하는 것이 체제 유지에 도움이 된다는 군사 부문의 주장이 대립할 수 있다. 이러한 대립을 봉합하기 위하여 북한은 경제국방 병진노선을 내세우고 있지만, 실질적인 해결방안은 되지 못하고 레토릭에 그치고 있는 실정이다.

2005년에는 최고인민회의가 전격 취소되는 일이 있었는데, 그 배경으로 신년 예산을 둘러싼 인민군 최고사령부와 당의 알력 때문으로 알려지고 있다.[21] 과거 남한이 대북포용정책을 추진하던 시기에는 북한에서 민간 엘리트의 역할이 강화되었다. 민간 엘리트는 외화벌이 명목으로 북한 권력 내부에서 주도권을 잡을 수 있었던 것이다. 하지만 거듭된 핵과 미사일개발로 인한 국제 사회의 제재로 외화벌이가 점차 줄어드는 상황에서, 민간 부문의 엘리트가 군사 부문의 엘리트와 대립할 가능성이 있다. 민간 엘리트는 국제 사회에 유화적인 태도를 보이고 지원을 받아내자는 실리주의를 제안하고, 군사 엘리트는 어떠한 국제적 압력과 제재에도 맞서야 한다는 입장을 취함으로써 갈등을 노정할 수 있다.

⑤ 맺음말

북한은 고립되어 있고, 모든 권력은 김정은에게 집중되어 정치적 반대세력이 부재하고, 철저한 사회통제로 인하여 시민 사회 형성이 거의 불가능한 상태

---

21 『동아일보』. (2006.11.1).

이다. 따라서 북한의 체제는 변화보다는 유지의 가능성이 큰 것이 사실이다. 이 글의 목적은 북한의 체제 지속성에 영향을 미치는 요인들을 검토하는 것이다. 그 결과 북한은 경제난으로 이미 체제 붕괴의 임계점을 넘어섰지만, 국내외적으로 체제를 지지하는 행위자들이 아직 영향력을 발휘하고 있다는 사실을 확인하였다. 북한체제의 지속과 변동성에 영향을 미치는 요인들을 보면 내부적으로는 주민과 엘리트들의 지지와 저항이 있으며, 외부적으로는 주변국의 지원과 국제사회의 제재가 함께 작용하고 있다는 것을 알 수 있다.

그동안 북한이 보여 왔던 강한 내구력을 감안해 볼 때, 이러한 요인들이 체제 변화를 직접적으로 촉발한다고 보기는 어렵다. 따라서 내외부적인 요인이 체제 변화를 일으킬 수 있는 촉매요인으로써 권력 엘리트의 분열이 중요하다고 본다. 즉 권력 엘리트의 분열이 체제 변화의 방아쇠 역할을 한다고 보는 것이다. 오늘날 북한 권력엘리트에게는 두 가지의 중요한 균열이 발견되는데, 첫째는 개혁개방에 관한 노선갈등이며, 둘째는 군과 민간 부문의 갈등이다. 물론 북한의 모든 권력 엘리트들이 현재의 경제난을 극복하고 체제를 성공적으로 유지하고자 하는 데에는 서로 이견이 없다. 다만, 그 방법에서는 갈등과 대립이 생겨날 수 있다는 것이다.

북한체제의 변화는 북한 주민의 삶과 남북관계에 매우 중요한 의미를 가진다. 또한 김정은 정권의 미래는 남북관계와 동북아 정세에 큰 영향을 미칠 수 있다. 따라서 북한이 어떠한 방향으로 변화하는 것이 바람직한 것인가? 체제 붕괴는 큰 혼란과 비용을 수반하기 때문이다. 가장 바람직한 경로는 북한체제 변화의 연착륙이다.

북한의 체제 변화를 촉진할 수 있는 방법은 북한이 남한을 비롯한 외부 사회와 많이 교류하고, 북한의 엘리트와 주민들이 개혁개방을 갈망하게 되는 것이다. 이를 위해서는 한국과 주변국의 대북 지원이나 경협이 어떤 방식으로 이루어지느냐 하는 것이 중요하다. 북한과의 협력은 김정은체제를 유지하는 효과와 바꾸는 효과를 모두 갖고 있기 때문이다. 따라서, 우리의 대북 전략은 가급적 북한과의 자유 통행 및 방문이 많이 이루어지는 방향으로 목표를 설정하고 추진되어야 할 것이다.

토론 및 탐구주제

01 정치체제의 붕괴 유형에 관해 토론해 봅시다.

02 북한의 체제를 유지하는 요인에 대해 토론해 봅시다.

03 북한의 체제를 붕괴하는 요인에 대해 토론해 봅시다.

04 북한체제가 붕괴할 것이라고 생각하는가? 각자의 생각을 논의해 봅시다.

05 만일 북한체제가 붕괴한다면 어떤 이유에서 그런 일이 일어날까?

[참고문헌]

강철환. "와해된 북한체제 대비책 강구가 필요." 『북한』 11월호 (2008).

김갑식 외. "김정은 정권의 정치체제: 수령제, 당정군 관계, 권력 엘리트의 지속성과 변화." 『KINU 연구총서』 15－01 (2015).

김병연. "사회주의에 자본주의 요소를 도입하면 체제붕괴 가능성 높아져." 『북한』 4월 호 (2005).

김상기. "대북경제제재의 유효성 분석: 실태와 효과." 『한국개발연구원 정책연구시리 즈』 9호 (2007).

김석진. "김정은 시대의 북한 경제체제 변화 전망과 시사점." 『통일경제』 1호 (2012).

김수암. "해외 체류 탈북자 문제 쟁점과 과제." 『통일연구원 Online Series』 PA 06－05 (2006).

김진무. "북한 후계체제 전망 및 급변사태 대비방안: 세습후계자를 중심으로 한 과도 기적 위기 관리체제 구성 가능성." 『북한』 2월호 (2009).

오경섭. "북한 권력승계의 특징과 3대세습체제의 지속가능성." 『세종정책연구』 제6권 1호 (2010).

위키리크스. Reference ID: 09 Moscow 1108, "Waiting and Watching: North Korea after Currency Reform." (2009.4.29).

유호열. "정치외교분야에서의 북한 급변사태." 박관용 외. 『북한 급변사태와 우리의 대응』 서울: 한울, 2007.

정성장. "북한 핵실험 이후 북핵문제의 관리 및 해결방안." 『세종정책연구』 제3권 1호 (2007).

한국은행. 『2018 북한주요통계지표』 서울: 한국은행, 2019.

한기홍. "북한민주화운동의 현황과 효과적 추진전략." CFE Report No. 85, (2009.4.17).

홍관희. "북 엘리트층의 연쇄탈북, 체제붕괴의 전조인가?." 『북한』 5월호 (2016).

『동아일보』. (2006.11.1).

『한겨레』. (2011.1.3).

European Commission. *Annual Report on Humanitarian Aid 2008.* Brussels: European Commission, 2009.

Manyin, Mark E. "Foreign Assistance to North Korea." *CRS Report for Congress*, Order Code RL31785 (May, 2005).

Sik, Endre. "From the Multicoloured to the Black and White Economy: The Hungarian Second Economy and the Transformation." *International Journal of Urban and Regional Research* 18－1 (March, 1994).

von Beyme, Karl. *Reformpolitik und Sozialer Wandel in der Sowjetunion.* Baden－Baden: Nomos, 1988.

World Food Programme. "WFP DPR Korea Country Brief." (June, 2019).
Wiley, 1973.

종장 한반도 문제해결을 위한 과제와 실천 – 반성과 대안

김학성(충남대학교)

앞의 글을 통해 한반도 문제를 구성하는 세 차원의 이슈들을 중심으로 한반도 문제의 발생 배경과 해결을 어렵게 만드는 이유, 특히 한반도 평화정착이 왜 쉽지 않은지 충분히 이해할 수 있었을 것이다. 문제는 그러한 어려움 속에서도 우리는 한반도 평화를 정착시켜야 하는 숙명적 과제를 안고 있다는 점이다.

진영 대결의 구조 속에서 안보확립에 급급했던 냉전시대와 비교하면, 탈냉전시대의 개막이래 한반도 문제의 해결 가능성이 높아진 듯 보였다. 이에 맞춰 남한 정부와 사회는 다양한 방식으로 평화정착을 위한 노력을 기울였다. 그러나 냉전 종식에도 불구하고 한반도 내외의 현실은 평화정착에 그리 유리한 방향으로 변화하지 못했으며, 남한 정부의 노력도 상응하는 성과를 보이지 못했다. 그러한 만큼 우리에게 한반도 평화정착을 위해 숙고와 인내가 더 많이 요구된다. 이와 관련하여 냉전 종식 이후 한반도 평화정착을 향한 우리의 노력을 되돌아보고 반성해봄으로써 앞으로 실질적이고 효율적인 대안을 찾아볼 필요가 있다.

① 반성: 인식갈등과 정책적 비일관성

냉전 종식이래 남한 정부의 한반도정책은 어떻게 평가될 수 있을까? "화해·협력을 통한 평화 통일의 기반마련"이라는 측면에서는 두말할 것도 없고, 안보적 측면에서도 긍정적인 평가를 받기 어렵다. 냉전 종식 직후 고립무원의 상태였던 북한의 처지와 모든 측면에서 압도적 우위였던 남한의 입장을 상기하면, 그동안 남북관계의 부침을 겪으면서 여섯 차례에 걸친 핵실험과 더불어 핵·경제 병진정책을 강조하며 미국에 대해 핵감축 협상까지 요구하기에 이른 북한 정권의 태도는 그간 남한 정부의 한반도정책이 결과론적으로 실패작에 가깝다는 것을 증명하기에 부족하지 않다. 만약 남한 정부가 잘못한 것이 없었음에도 그러한 결과가 나왔다면, 북한 정권이 체제유지정책을 성공적으로 추진한 탓인가?

어쨌든 한반도정책을 둘러싸고 보수와 진보진영은 서로 상대의 잘못을 탓하고 있다. 객관적으로 보면 보수진영의 책임이 더 크게 보인다. 보수 정부의 집권기간이 훨씬 길었을 뿐만 아니라 남북관계의 차원에서 진보 정부의 성과가 상대적으로 컸기 때문이다. 이명박 정부의 금강산관광 중단, '5·24 조치,' 그리고 박근혜 정부의 개성공단 폐쇄가 북한 정권에 대한 징벌 또는 어떤 지렛대의 의미를 갖는다면, 그 수단이 진보 정부의 남북관계 개선정책으로 만들어진 것이었다는 점도 아이러니가 아닐 수 없다. 그럼에도 보수진영은 진보 정부가 대북 퍼주기를 통해 북한체제의 생존과 핵개발을 직·간접적으로 도왔다는 점에 초점을 맞추어 비난한다. 그러나 이 비난이 항상 적절한 것 같지는 않다. '5·24 조치' 이후 남북 경제교류협력의 쇠퇴에도 불구하고 북한의 경제는 오히려 성장했다는 사실에서 '퍼주기' 비난의 현실적 약점이 드러난다. 또한 만약 개성공단이 없었다면, 과연 북한의 핵개발이 어려웠든지 아니면 시간적으로 지연되었을까? 물론 진보 정부의 정책이 마냥 성과를 내었다고 말하기는 어렵다. 관여정책의 기반을 마련했고, 남북한의 접촉면을 넓히는 데는 기여했지만, 북한의 핵개발 억제를 비롯한 안보확립과 평화정착에는 가시적 성과를 거두지 못했다. 뿐만 아니라 국내정치와 외교정책 분야에서 남남갈등이나 동맹정책의 혼선을 야기함으로써 새로운 방향의 한반도정책을 효율적으로 추진하는 데 한계를 노정했다.

이러한 비판적 평가에 대해 보수나 진보진영은 각자의 변명거리가 있을 수 있다. 그렇지만 이것과는 별개로 양 진영에게 공통적으로 지적될 수 있는 문제점도 있다. 다름 아닌 한반도 문제의 구조적 성격을 충분히 반영한 정책추진에 결코 성공적이지 못다는 사실이다. 물론 모든 역대 정부는 한반도 문제를 구성하는 세 차원에서 각각의 과제들을 찾고 이를 성취하기 위해 많은 노력을 기울였으며, 일정한 정도의 성과도 거두었다. 그렇지만 그 과제들 사이에 연관성을 고려한 정책적 성과는 찾기 힘들다. 앞에서 강조했듯이 국내환경, 남북관계, 국제환경이 상호 연계되어 있는 한반도 문제의 구조적 특성을 감안하면, 한반도정책의 체계적·효과적인 추진과 성과 여부는 세 차원의 과제들 사이에 선순환 모멘텀을 얼마나 만들어 내는가에 좌우된다. 남북관계나 국제환경 차원은 남한 정부가 주도하기에 매우 어렵기 때문에 더욱더 각 차원의 과제들 사이에 연계성을 올바로 판단하여 시의적절한 과제를 선택하고, 우선순위와 시간적 범위를 따져 과제를 전략적으로 추진하는 것이 필요하다.

구조적인 한계에도 불구하고 진보 정부들은 그러한 노력의 필요성을 깨달았고, 실천 과정에서 국내갈등 및 주변국가들과의 마찰을 감수하면서까지 노력했으나 그 성과는 미진했다. 문재인 정부가 북미 비핵화 협상의 물꼬를 여는데 매우 큰 기여를 했지만, 북미 협상이 지지부진하게 진행되면서 남북관계 개선도 정체되는 것은 대표적인 사례이다. 이에 비해 보수 정부들은 적극적인 한반도정책을 표방했음에도 정책적 연계성을 진지하게 고민한 사례는 별로 없었다. 보수 정부의 경우, 일차적으로 북한의 체제 변화에 집중했기 때문이다. 물론 보수 정부가 통일준비를 강조함으로써 분단의 현상변경을 추구하는 듯 보였으나, 이는 사실상 북한의 체제 변화를 의미하는 것이었다. 체제생존에 몰두하는 북한의 입장을 염두에 두면 그러한 보수진영의 정책기조가 선순환의 기회를 성공적으로 마련하기 어려울 것은 자명하다.

외적 제약이 너무 큰 탓에 정책의 성과를 거두기 어려운 것은 일단 어쩔 수 없었다고 하더라도 선순환 모멘텀을 만들지 못한 이유는 한국 내부에도 분명히 존재한다. 정책적 성과를 방해하는 많은 내부적 원인들의 근저에는 한반도 문제에 대한 인식의 편향성이 작용하고 있다. 예를 들면, 탈냉전기 북한에 대한 남한의 보수와 진보 정부의 상이한 인식과 대응이 남북관계를 굴곡과 부침을 반복하게 했다. 그동안 남한 정부는 동맹국과 함께 두 가지 정책적 선택지 속에서 방황해왔다. 하나는 경제지원을 통해 북한의 변화를 유도하려는 '관여정책'과, 경제제재 및 군사적 압박으로 북한의 변화를 강요하는 '강압정책'이다. 냉전 종식 이후 두 가지 정책은 어느 것도 성공적이지 못했고, 결과적으로는 북한이 핵무기와 장거리미사일실험에 성공할 수 있는 환경을 의도치 않게 제공했다.

보수와 진보 정부의 정책 차이는 단지 전략적 의미를 넘어 세계관 및 이념적 차이에 기인한다. 이로 인하여 탈냉전시기 한국의 한반도정책은 일관성을 가질 수 없었고, 그만큼 정책적 성과를 확보하거나 유지하기 어려웠다. 정책적 일관성을 위해서는 국민적 합의를 기반으로 한반도정책의 원칙적 기조와 방향을 제시할 수 있는 적절한 국가 전략이 필요하나, 현실은 그렇지 못하다. 물론 강대국들의 경쟁관계에 끼여서 국가 전략을 명백하게 표방하기 어렵다는 것이 현실적 이유로 수긍되지 못하는 것은 아니다. 그래서 "전략적 모호성"의 필요성을 옹호하는 전문가도 있다. 그렇지만 국가 전략 부재는 국제환경 탓만 아니라 내부적 이유도 있다. 즉 5년 단임제 대통령중심제가 제도적 걸림돌로 작용해왔다. 강력한 권력을 가진 단임 대통령이 주기적으로 바뀌는 상황에서 중장기적 계획인 국가 전략의 마련이 어려웠던 탓도 적지 않다. 이런 현실에서 역대 정부들은 각자의 대북통일정책에 상징적 이름을 붙이고, 정책의 기조와 원칙을 표방함으로써 국가 전략적 구상을 표현하려 했다. 그렇지만 남한 정부의 실질적인 한반도정책은 냉전시기와 유사하게 기능주의적 대북정책과 한미동맹에 여전히 의존할 수밖에 없었다. 예외가 있었다면, 통일을 강조하는 대신 동북아 국제환경에 정책적 초점을 맞추었던 노무현 정부와 문재인 정부의 '평화번영정책'을 들 수 있지만, 이 또한 미국과 중국의 세력경쟁 속에서 단기간에 어떠한 성과를 내기에는 역부족이었다.

　　마지막으로 한 가지 지적할 것은 한국의 한반도정책에 내재해있는 목표와 현실 사이의 괴리이다. 우리는 통일을 궁극적 목표로 내세우지만, 주변 강대국은 분단의 현상유지를 선호하고 있다. 따라서 협력이든 갈등이든 한반도에 어떤 새로운 상황이 발생하면, 필요한 것보다 더 많은 비용을 우리가 감내해야 하는 경우가 빈번히 일어날 수밖에 없다. 예컨대 남북관계 개선을 위한 대북지원, 그리고 안보를 위한 한미동맹의 강화와 미국의 정책에 대한 편승에 소요되는 각 비용은 일시적으로 어떠한 효용을 가져다주는 듯하지만, 결국에는 그 효용들이 상충작용을 함으로써 한국은 실질적 이익도 별로 없이 비용만 부담하는 결과를 얻곤 해왔다. 북핵 문제의 해결 과정에서도 마찬가지이다. 지금껏 남한 정부는 남북관계와 국제환경의 양 차원에서 북핵 문제를 해결하려고 노력했지만, 어떠한 차원에서도 효용보다 훨씬 많은 비용만을 지불해왔다. 물론 이것을 분단비용이라고 말할 수 있지만, 목표와 현실의 괴리 탓에 필요 이상으로 많은 분단비용을 감내하게 되는 경향이 없지 않다.

② 대안: 핵심과제와 실천 방법

가. 각 차원의 과제들

이러한 반성을 토대로 한반도 문제의 복합적 연계성을 반영하는 정책추진과 그 성과를 가능케 하는 대안을 모색하기 위해 먼저 구조적 골격을 이루는 세 차원별로 각각 문제해결에 필수적인 것이라고 간주되는 핵심과제들을 정리해볼 필요가 있다. 핵심과제들이 무엇이며, 이것이 어떻게 작용할 수 있을 것인지에 대한 이해를 통해 구조적 문제의 해결에 적합한 행위 전략을 확인할 수 있을 것이다.

① 국내환경

국내환경 차원에서 한반도 문제해결을 위한 핵심과제는 남한뿐만 아니라 북한에게도 부여된다. 남북한에 공통되는 것도 있지만, 현실적으로 체제성격 및 능력의 차이 탓에 크게 다를 수밖에 없다. 공통되는 과제로는 무엇보다 남북한의 사회 내부에서 "냉전적 대결의식의 극복"이 손꼽힌다. 그렇지 못한 상황에서는 통일을 향한 평화적 협력이 어려우며, 설령 예상하지 못한 급격한 통일이 이루어지더라도 통합 과정이 결코 쉽지 않아 보이기 때문이다. 따라서 남한 정부 및 사회는 더욱 포괄적 의미에서 '통일문화'[1]의 정립을 과제로 내세우고 있다. 남한에만 해당하는 핵심과제로는 한반도정책을 둘러싼 남남갈등의 극복 내지 조정을 통해 정책의 타당성 및 효율성은 물론이고 통일의 이념적 기반을 확대하는 것, 그리고 경제역량의 증대를 통해 통일의 물질적 기반을 확충하는 것 등을 들 수 있다. 물론 북한에서도 정치체제와 경제체제의 성공적 개혁·개방도 반드시 요구된다.

이러한 과제들이 현재 남북한의 국내환경을 구성하는 제도들 속에서 어떠한 위상을 갖고 있으며, 또 성공적으로 추진되고 성과를 거두기 위한 조건 및 전략은 무엇인지에 관하여 생각해볼 필요가 있다. 구조적 관점에서 보면, 한반

---

1 일반적으로 '통일문화'는 성공적인 체제통합을 위한 기반확립의 맥락에서 "통일을 지향하는 문화" 혹은 "통일 이후 민족적 동질성을 확립하기 위해 노력하는 문화"로 개념화된다.

도에서 대결 의식은 분단이래 항상 남북한의 정치·사회문화를 결정해온 주요 요인들 중의 하나이다. 따라서 이러한 대결의식을 극복하는 것은 국내환경의 기본적 제도 변화를 요구하는 것을 의미한다. 제도주의의 설명에 따르면, 남북한 사회의 냉전적 대결의식은 체제의 정당성을 부여하는 규범적 차원을 넘어 인지적 차원에서 구성원의 행동을 위한 인식지표, 범주, 모델을 제공하는 재생산기제로 작용해왔다.

남북한에 공통된 그러한 문화 및 제도의 경로의존적 발전이 역사적 제도주의가 주장하듯 제도와 사회관계를 재구성하는 "역사적 전환점(분기점)"에 어떻게 다가갈 수 있을까? 제도주의에서는 두 가지 동인을 찾을 수 있다. 하나는 외적 동인으로써 외부환경과의 갈등에서 연원하는 외부적 충격과 의도하지 않았던 우연성이다. 다른 하나는 내적 동인으로써 제도가 부여하는 '절차적 합리성'2의 일상화와 제도환경 속에서 행위주체들 사이의 의사소통을 통한 학습과 반성이다. 이에 따르면, 남북한의 국내환경에서 냉전적 대결의식은 남북관계 차원과 국제환경 차원 사이의 갈등 내지 불일치로 인해 어떠한 외적 충격이 발생할 경우에 극복될 가능성이 있다. 예를 들면, 남북관계의 개선과 협력이 급진전되거나 북한의 급변사태가 발생하는 경우, 또는 국제환경 차원에서 심각한 안보적 긴장이나 평화적 협력이 발생하는 경우 등을 생각해볼 수 있다.

외부 환경의 변화와 상관없이 국내환경 내부에서도 변화의 가능성이 없지는 않다. 특히 남한에서 정치제도의 절차적 합리성이 보장되고, 사회적 학습과 반성이 지속적으로 발생함으로써 정치사회적 의사소통이 원활해지며, 이를 기반으로 민주화가 더욱 진전되고 숙의민주주의가 정착될 수 있다면, 갈등의 평화적 해결을 가능케 하는 문화가 정착될 수 있다. 이러한 문화기반 위에 남남갈등은 그리 어렵지 않게 극복 내지 조정될 수 있을 것이며, 나아가 한민족의 미래와 직결되는 통일문화에 대한 공감대 형성을 통해 냉전적 대결의식이 자연스럽게 극복될 수 있다. 북한의 경우에는 개방·개혁으로 인한 체제 변화를 생각해볼 수 있다.

---

2 노스(D.C. North)는 목적합리성에 따른 인간행위 가정을 비현실적이라고 판단하고, 대신에 불완전한 정보를 가진 인간이 선택의 길잡이로서 주관적 모델을 고안하며, 피드백에 의해 그 모델을 불완전하게나마 수정할 수 있다는 의미에서 '절차적 합리성' 개념을 사용한다. Douglass C. North, Institutions, *Institutional Change and Economic Performance* (Cambridge: Cambridge Univ. Press, 1990), pp.108–109.

그러나 이는 단지 하나의 이상적 희망이며, 현실은 그러한 변화를 낙관하기 어렵게 한다. 한국정치사를 되돌아보면, 비교적 근래에 통용되기 시작한 남남갈등의 기원은 실제로 해방 직후 시기까지 거슬러 올라간다는 점에서 더욱 그러하다. 이렇듯 오랫동안 축적되었던 남남갈등이 내적 반성과 학습만을 통해 조만간 큰 변곡점에 다다를 것으로 기대하기 어렵다. 오히려 제도를 권력갈등의 결과로 이해하고 권력관계의 불균형으로 인하여 변화가 거듭된다는 역사적 제도주의의 주장이 더욱 현실적으로 보이기도 한다. 예컨대 남남갈등이 최고조로 분출하여 정치적 위기가 발생할 경우, 한반도 분단에 대한 원대한 비전과 강력한 리더십을 갖춘 정치지도자의 출현을 비롯하여 민주적 정치문화의 정착 등과 같은 의도치 않는 변화의 계기가 마련될 수 있다. 그렇지만 이러한 것을 포함하여 어떠한 방식으로든 내적 변화가 발생한다면, 이는 순수한 내적 동인보다는 외적 동인에 의해 촉발되거나 증폭될 가능성이 높다.

북한의 경우, 내적 동인에 의한 변화를 기대하기는 더욱더 어렵다. 무엇보다 김일성 민족을 내세우는 북한의 지도부가 김일성 가계의 세습통치체제 유지에 모든 것을 걸고 있기 때문이다. 냉전 종식 이후 북한 내부에서도 정치 및 경제제도의 변화가 발생하고 있지만, 이것도 고립과 제재에 따른 어쩔 수 없는 변화이며, 특히 김일성 가계의 지배체제를 존속시키기 위한 수단으로 활용되고 있다. 더욱이 북한 정권이 남한과 대결을 통해 자신의 국내정치적 생존능력을 높이는 전략을 추구하고 있는 한, 냉전적 대결의식의 극복이나 정치체제 개혁을 자발적으로 이루어낼 것으로 기대하기는 어렵다. 이렇듯 지배체제의 생존을 목표로 대량살상무기개발과 세습정치 등을 고집함으로써 초래된 국제적 고립은 다른 한편으로 경제난을 유발하고 있다.

북한 정권은 경제난에 대처하기 위해 다양한 제도적 실험을 하고 있다. 그러나 핵무기개발을 지속하는 한, 내적인 실험이 성공할 확률은 낮다. 경제 발전을 위해 필수적인 자본과 기술이 북한 내부에 축적되어 있지 못하기 때문이다. 김정은 정권이 핵과 경제 병진노선을 강조하고 있지만, 현실적으로 두 목표는 양립하기 어렵다. 현재의 지배체제를 유지할 수 있다는 자신감을 확보하지 못하는 이상 핵개발을 포기하지 않을 것이며, 이에 대해 주변국은 어떠한 경제지원도 거부하거나 아니면 최소한의 현상유지 수준으로 제한할 것이기 때문이다. 북한 정권이 어느 한 목표를 포기함으로써 이러한 딜레마 상황을 조만간 스스로 해소할 것이라고 기대하기는 어렵다. 다만, 그 가능성은 낮지만 현재 북한 내부에 확산되는 시장요소가 정치적 잠재력을 응축시켜서 언젠가 폭발하든지, 아니면 김정은 정권이 외부의 변화에 적극적으로 대응할 수밖에 없을 경우에만 현재의 딜레마가 해소될 수 있을 것이다. 2018년부터 시작된 북미 비핵화 협상은, 비록 굴곡을 겪고 있지만, 그러한 가능성을 엿볼 수 있는 매우 중요한 기회가 아닐 수 없다.

이념적이며 조직적 측면의 제도 변화는 물질적인 효용과 직간접적인 연관성을 갖고 있다. 특히 권력갈등에는 단순한 이익의 문제를 넘어 무엇이 이익인지를 판단하는 이념의 문제가 깊이 내재해 있다. 예컨대 남한 사회에서 벌어지고 있는 경제성장과 복지를 둘러싼 정쟁은 경제적 총효용의 증대와 배분의 공정성이라는 정책이념 사이의 갈등에 기반을 두고 있다. 유럽의 산업 사회가 걸어왔던 길을 참고하면, 이러한 갈등은 타협의 가능성을 엿보게 한다. 즉 적절한 복지와 소득재분배를 통한 총생산의 증대 가능성이다. 이러한 방향으로 제도 변화가 발생할 때, 비로소 남남갈등의 극복 내지 조정이나 통일문화의 확장을 기대할 수 있다. 통일문화는 그 자체로서 통일준비를 위해서는 물론이고 통일 이후 통합을 위해 절대적으로 필요한 물질의 배분기준이 되는 제도로 작동하게 될 것이다. 무엇보다 통일문화의 확장은 통일추진 과정에서 불확실성을 감소시킴으로써 예상되는 거래비용을 절감하게 될 것이다. 물론 세계시장에 너무 많이 개방되어 있는 남한의 처지를 감안하면, 정치경제적 제도 발전 및 변화는 국내적 갈등뿐만 아니라 경우에 따라 세계정치경제의 변동에 큰 영향을 받을 수 있음은 의문의 여지가 없다.

② 남북관계

남북관계 차원의 과제로는 당국 간 정치적 대화 및 경제협력, 군사적 신뢰구축, 그리고 사회단체와 경제단체의 교류 및 협력, 인도적 교류협력 등이 거론된다. 이들 과제는 이미 오래전부터 추진되어왔지만, 그 성과가 지속적으로 축적되지 못하고 있다. 그럼에도 남북한이 대화와 상호 협력의 가능성을 열어나가려는 시도를 멈추지 않는 이유는 냉전적 대립으로 인한 불안정과 긴장이 부과하는 분단비용을 낮출 수 있는 제도의 형성 및 확립의 필요성 탓이다. 실제로 남한의 경우, 대화와 협력을 추구해온 배경에는 반복적인 접촉이 어떠한 질서 내지 패턴을 만들어냄으로써 북한체제의 변화 촉매제를 생성시키고, 궁극적으로 통일로 인도할 수 있을 것이라는 기능주의적 기대가 항상 있어 왔다. 상호 간 협정 및 조약의 체결로 인해 남북관계가 국제법적 제도의 틀 속에 자리 잡게 된다면, 남북관계의 안정화 가능성은 매우 높아진다. 문제는 북한의 태도이다. 북한 정권 역시 남북관계의 안정화를 필요로 하지만, 남한과 달리 체제생존이 주목적이기 때문에 남한과 맺은 어떠한 약속도 체제생존에 악영향을 끼친다면 언제든지 파기할 수 있기 때문이다.

비록 사문화되다시피 했지만, 남북기본합의서에서 남북한은 "국가와 국가의 관계가 아닌 특수한 관계"라는 표현으로 상호 관계를 규정하고 있다. 남북한의 양자관계가 국제관계가 아닌 어떤 다른 성격을 띠고 있다는 점은 현실 곳곳에서 찾을 수 있다. 또한 남북한 사이 모든 양자 대화나 합의에는 일반적인 국제규범이 온전히 적용되지 않는 경향을 보인다. 그럼에도 불구하고 남북관계를 국가 간 관계가 아니라고 말하는 것도 정확한 표현이 아니다. 영토와 주권은 물론이고 유엔 동시가입 등의 예에서 보듯이 남북한은 국제적으로 독립된 국가로서 면모를 보이고 있다. 남북한의 국제정치행위는 국제기구나 여러 국가가 참여하는 국제제도 속에서 분명하게 드러나며, 더욱이 남북한의 동맹정치가 각각 남북관계에 직간접으로 연계되기도 한다. 요컨대 국내법 및 명분과 달리 남북관계의 현실은 국제정치적 성격을 띠고 있다.

어쨌든 남한 정부는 북한과의 당국 간 대화를 지속·발전시킴으로써 분단비용 감축 및 통일기반 구축을 가능케 하는 제도를 형성 내지 확립하려 한다. 따라서 당국 간 대화는 어떤 다른 과제보다 중요하다. 공통의 규범이 잘 확립되어 있지 못한 상황에서는 규칙제정이 급선무이다. 당국 간 대화는 바로 규칙을 만드는 출발점이다. 사회문화 분야 및 인도적 분야의 교류협력은 이러한 규칙을 넘어서 민족적 공유 문화유산을 바탕으로 반복적인 만남과 소통으로 통해 문화와 상징이 개입된 일상적인 재생산 과정을 갖게 될 때 비로소 자율적으로 작동하는 제도를 형성시킬 수 있다. 사회문화 분야와 달리 경제교류협력에는 경제적 손익과 관련된 거래비용을 줄이려는 의지와 이를 보장할 수 있는 규정 확립이 매우 중요하다. 각 분야에서 남북관계의 제도형성 및 발전이 가능해지면 남북한의 국내환경과 국제환경 차원에서 제도 변화가 촉진되는 계기로 작용할 수도 있다. 예컨대 남북한의 냉전적 대결의식이 완화된다든지, 동북아 지역협력의 제도화가 진전될 수 있다. 나아가 독일 사례에서 보듯이 북한 내부의 변화 잠재력을 키울 수도 있다.

어떠한 종류의 과제이든 남북관계의 제도화를 진전시킬 수 있는 규칙의 합의와 그 규칙의 반복적인 적용이 가능하기 위해서는 중요한 두 가지 전제조건이 필요하다. 하나는 남북한이 규칙준수와 제도형성을 통해 이익을 공유할 수 있다는 확신을 갖는 것, 다른 하나는 규칙위반을 응징할 수 있는 물리적 수단을 보유하는 것이다. 남북관계가 군사적 도발과 같은 우여곡절을 겪는 가운데에도 남북경제협력이 지속될 수 있었던 것은 바로 상호이익에 대한 고려가 있기 때문이다. 뿐만 아니라 남북한이 상호 응징수단으로 군사력의 증강, 경제 및 인적 교류의 중단 등을 활용해온 사례도 있었다. 예컨대 북한의 간헐적 군사도발이나 금강산관광 및 개성공단 중단 등이 대표적이다.

두 전제조건 중 어느 한 가지만으로 규칙준수 및 제도형성의 진전이 확실하게 보장되지는 않는다. 특히 규칙위반에 대한 응징은 현실적으로 한계를 가진다. 남북한이 응징적 차원에서 군사력을 지속적으로 증강하기 어려울 뿐만 아니라, 매우 약한 상호의존 탓에 대북경제제재의 효과도 별로 높지 않으며, 더욱이 동맹 및 지역협력의 성격 탓에 응징에 관한 유관국가 간 합의가 어렵기 때문이다. 이러한 현실에서 공유이익을 확대하는 시도가 더욱 중요해진다. 공유이익의 확대는 새로운 것을 찾거나 이익판단의 기준을 제공하는 인식의 변화를 통해 미처 알지 못했던 공유이익의 존재를 알게 될 때도 가능하다. 이와 관련하여 소통의 중요성이 새삼 부각된다. 특히 군사적 신뢰 구축의 과제에서 소통을 통한 인식 변화는 매우 필요하다. 현재까지 그러했듯이 남북한이 물리적인 차원에서 군사적 우위를 유지하는 데 주안점을 둔다면, 어떠한 군사적 신뢰 구축도 실현되기 힘들다. 물질적 관점에서 보더라도 군사적 신뢰 구축은 '순응비용(Compliance Cost)'이 높기 때문에 제도화가 결코 쉽지 않다.[3] 따라서 주고받기식의 군축을 당장 시도하기 어렵다면, 경제적 공유이익의 재발견을 통해 군사적 분야의 제도화에 따르는 순응비용을 간접적으로 낮춤으로써 신뢰 구축의 토대를 마련하는 것을 강구할 필요가 있다.

---

3 '순응비용'이란 제도에 순응하지 않을 경우 이를 제재하는 데 드는 비용을 의미한다. 합리적 선택 제도주의는 순응비용이 제도로부터 얻을 수 있는 이익보다 많을 경우에 제도형성은 처음부터 어렵다고 말한다. North (1990), pp.46–48.

6·25전쟁 이후 동북아 강대국들은 한반도 안보에 직접적인 이해관계를 표명해왔다. 그 결과 한반도 안보 문제는 단지 남북한 사이의 문제로 국한될 수 없는 복잡한 구조를 가지게 되었다. 남한이 안보적 불안을 최소화할 수 있는 국방력을 갖추는 것은 당연한 일이지만, 안보불안의 주원인인 분단 문제를 단지 군사력 측면에서 접근하는 것은 문제를 더욱 어렵게 만들 수 있다. 대표적인 예로서 북한의 핵실험이 남북관계 전반과 연계됨으로써 진퇴유곡의 상황에 빠진 현실을 들 수 있다. 안보 분야와 여타 남북교류협력 분야를 분리해서 접근하는 것이 유용할 경우가 분명히 있다. 북한 핵실험에 대해서 안보대화가 필요하지만, 북한 정권이 끝까지 핵개발을 고집하고 있는 상황에서 어떠한 타협이 쉽게 이루어질 것으로 전망되지 않는다. 이러한 상황에서 관계의 중단과 국제제재를 통한 문제해결 방법만을 고집하는 것은 현명하지 못하다. 현재의 동북아 정세에서는 국제제재를 통한 소기의 성과를 기대하기 어렵기 때문에 더욱 그러하다. 그러므로 분리접근을 통해 북한 정권이 이익판단의 기준을 바꿀 수 있는 기회를 계속 가질 수 있도록 남북관계를 일정한 수준에서 유지하는 것이 필요하다. 그러할 때, 전반적인 남북관계의 제도형성을 기대할 수 있다. 비록 제도형성에는 많은 시간이 필요하지만, 어떤 한 분야에서 형성된 제도는 다른 분야로 파급되고 관성력을 갖는다는 점을 간과하지 말아야 한다. 이를 위해서는 긴 안목과 인내가 당연히 필요하다.

사실 냉전 종식이래 남북관계는 남한 정부의 의지에 좌우되어 온 경향이 있다. 물론 북한 정권이 대량살상무기개발, 국지적 도발, 교류협력의 호응 등 도발적 행위가 있었고 남한 정부가 이에 대응하여 강경 및 온건정책을 추진했다는 점에서 북한 정권의 의지가 더욱 큰 변수처럼 보인다. 그러나 북한의 정책들은 냉전 종식 이후 일관되게 추구해온 체제유지 목표를 위한 다양한 전술이었다는 사실을 직시하면, 북한 정권의 행위는 논리적으로 변수가 아니라 상수로 판단하는 것이 더욱 객관적일 수 있다. 이를 간과한 채, 남한의 보수와 진보 정부가 북한의 전략적 의도를 서로 다르게 인식하고 대응함으로써 남북관계의 굴곡이 발생했다. 앞에서도 이미 지적했듯이 그동안 남한 정부는 동맹국과 함께 '관여정책'과 '강압정책'의 두 가지 정책적 선택지 속에서 방황해왔고, 결과적으로 확실한 성과를 거두지 못했다. 물론 양 정책이 모두 철저하게 추진되기 어려웠던 국제환경 탓도 있다. 그렇지만 탈냉전시기 세계 및 동북아 지역 환경구조에서는 어떠한 정책도 철저하게 추진되기 힘들다.

냉전시기 미소관계나 동서유럽관계에서 서방진영의 정책 현실도 현재의 남한의 그것과 크게 다르지 않았다. 서방의 노력에도 불구하고 소련이나 동유럽에서 사회주의체제의 경로의존적 흐름은 지속되었지만, 누구도 예측하지 못한 시점에 변화의 변곡점이 도래했다. 냉전의 현실 하에는 예측하기 어려웠으나, 변화의 역사를 현재 되돌아보면, 그 변곡점은 관여정책과 강압정책의 혼용 및 중첩 속에서 그나마 눈에 띄지 않게 오랫동안 공산 사회의 내부 저층에 스며들었던 관여의 효과가 '페레스트로이카'와 공명을 일으킴으로써 의도치 않게 발생했다. 이러한 역사적 경험들은 남북관계가 변화의 즉각적인 동력을 마련하는 것보다 점진적인 변화 동력을 축적하는 데 초점을 맞추어야 할 필요성을 보여준다. 또한 경우에 따라 강압이나 제재가 필요하다면, 그 자체로서 목표가 아니라 대화 및 협상, 그리고 협력을 효과적으로 이끌어가기 위한 수단으로써 의미를 가질 수 있음을 시사한다.

③ 국제환경

한반도 문제는 동북아 지역 및 세계구조와 긴밀하게 연결되어 있다. 애초 분단의 원인에서부터 세계화와 탈냉전의 여파에 이르기까지 국제환경의 복잡한 현실은 한반도 문제에 직간접적으로 영향을 미치고 있다. 탈냉전에도 상존하는 패권경쟁, 영토분쟁, 대량살상무기개발 등 안보불안, 역내교역과 인적 교류의 급증에 따른 상호의존도 증대, 역내 국가들 사이의 역사전쟁 등은 소위 "아시아 패러독스"로 표현된다. 이러한 모순은 동북아 지역 내 국제제도의 수준 및 성격에서 잘 드러난다.

역내 안보협력의 제도화는 여전히 낮은 수준에 머물러 있고, 세계 차원의 미중경쟁이 지역정세의 근간을 좌우하고 있다. 다만 양 대국의 기존 양자주의적 안보협력(동맹관계)이 점차 다자협력으로 전환되는 과도기적 현상을 보이고 있다. 냉전 종식 직후 미국은 동맹국들과 '자전거바퀴살(Hub and Spoke)'형태의 안보협력을 추구하기 시작했으며, 2001년 9·11 사태와 2008년 금융위기 이후 "아시아로 중심축의 이전"과 '재균형'을 표방하고 중국에 대한 안보적 압력을 강화함으로써 안보 문제의 다자적 접근을 더욱 확대했다. 중국 역시 미국의 안보적 포위망 구축에 대해 '상하이협력기구(SCO)'를 통해 대응하고 있다. 나아가 양 대국은 동아시아의 다자협력틀, 예컨대 'ASEAN + 3', '아세안지역안보포럼(ARF)', '동아시아정상회의(EAS)' 등에서 지역안보현안을 둘러싸고 협력과 갈등을 반복하고 있다.

트럼프 미 행정부의 '미국우선주의' 표방은 일방주의적 선언으로 간주되고 있으나, 안보 분야에서 미국은 다자협력의 필요성을 강조하고 있다. 예를 들면, 중국의 힘을 억제하기 위한 "인도·태평양 전략"의 성공적 추진을 위해 동맹정책 등 안보적 다자협력을 내세운다. 트럼프 미 행정부의 대외정책적 변화에도 불구하고 냉전시기와 비교해서 동북아 지역에서 다자협력이 증진되었고, 이에 따라 국제제도의 확대 및 심화 가능성을 열어 놓았다. 그러나 유럽의 안보 및 협력대화 내지 기구의 창설과 같은 수준을 동북아에서 기대하기란 당분간 어려울 듯하다. 동서양의 문화적 이질성과 체제 이데올로기의 차이는 물론이고, 미국과 중국의 패권경쟁이 한동안 가열될 것으로 전망되기 때문이다. 트럼프 미 행정부 출범 이후 일단 멈칫거리고 있지만, 아직도 추진력을 잃지 않은 세계화와 지역협력의 추세를 염두에 두면, 양 대국은 역내 국제제도의 유용성을 거부하기 어렵다.

안보 분야의 경쟁과 비교하여 경제 분야에서는 협력의 제도화 수준이 점차 높아지고 있다. 이는 탈냉전시대 미국과 중국의 경제적 상호의존이 높아진 것과 무관하지 않다. 중국은 '세계무역기구' 가입 등으로 미국이 주도하는 세계경제규범에 순응하는 듯했으나, 중국의 경제력이 급격히 증대하면서 잠재되어 있던 경쟁이 표출되고 있다. 특히 2008년 금융위기 이후 '세력전이'에 대한 미국 내 논란과 더불어 경제 분야도 협력을 넘어 경쟁의 중심 영역으로 변화하고 있다. 트럼프 미 행정부의 출범 이후 미중 간 경제갈등은 최고조에 이르렀다.

동북아 지역의 제도적 수준 및 성격을 고려할 때, 한반도에서 심각한 안보 불안이나 현상변경을 예상하기는 어렵다. 만약 세계 및 지역 차원에서 미국과 중국 사이의 패권경쟁이 극단적으로 치닫게 될 경우에는 한반도의 평화와 안정이 희생될 가능성을 배제할 수는 없지만, 당분간 그러한 가능성은 높아 보이지 않는다. 북한의 핵무기가 미국과 중국에 직접적 위협으로 대두했기 때문에 더욱 그러하다. 그렇다고 양 대국이 핵개발 등 북한의 모험에 대해 강압적 방법으로 해결함으로써 한반도에서 평화가 정착되고 통일의 기반을 닦을 수 있도록 협력할 것으로 기대하기도 어렵다. 북한은 물론이고 한반도에 대한 미국과 중국의 전략적 이익이 서로 다르기 때문이다. 남북한 어느 쪽도 양 대국의 전략에 직접적인 영향을 미침으로써 상호 경쟁의 기반 위에 형성·발전되어 온 현재의 제도를 변경시킬 능력은 없다고 해도 과언이 아니다. 그렇다면 남북한은 중장기적 계획을 가지고 현재 역내 협력제도의 확대 및 심화를 촉진시키는 데 더욱 힘쓸 필요가 있다. 강대국과의 힘의 차이가 반영될 수밖에 없는 양자주의를 대신하여 다자주의적 제도가 역내 질서에 확립될 때, 한반도 문제해결을 위한 남북한의 의지가 반영될 가능성이 더욱 높기 때문이다.

따라서 역대 남한 정부들은 예외 없이 동북아경제·사회협력 및 동북아 안보협력의 제도화를 비롯하여 북한의 국제 사회 진출을 촉진할 수 있는 제도적 기반 마련 등의 대외정책 과제를 표방하고 실천 노력을 기울였다. 그러나 북한을 포함한 지역경제 및 사회협력의 제도적 확대·심화는 북한의 핵개발과 신뢰 부족으로 인해 실천이 어려웠다. 동북아 안보협력 과제도 미중경쟁의 심화와 더불어 한일갈등이 증폭되는 가운데 더욱 힘든 방향으로 전개되고 있다. 물론 그동안 북핵 문제해결을 위한 역내 국가들 사이의 대화 및 협상들이 있었고, 2005년 '9·19 공동선언'과 2007년 '2·13 합의' 등과 같은 의미 있는 합의도출이 있었다. 그러나 연이은 핵과 장거리미사일실험이라는 북한의 전략적 선택과 미국이 주도하는 UN의 대북제재는 그러한 합의를 허사로 만들었다. 이에 따라 문재인 정부 출범 이후 북핵 문제해결을 위해 북미 협상이라는 양자적 접근이 시도되고 있는 것은 불가피한 선택이 아닐 수 없다.

북핵 문제에 대해 대북제재를 통한 강압정책만으로 해결책을 마련하기란 사실상 어렵다. 대북제재는 중국의 이익 탓에 부분적인 실효성만을 가질 수 있으며, 더욱이 폐쇄적이고 저항적인 북한 정권이 국제제재에 굴복하지 않을 것으로 판단되기 때문이다. 따라서 결코 쉬운 선택은 아니지만, 강압정책의 이면에서 북한을 국제 사회에 적극적으로 나오게 만드는 전략적 대안을 마련할 필요가 대두된다. 강압이든 관여든 간에 상황에 적합한 수단을 통해 북한을 대화의 장으로 끌어내어 힘의 논리에 의지하는 것보다 협력지향적 규범과 제도의 확산, 그리고 의사소통의 증대라는 시대적 흐름을 수용할 때 더 큰 이익이 보장될 수 있다는 점을 스스로 깨닫게 만드는 것이 중요하기 때문이다. 이 맥락에서 트럼프 미 행정부의 북미 비핵화 협상은 매우 큰 의미를 갖는다. 그 협상은 북한이 국제 사회로 나오는 입구를 마련하는 것이기 때문이다. 북한이 아무리 폐쇄적일

지라도 세계 및 지역 차원에서 발생하는 제도화의 흐름과 그 이면에서 작용하는 메타규범(Meta-Norms)들의 확산으로부터 완전히 차단될 수는 없다. 따라서 이러한 흐름에 북한이 더 많이 노출될 수 있는 국제환경의 조성 및 제도화 노력이 필요하다. 이를 위해서는 무엇보다 동북아의 지역정치에서 안보와 대화(협력) 사이의 조화가 강조되고 실천되어야 한다.

나. 구조적 이해를 기반으로 핵심과제의 실천 방법

이상과 같은 차원별 핵심과제와 그 작용방식에 대해 이해했다면, 이들 과제를 한반도 문제의 복합적 연계성을 염두에 두고 어떻게 실천해야 할 것인지를 고민해야 한다. 이 고민을 가장 간결하게 표현하면, <그림 11-1>과 같이 도식화될 수 있다. <그림 11-1>은 서장의 <그림 1-1> 한반도 문제의 구조

그림 11-1 **차원별 핵심과제들의 연계적 실천**

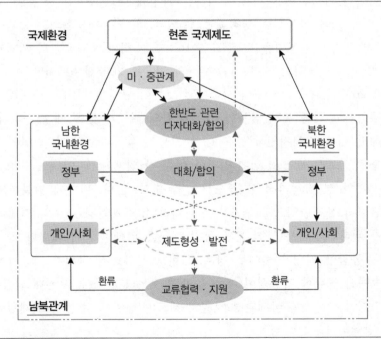

출처: 김학성, "한반도 문제의 해결방법에 관한 제도주의적 접근," 『한국과 국제정치』 제32권 (2)호 (2016), p.25.

를 공간적으로 펼쳐놓고, 앞에서 정리했던 각 차원의 핵심과제들이 어떻게 연계적으로 실천되어야 하는지를 보여주는 개념도이다.

<그림 11-1>을 먼저 간략하게 설명하면, 한반도 문제를 구성하는 세 차원은 공간적인 포함관계로 배열되었다. 그리고 그림 내의 모든 사각형은 제도 내지 제도적 성격을, 타원형은 전략이나 정책 형태의 실천행위를 각각 의미한다. 실선은 현재 존재하거나 진행 중인 것을, 점선은 미실현된 것 내지 실현되었더라도 그 존재가 아주 미약한 것을 의미한다. 화살표는 영향력의 투사방향 또는 상관관계를 표시하며, 여기서 실선과 점선은 앞의 의미와 동일하다.

더욱 구체적으로 설명하면, 타원형으로 표시된 "한반도 관련 다자대화와 합의," "남북한 당국 간 대화와 합의," "남북한 교류협력·지원"은 남한 정부가 대북 관여정책을 추진할 경우에 진행되고 실천될 수 있는 것이다. 또한 '미중관계'는 동북아 지역의 질서를 규정하는 중요한 변수이다. 여기서 한 가지 주목할 것은 "한반도 관련 다자대화와 합의"는 남북한관계 차원과 국제환경 차원에 공통적으로 걸쳐있다. 6자회담은 대표적인 사례이다. 이러한 대화에서는 주변 강대국들의 이익과 남북한의 이익을 조정하는 과정에 여러 변수가 작용할 수 있지만, 대체로 두 가지 가능성을 생각해볼 수 있다. 하나는 제도화의 수준과 관련된 국제질서의 성격이 결정력을 갖는 경우이며, 다른 하나는 남북한의 의지가 중요한 결정 변수로 작용하는 경우이다. 후자의 경우는 2005년 6자회담의 '9·19 공동선언'과 2007년 '2·13 합의'의 사례에서 보듯이 남북한 사이의 대화가 지속적으로 이루어지고 이를 통해 남북한 사이에 합의 여지가 있을 때 가능하다. 물론 이를 위해서 대북 경제지원과 같은 대가 지불은 불가피할 것이다. 만약 그러한 대가 지불은 상호성(reciprocity)에 입각한 이슈 간 연계(Issue-linkage)―경제와 정치(또는 안보)의 상호 등가적 교환―으로 간주될 수 있다. 반면에 남북한 사이의 대화가 단절되고 전반적으로 침체된 상황이라면, 국제환경 변수의 결정력이 주요 변수가 된다. 만약 북한 핵 문제 등의 해결을 위한 국제적 대화나 합의 과정에 남한이 동참할 기회가 줄어들 경우, 한반도 문제해결 자체가 미중관계의 역학구도 속에서 표류할 가능성이 매우 높아질 것은 분명하다. 요컨대 남북관계의 제도화 수준이 낮을수록 국제환경 차원의 제도나 행위가 더 높은 위계성을 가지는 것은 당연하다.

남북관계에서 대화가 활성화되기 위해서는 현실적으로 대북정책이 관여정책적 성격을 가질 수밖에 없다. 관여정책의 추진을 위해서는 국민적 지지는 물론이고 많은 인내가 필요하다. 그러나 남북교류협력의 성과와 실패는 남한 주민들에게 이중적인 인식을 남겼고 남남갈등을 증폭시켰다. 이러한 환류 과정은 국내 정치·사회적 소통의 절대적 필요성을 보여준다. 남북교류협력은 북한 내부에도 어떠한 영향을 미쳤을 것으로 추론된다. 폐쇄적인 사회이기 때문에 실증하기는 어려우나, 사회 변화의 흐름에 일조했을 것이라는 점은 북한 정권이 여러 교류협력 사업들에서 남한의 영향력을 최대한 차단하려 노력한 것에서 간접적으로나마 유추될 수 있다.

어쨌든 남북 대화와 교류협력이 증가하면, 시간은 걸리겠지만 관계의 제도화가 진전될 것이고, 이에 따라 남북한의 정부와 사회 간 상호 이해의 증진 가능성이 일정 수준으로 높아질 것으로 예상된다. 나아가 남북관계의 제도화는 한반도 문제에 관한 국제대화는 물론이고 동북아 지역제도에도 직·간접적인 영향을 미칠 것이다. 물론 미중의 경쟁구도가 한반도 문제에 미치는 영향을 온전히 배제할 수는 없겠지만, 결정요인으로 작동하지 않도록 만들 수도 있다. 이에 반해서 미중경쟁이 핵심변수인 상황에서 남한 정부의 소위 통일외교는 실질적인 의미를 갖기 힘들다. 세계차원에서 전개되는 미중의 이익갈등에 남한이 어떠한 변화의 모멘텀을 능동적으로 만들기란 매우 힘들기 때문이다. 기껏해야 강대국 국민들을 대상으로 공공외교적 의미를 가질 뿐이다. 그렇다면 통일외교에 역량을 소진하기보다 남북관계 개선정책에 더욱 집중하는 것이 마땅하다. 비용 대비 효용을 따지는 목적합리성에 따라 정책을 평가할 경우에는 더욱 그렇게 해야 할 것이다.

<그림 11-1>의 개념도를 힘의 논리로 읽는다면 국제환경의 제도가 현실적으로 높은 위계성을 가지는 것은 분명하다. 그러나 제도 변화의 과정을 거치면서 국내환경에서는 문명화와 민주화, 그리고 경제 발전의 제도화가, 남북관계에서는 대화와 교류협력의 제도화가, 그리고 국제환경에서는 다자주의적 협력의 제도화가 각각 발생한다면, 각 차원의 제도들 사이에 원활한 선순환 과정이 이루어지는 가운데 그러한 위계성은 별 의미를 가지지 못할 것이다. 이러한 이상적인 제도 변화가 발생한다는 보장이 없으며, 현실도 그렇지 못한 상황에서는 힘의 논리만을 추종할 것인지, 아니면 주어진 여건 속에서 제도 변화의 동인을 만드는 전략행위에 집중할 것인지의 선택이 남아 있다. 남한은 비록 주변 강대

국과의 비교에서 상대적으로 힘이 약하지만 한반도 평화와 통일을 추구하는 한, 제도 변화의 선순환을 일으키는 노력을 멈출 수 없다. 이 노력은 당연히 한반도정책으로 나타나야 할 것이다. 이 맥락에서 상기의 그림은 그러한 한반도정책이 북한과의 소통을 통한 남북관계의 발전 및 제도화로부터 출발해야 하는 이유를 분명하게 보여준다.

<그림 11-1>의 개념도는 분단으로 인해 초래된 한반도 문제가 존재하는 동안 언제나 유효할 것이다. 다만 주변 강대국들의 전략이 어떻게 전개되는가에 따라 시·공간적 변수에 차이는 있을 수 있다. 즉 제도화에 걸리는 시간의 문제와 한반도 문제에 영향을 미치는 국제환경의 범위가 달라질 수 있다는 것이다. 물론 의도치 않는 결과의 가능성도 배제할 수 없다. 이러한 모든 경우를 염두에 두면, 한반도정책에서 어떤 구체적 전략이 필요할지는 현실 상황에 따라 다양한 선택지가 있을 수 있으며, 어떤 선택을 할 것인가는 일차적으로 정확한 현실인식과 판단력을 갖춘 정책엘리트들의 몫이며, 궁극적으로는 국민들의 합치된 지지 여부이다.

③ 맺음말

과거와 현재에 대한 반성을 토대로 미래의 대안을 찾는 일은 어떤 주제든 유용하다. 한반도정책에 대한 반성거리는 대부분 한반도 문제에 대한 인식의 갈등과 이에 따른 정책적 비일관성에 연유한다. 그렇다고 '관여정책'과 '강압정책' 중에 어느 하나만 일관되게 밀고 나가면 된다는 의미는 아니다. 각각 강점과 약점을 가지고 있는 양 정책 중 어느 한 정책만으로 매우 복잡한 한반도 문제의 해결책을 찾기란 매우 어렵다. 그러므로 이미 앞에서 누누이 강조되었듯이 한반도 문제의 복합적이고 중층적 구조를 충분히 감안하여 양 정책을 적절하게 절충하는 것이 필요하다. 이를 위해 소위 실용주의가 중요한 의미를 갖는다.

실용주의적 태도가 무엇인지를 간략하게 정리한다면, 일차적으로 미래전망이 "자기충족적 예언"에 따르지 않도록 해야 한다는 것이다. 통일한국의 미래상을 확정해두고, 그 목표를 향해 정책을 만들고 추진한다면, 목표달성이 결코 쉽지 않을 것이고 그 과정에서 많은 어려움이 지속적으로 닥쳐올 것이다. 지금껏 보수진영의 북한의 내적 붕괴와 진보진영의 교류협력의 확대에 따른 기능주의적 자동 변화라는 암묵적 정책목표는 이미 많은 좌절을 겪어왔다. 따라서 우리의 입맛에 맞는 통일한국의 미래상이 아닌 여러 가지 다른 모습의 통일한국이 가능하다는 점을 항상 염두에 두어야 하며, 한반도 분단현실의 변화에 맞춰 최선의 선택지를 추구하는 노력이 필요하다.

다음으로는 분단의 평화적 관리든 통일준비든 정책추진의 방법론 선택과 관련하여 이론적 순수성을 고집하기보다 큰 원칙의 틀 속에서 이론의 절충을 통해 유연성을 발휘할 수 있어야 한다. 상대가 있는 게임에서 특정 방법론만 고집하면 소기의 정책적 성과를 거두기 어렵기 때문이다. 한반도정책은 우리의 일방적 추진으로 소기의 성과를 거둘 수 있는 것이 아니라, 북한이라는 상대가 있을 뿐만 아니라, 한반도 문제에 이해관계를 갖는 주변 강대국이 있기 때문에 방법론적 다양성과 상황에 따른 적절한 절충에 대한 열린 입장을 가져야 한다.

마지막으로 이렇듯 목표나 방법에 있어서 실용주의적인 태도가 아무리 중요하다고 해도 정책의 궁극적 목표를 벗어나는 '본말전도(本末顚倒)'의 상황발생을 경계해야 한다. 한반도정책이나 통일은 국민 개개인은 물론, 우리 사회와 민족, 나아가 동북아와 세계 인류의 더 나은 삶을 찾기 위한 것이라는 사실을 결코 망각하지 말아야 한다. "수술은 성공했으나, 환자가 사망한다"면 아무런 의미가 없을 것이다. 파멸이나 불행을 초래하는 한반도정책이나 통일의 결과는 목표 달성의 실패를 의미한다. 이 맥락에서 한반도 문제는 한민족의 일상적 삶에 항상 동반하는 것으로써 더욱 행복하고 잘 사는 사회를 만드는 노력이 곧 한반도 문제해결과 직결되는 것이라고 말할 수 있다. 이처럼 통일을 긴 호흡과 멀리 내다보는 시선으로 접근하는 한편, 결과가 아니라 과정으로 인식하는 태도를 취할 때 실용주의적 일관성 유지가 더욱 쉬울 수 있으며, 나아가 통일의 길 위에서 평화의 모습이 더욱 선명하게 드러날 것이다.

공저자 약력

서장 · 종장
김학성(충남대학교 교수)

독일 뮌헨대학교 정치학 박사
『지속가능한 통일론의 모색』(공저), 2014.
"남북 및 북미정상회담 이후 한반도 평화정착의 추진방향과 실천과제." (2018).

제2장
이승현(국회입법조사처 입법조사관)

연세대학교 정치학 박사
North Korean Modern History (공저), 2018.
"문재인 정부의 대북정책." (2018).

제3장
김영호(국방대학교 교수)

미국 오하이오 주립대학교 정치학 박사
Domestic Constraints of South Korean Foreign Policy (공저) (2018).
"Revisiting the Truman Administration's Decision on Non−use of Nuclear Weapons during the Korean War." (2019).

제4장
고봉준(충남대학교 부교수)

미국 노트르담대학교 정치학 박사
"핵전략." (2014).
"피해제한과 억지: 한반도 사드배치의 이론적 · 실제적 함의." (2017).

제5장
고유환(동국대학교 교수)

동국대학교 정치학 박사
『로동신문을 통해 본 북한변화』(공저), 2006.
『12시간의 통일이야기』(공저), 2011.

제6장
이우영(북한대학원대학교 교수)

연세대학교 사회학 박사
『분단된 마음의 지도』(공저), 2017.
『한(조선) 반도 개념의 분단사: 문학예술편』(공저), 2018.

제7장
양문수(북한대학원대학교 교수)

일본 도쿄대학교 경제학 박사
"김정은 시대 북한의 경제개혁조치: 중국과 비교의 관점." (2016).
"한반도 비핵화 및 평화체제 시대의 남북경협: 전망과 과제." (2018).

제8장
설인효(한국국방연구원 연구위원)

서울대학교 외교학 박사
"유엔사의 어제와 오늘." (2018).
『21세기 한국과 육군력』(공저), 2016.

제9장
김재한(한림대학교 교수)

미국 로체스터대학교 정치학 박사
"Third−Party Participation in War." (1991).
『게임이론과 남북한 관계』, 1996.

제10장
고상두(연세대학교 교수)

베를린 자유대학교 정치학 박사
『통일독일의 정치적 쟁점』, 2007.
"구 동독의 과거청산과 통일한국에 대한 시사점." (2019).

통일의 길 위에 선 평화
– 한반도 문제의 구조적 이해

초판발행   2019년 12월 30일

엮은이   김학성 · 고상두
펴낸이   안종만 · 안상준

편 집   조보나
기획/마케팅   손준호
표지디자인   이미연
제 작   우인도 · 고철민

펴낸곳   (주)**박영시**
               서울특별시 종로구 새문안로3길 36, 1601
               등록 1959. 3. 11. 제300-1959-1호(倫)
전 화   02)733-6771
f a x   02)736-4818
e-mail   pys@pybook.co.kr
homepage   www.pybook.co.kr
ISBN   979-11-303-0891-3   93340

정 가   16,000원